연예인이 되기 위한 34계명

— PD출신 이동규 교수의 스타바이블

개정판

연예인이 되기 위한 34계명
-PD출신 이동규 교수의 스타바이블

초판 1쇄 펴낸 날 / 2014년 9월 26일
초판 2쇄 펴낸 날 / 2016년 10월 7일
개정판 1쇄 펴낸 날 / 2023년 8월 25일

지은이 • 이동규 | 펴낸이 • 임형욱 | 일러스트 • 신은정
책임편집 • 임형욱 | 디자인 • 예민
펴낸곳 • 행복한책읽기 | 주소 • 서울시 종로구 창신11길 4, 1층 3호
전화 • 02-2277-9217 • 팩스 • 02-2277-8283 | E-mail • happysf@naver.com
인쇄 제본 • 동양인쇄주식회사 | 배본처 • 뱅크북(031-977-5953)
능록 • 2001년 2월 5일 체2014-00002/호 | ISBN 9/9-11-88502-2/-1 13680
값 • 28,000원

연예인이 되기 위한 34계명

— PD출신 이동규 교수의 스타바이블

차례

3 기획사를 잘 고르고 싶다면 깨우쳐라 : 오디션 100번의 비밀

4 신인의 성공비법 : 훌륭한 상품이 되고 싶다면 먼저 인간이 되어라

5 왜 운(運)인가? : 타고난 재능을 성공시키는 방법

6 스타를 위하여 : 대중스타는 군중심리와 공중도덕을 합쳐라

에필로그
세상을 포용하라 · 403

연예계는 진화한다

연예계는 진화한다

시대가 미디어로 넘치고 넘친다. TV, 라디오, 영화, OTT, 유튜브, SNS, 블로그, IPTV, 인터넷TV 등 하루가 다르게 태어나고 또 태어난다. 이에 질세라 음악, 연극, 뮤지컬, 연주, 발표 등 공연이나 콘서트도 날마다 성황이다. 이런 판에 발맞춰 그만큼 늘어나는 것이 또 있으니 바로 연예직이다. 연예인을 필요로 하는 무대도 하루가 다르게 늘어나고 다양해진다. 상황이 이렇다 보니 연예직을 꿈꾸는 지망생도 그만큼 늘어만 간다.

이번에 개정판을 내게 된 것도 그래서다. 세상이 변하고 있기 때문이다. 변하는 정도가 아니라 진화하고 있기 때문이다. 연예계도 마찬가지다. 그런 변화에 부응하기 위해서다. 『연예인이 되기 위한 34계명』이 태어난 지도 9년이 지났다. 그동안 크고 작은 성원이 있어 내심 뿌듯했다. 연예인을 꿈꾸는 지망생으로부터 위로와 용기가 되었다는 얘기를 좀 들었다. 특히 연예인도 연예인이지만 미래가 보이지 않는 아픈 청춘으로서 인생을 어떻게 헤쳐 나가야 할지 적잖은 길라잡이가 되었다고도 한다. 그런 사랑에 힘입어 나도 용기를 내 이번에 좀 살을 붙일 건 붙이고 또 뺄 건 뺐다.

하지만 정말 약간만 수정했다. 미디어든, 연예계든 날마다 변하긴 변한다. 하지만 세상은 원래 변한다. 그 변화에 일일이 따라간다고 능사는 아니다. 이 책은 궁극적으로 그런 변화를 애초에 전제하고 썼다. 아무리 세상이 변한다고 해도 변하지 않는, 살아남는 법이 있듯이 연예인이 되는 것도 변하지 않는 성공 원리가 있다. 예를 들면 이 책 '20계명: 훌륭한 상품이 되고 싶다면 먼저 인간이 되어라'와 같은 원리다. 다른 계명도 사실 대부분 그렇다. 이 책은 궁극적으로 아무리 연예직의 판도가 바뀐다고 해도 그 꿈을 이루기 위해 필요한 변하지 않는 원리에 대해 말하고 있다.

희한하다. 미디어가 늘어나 연예인 일자리도 늘어날 대로 늘어나는데 연예인으로 성공하기는 여전히 하늘의 별따기만큼이나 어렵다. 지망생들의 고민과 고통도 여전히 크다. 오히려 어려움이 더 다양해지고 늘어났다. 개정판을 내게 된 것도 그래서다. 이런 지망생들의 늘어난 고통만큼이나 이 책도 그만큼 절실하리라 생각하기 때문이다.

연예인이란 게 그렇다. 남에게 사랑받는 직업이다. 그래서 연예인이 되고자 한다면 먼저 자기 자신부터 자신을 사랑할 줄 알아야 한다. 자기 자신도 자신을 사랑할 줄 모르면서 어떻게 남에게 자신이 사랑받길 원한단 말인가. 자기 자신부터 사랑해야 아우라도 나온다. 비관에 빠져 자기 자신을 사랑할 줄 모르는 연예인 지망생들을 나는 그동안 많이 봤다.

아픈 청춘들이여, 정말 자신을 사랑하길 바란다. 그게 연예인이 되는 출발이다. 이 책을 통해 부디 힘내기 바란다.

열정으로 뜨겁지만 여전히 가슴 아픈 여름 오후에
―저자 이동규

원하는가?
이미 그대는 연예인이다

- 이뻐서 스타가 되는 게 아니라 스타가 되면 이쁘다

원하는가? 이미 그대는 연예인이다

- 이뻐서 스타가 되는 게 아니라 스타가 되면 이쁘다

"어떻게 하면 연예인이 되나요?"

내가 가장 많이 받는 질문이다.

나는 방송사에서 18년간 예능 PD로 일하다가, 지금은 대학에서 방송연예과 교수로 재직하고 있다. 프로그램을 만들다가, 이제는 사람을 만드는 꿈으로 살아간다고나 할까. 그래서 그동안 연예인 지망생들을 많이 만났고, 지금은 더 많이 만난다.

대학에서 연예인을 지망하는 학생들을 가르치고 상담하면서 PD 시절에는 미처 몰랐던 깨달음이 있다.

"아, 지망생들의 고충이 이렇게나 클 줄이야."

지망생의 아픔과 불안은 이루 말할 수가 없다. 어린 청춘에게는 인생의 전부가 달린 문제다. 그런데 어디 하소연할 데가 제대로 없다.

나는 그래서 책을 쓰기로 용기를 냈다. 지망생들의 아픔과 불안을 희망으로 한번 바꿔보겠다고. 성공하는 지름길까지는 아니더라도 최소한 실패는 하지 않도록 해보겠다고.

"저는 꿈이 있어요. 누가 뭐래도 연예인이에요."

세상에는 많은 직업들이 있다. 회사원, 과학자, 금융가, 판사, 검사, 변호사, 의사, 소설가, 작가, 교사 등. 하지만 어릴 적부터 동경하고 꿈꾸는 직업으로 연예인만큼 강한 것도 또 없다. 왜? TV, 영화, 라디오, 인터넷 등과 같은 미디어 때문이다.

지금은 태어날 때부터 미디어를 끼고 자란다. 자연스레 연예인도 보며 자란다. 그렇다보니 어느 순간, 나도 연예인이 되는 게 어떨까, 한 번쯤은 누구나 꿈을 꾸게 된다. 특히 세상의 모든 것이 오로지 동경의 대상으로 보이는 청춘기에는 그 꿈이 절정에 이르게 된다.

동경을 하는 대상에서 동경을 받는 대상으로! 정말 멋진 직업이 아닌가?

남들에게 사랑받는 것만큼 행복한 것도 없다. 그런 사랑으로 먹고 사는 직업이 연예인이다. 인생에서 한번 해볼 만하다.

"도대체 연예인이 되는 길을 못 찾겠어요. 답답해 미치겠어요."

연예인에 대한 꿈이라는 게 참 신기하다. 한번 되기로 마음 먹으면 자기 자신도 어떻게 말리지를 못한다. 미치게 만드는 어떤 마력(魔力)같은 게 있다.

그런데 길이 보이지 않는다. 막상 연예인이 되겠다고 작정해 보면 길이 안 보인다. 도무지 방법을 알기가 어렵다. 정말 미치 도록 연예인이 되고 싶은데, 어디서 어떻게 발을 들여다 놓아 야 할지 앞길이 막막하다. 출구는커녕 입구도 보이지 않는다. 설령 첫발을 내밀고 문을 열었다 싶어도 다시 문이 나온다. 관 문을 넘어도, 넘어도 또 관문이다. 정말 미치도록 만드는 마력 이 있다. 답답하기 이를 데 없다.

꿈이 강할수록 그 답답함은 더 하다. 야속하게도 꿈이 큰 만 큼 고통도 크다.

결코 호락호락하지 않다. 차라리 일반 회사에 취직한다면 길 이라도 보이련만, 연예인은 당최 길이 보이지 않는다. 그저 답 답하고 불안하다.

"우리 애가 연예인이 되겠다는데 도대체 누구를 찾 아가 만나야 하나요?"

연예인이 되고 싶은 자녀를 둔 부모도 답답하기는 마찬가지다.

부모 중에는 "저는 잘 이해 못하지만 제 애가 꼭 연예인이 되고 싶다는데 어떡해야 할까요?" 하소연하는 분들이 있는가 하면, 자식보다 더 연예인이 되길 바라는 부모들도 있다. 어쨌든 이래저래 부모도 답답하고 불안하다.

"방송사 사장님을 직접 만나 담판 지으면 될까요?"

"톱스타를 만나 담판 지으면 될까요?"

"기획사 대표를 만나 담판 지으면 될까요?"

지름길을 찾아본다. 하지만 속 시원하게 보이질 않는다. 알아보고 알아볼수록 현실의 벽만 점점 더 높아질 뿐이다.

"좋은 연예기획사, 어디 없나요?"

연예계라는 게 그렇다. 현실에서 돌아가는 일보다 풍문으로 떠도는 말이 열배, 백배 많다. 이런 풍문으로 듣다보니 불안도 크다.

"이렇더라."

"저렇더라."

연예인이 되려면 연예기획사를 구해야 한다는데 "카더라"는 또 왜 이리도 많은지 연예기획사 구하기도 그저 어렵고 불안하다. 기획사의 문을 두드리고 싶어도 어디서 어떻게 정보를 얻고 찾아야 할지도 그저 막막하다. 오죽하면 꼭 기획사에 소속되어야 연예인을 할 수 있는지 되묻는 지망생이 있을까.

좋은 기획사? 있다.

그대가 열정이 있고, 재능이 있다면 좋은 기획사는 얼마든지 있다.

"그래도 길은 있다."

아무리 길이 보이지 않는다 해도 길은 있다. 보이지 않는 것은 없어서가 아니라 찾지 못했기 때문이다. 세상에는 뭔가 이루고자 하는 목표가 있으면 반드시 길이 있다. 성공한 스타를 보라. 뭔가 길이 있었으니까 성공하지 않았겠는가. 그대의 목표가 스타인가? 그렇다면 길이 있다.

나는 감히 말한다.

"누구나 연예인이 될 수 있다."

"누구나 스타가 될 수 있다."

단, 한 가지가 꼭 있어야 한다. 그것은 용기다. 자신감이다.

길이 보이지 않는 것은 자신감이 부족하기 때문이다. 연예인이 되고자 문을 두드리고 두드리다 결국 자신감을 잃는 지망생을 나는 참 많이 보았다.

세상은 언제나 그대로다. 중요한 것은 자신에게 달렸다. 세상과의 싸움에서 지지 않으려면 변하지 않는 자신만의 용기가 있어야 한다. 모두에게 져도 자신에게만은 지지 말아야 한다. 문을 두드리고 두드리다 결국 자신의 자질 부족을 탓하고 좌절하는 지망생을 나는 많이 보았다.

"알고 보니 내가 잘 생기지 않구나."

"알고 보니 내가 이쁘지 않구나."

"알고 보니 내가 재능이 없구나."

역시 스타는 오르지 못할 하늘이라고 포기해 버리는 것이다. 자신이 스타보다 못하다고 스스로 항복해 버리는 것이다.

스타? 다시 한번 말하지만 누구나 될 수 있다.

세상의 일이란 게 마음먹기에 달렸다고 하지만, 연예인만큼 마음먹기에 달린 것도 없다.

"이뻐서 스타가 되는 게 아니라 스타가 되면 이뻐진다."

정말 그렇다. 예를 들어, 자신의 얼굴을 사진 찍는다고 해보자. 두 가지 방법이 있을 수 있다.

먼저 그대의 핸드폰으로 그대가 되는대로 직접 찍는 것이다. 아마 평소 얼굴이 그대로 찍힐 것이다.

그런데 사진전문 스튜디오에서 찍는다면 어떨까? 연예인이 들끓는다는 유명 미장원에서 몇 시간 동안 머리도 하고 메이크업도 하고 스튜디오로 간다. 스튜디오는 잘 꾸며져 있고 조명도 최고다. 게다가 사진사는 최고의 실력을 자랑하는 사진작가다. 이런 자세도 취하고 저런 자세도 취하고 메이크업도 수시로 보강하면서 찍고 또 찍는다. 선풍기로 바람도 날려가면서 온갖 표정을 다 짓는다. 이렇게 찍은 수백, 수천 장 중에 한 장을 고른다.

자, 이 사진과 핸드폰 사진 중에 어느 것이 더 이쁘게 나오는가? 이 정도로 공들이는 데는 배겨낼 장수가 없다. 누구나 이뻐 보일 수밖에 없다.

그대가 보는 스타의 모습이란 게 바로 이와 같다. 핸드폰으로 찍은 사진으로 보는 게 아니라 온갖 공을 들인 스튜디오 사진으로 보기 때문에 이뻐 보이는 것이다. 이런 스튜디오 사진과 같은 모습이 바로 방송, 영화, 광고 등을 통해 보는 스타들의 모습이다.

드라마 촬영이란 게 그렇다. 감독이 오케이 샷이 나올 때까지 같은 장면을 찍고 또 찍는다. 이렇게도 연기시키고 저렇게도 연기시킨다. 도중에 조명은 몇 번이나 이리 비추고 저리 비춘다. 메이크업도 수시로 보강한다. 음향도 잡티 하나 없다. 그중에 하나를 골라 편집한다. 게다가 멋진 배경음악도 삽입한다.

이 정도로 공들이는 데 배겨낼 장수가 있겠는가. 누구나 이뻐보일 수밖에 없다.

이뻐서 스타가 되는 게 아니라 스타가 되면 이뻐진다.

스타? 부러워할 것 없다. 나도 그렇게 하면 그렇게 된다. 누구나 될 수 있다. 자신감이다.

"원하는가? 그렇다면 그대는 이미 연예인이다."

내가 방송사 PD로 근무할 때다. 방송국 복도를 걸어가고 있는데 한 무리의 초등학생들이 안내원을 따라 견학을 하고 있었다. 그때 갑자기 안내원이 지나가는 나를 붙잡고 말했다.

"여러분, 이분이 코미디 프로 〈웃찾사〉를 만드신 PD이세요."

그러자 아이들이 환호성을 질렀다. 그 중에 한 명이 내게 물었다.

"PD 선생님, 어떻게 하면 PD가 되나요?"

순간, 나는 당황했다. 머리가 복잡했다. 이렇게 어수선한 분위기에서 무슨 말을 해줘야 하나? 나를 빤히 바라보는 그 아이의 눈망울을 나는 아직도 잊을 수가 없다. 나는 그 눈을 보고 웃으며 대답했다.

"으음, 네가 원하면 된단다."

연예인도 마찬가지다.

연예인이 되고 싶은가? 꿈을 꾸면 된다. 어리기 때문에, 젊기 때문에 어른보다 강한 무기가 꿈이다. 그대의 가능성은 어른보다 크다. 무한하다. 무한한 가능성을 실현하는 첫 단추가 꿈을 꾸는 것이다. 꿈은 이루어지라고 있는 것이다.

연예인, 원하는가? 그렇다면 그대는 이미 절반은 연예인이다.

나머지 절반은 지금부터 책장을 넘기며 채워보자.

1

많은 지망생을 만나보니 생긴 첫 질문 :

숲을 헤맬 각오가 되어 있는가?

숲을 헤맬 각오가
되어 있는가?

연예계란 것이 무엇일까.

연예인의 길이란 도대체 무엇일까.

무엇이길래 대체 이렇게 많은 사람들이 길을 못 찾아 헤매고 힘들어 하는 것일까?

인생에서 뭔가 되고자 하는 분명한 목표가 있는 사람에게는 크게 두 가지의 직업이 있다. 첫째는 '길이 보이는 직업'이고, 둘째는 '길이 보이지 않는 직업'이다.

첫째, '길이 보이는 직업'이란 판사, 검사, 의사, 회사원, 공무원, 교사 등과 같은 일반직이다. 이런 직업은 그에 맞는 공부를 하면 되고, 합격하는 순간 길이 보인다.

만약 공무원이 되고 싶다면 공무원 시험을 보면 된다. 회계사, 변리사가 되고 싶다면 회계사, 변리사 자격시험을 보고 합격하면 되고, 판사나 검사, 변호사가 되고 싶다면 법학 전문대학원(로스쿨)을 가면 되고, 의사가 되고 싶다면 의대에 진학하면 되고, 삼성이나 LG 그룹의 회사원이 되고 싶다면 그 회사의 입사 시험에 합격하면 된다.

길이 보이는 직업은 목표가 분명히 보이고 그 목표를 실현하기 위한 방법과 길도 분명하게 보인다.

그러나 둘째 '길이 보이지 않는 직업'은 이와 다르다. 목표가 분명히 보이기는 하지만 막상 그 목표를 달성할 수 있는 방법과 길은 분명하게 보이지 않는 길이다. 바로 연예직이다.

옆의 그림에서 보듯이, 스타라는 목표는 분명히 보인다. 그런데 막상 연예인이 되고 싶어 출발선에 딱 서는 순간, 길이 보이지 않는다. 앞은 온통 나무들이 빽빽한 숲이 쫙 펼쳐져 있다.

연예계의 길은 숲이다.

내가 연예인의 꿈을 갖고 연예인이 되고자 숲을 들어서는 순간, 길이 보이지 않는다. 모든 곳이 길이지만, 동시에 어느 곳도 길이 아니다. 나무와 나무 사이가 길일 것 같아 나아가다 보면 또 나무와 나무가 나타나고 그 사이를 또 길이라 생각하고 나아가다 보면 또 나무들만 계속 나타나고, 그러다보면 '내가 길을 제대로 찾아가긴 가는가?'라는 회의와 의심이 들고 헤매기 시작한다. 정답이 안 보인다.

그런데 신기하게도 숲 너머 우뚝 보이는 것이 있다. 바로 스타들의 땅이다.

스타의 땅이라는 목표는 보이는데 정작 그 땅을 향해 가려고 하면 길은 없고 앞에 펼쳐지는 것은 온통 숲뿐인 세계. 이게 사람을 미치게 한다.

연예직이란 이런 세계다. 스타라는 최종 목표는 보이는데 그 길은 보이지 않는.

연예계란 (1)지망생의 땅, (2)숲, (3)스타의 땅으로 나누어져 있다.

(1) '지망생의 땅' 이란 일반인의 땅이다. 여기에는 비단 연예인이 되고자 하는 일반인만 있지 않다. 연예인을 만드는 직업, 즉 매니저, PD, 감독, 작가 등을 지망하는 사람들도 있다.

(2) '숲' 이란 연예인이 되고자 실제 결심하고 현실적으로 찾아나서는 지망생이나 신인들이 헤매는 곳이다. 한편 여기에는 연예인을 만드는 직업, 즉 매니저, PD, 감독, 작가 등도 거주하는 곳이다. 중요한 것은 이들 전문가들도 여기에 있다는 사실이다.

그런데 (3) '스타의 땅' 에는 오직 스타들만 있는 땅이라는 사실. 대중의 눈에 띄어 대중으로부터 인정받은 사람만이 거주하는 땅이라는 것.

매니저, PD, 감독, 작가 등은 엄밀히 말해 스타의 땅에 있지 않다. 연예인 지망생이든, 연예인을 만드는 전문가든 그들이 거주하는 곳은 (1)지망생의 땅과 (2)숲이다. 이 두 가지 땅을 한마디로 하면 일반인의 땅이다. 연예계를 크게 두 세계로 나누라면 일반인의 땅과 스타의 땅으로 나누어 볼 수 있다.

연예인이라는 직업, 그것은 숲을 헤매는 직업이다. 분명히 저 숲 너머에 스타가 보이기는 한데 막상 숲속으로 들어서면 이리저리 헤매게 되는 직업이다. 그래서 참 답답하고 불안하고 불확실하고 미래를 알 수 없다. 그래서 연예인의 길이란 길이 보이지 않는 곳에서 길을 찾는 일이라고 할 수 있다.

지금 스타의 땅에 서있는 저 많은 스타들도 알고 보면 숲에서 길을 헤맨 사람들이다. 연예인을 꿈꾸는 그대보다 먼저 이 숲을 헤맸고 그 숲에서 비로소 길을 찾아 어느 날 스타의 땅을 밟은 사람들이다.

그런데 많은 지망생들, 또는 그런 지망생을 가까이에 두고 있는 사람들은 정작 숲은 보지 않고 숲 너머에 있는 스타의 땅만 바라보고서 어느 날 하루아침에, 한방에 스타가 될 수 있을 것 같다고 쉽게 생각하기도 한다.

과연 한방에 스타가 될 수 있을까. 단언컨대, 어느 날 한방에 스타가 되는 지름길은 없다.

한방에 된 것처럼 보이는 스타도 알고 보면 단지 대중의 눈에 한순간에 띄었을 뿐이다. 그 스타도 숲을 헤매면서 수많은 고통, 좌절, 걱정, 불안들을 겪었고 대중은 그런 그를 보지 못하다가 어느 날 그를 알아보았을 뿐이다. 이게 그가 스타의 땅을 밟게 된 이유다.

그런데 신기한 것은 숲을 헤매는 것은 비단 지망생 뿐만이 아니라는 것이다. 알고 있는가? 스타를 만드는 기획사 매니저, 방송사 PD, 영화감독, 광고감독, 연예부 기자 등 스타를 만드는 사람들도 지망생 여러분과 똑같이 숲속에 있다는 사실을. 신인을 찾고 키우려는 그들도 숲을 헤매기는 마찬가지라는 사실을.

많은 사람들이 어디서 신인을 구할까? 숲속에서 구한다. 지망생들도 나를 구하는 사람을 어디서 만날 수 있을까? 숲속에서다.

이렇듯, 연예계란 길이 없는 길이다. 연예인을 필요로 하는 사람이든, 연예인이 되고 싶은 사람이든 숲속에서 헤맬 수밖에 없는 세계다. 그러다보니 답답할 수밖에 없다. 지망생들도 답답하고, 기획사 매니저, 방송사 PD, 영화감독, 광고감독 등도 답답하다. 새로운 스타에 대해 기사를 쓰는 연예부 기자나 문화부 기자들도 답답하기는 마찬가지다.

많은 일반인들이 어릴 적부터 TV, 라디오, 인터넷, 음반 등을 접하면서 자란다. 그와 더불어 늘 가까이에서 접하게 되는 것이 스타다. 그러다보니 스타가 마치 바로 옆에 있는 것처럼, 그래서 어느 순간 나도 그들처럼 쉽게 될 수 있을 것처럼 착각을 하게 된다.

그러나 꿈과 현실은 다르다. 막상 어릴 적부터 꿈꾸었던 스타의 길을 현실적으로 걷고자 하는 순간 아뿔싸, 이게 웬일인가. 그때까지 보이지 않던 숲이 턱, 하니 나타나고 스타의 땅은 숲 저 너머 멀리 있다는 것을 깨닫게 된다.

'좋아하는 것'과 '할 수 있는 것'은 다르다.

'좋아하는 것'은 누구나 할 수 있다. 쉽다. 누구나 가지는 권리다. 스타를 '좋아하는 것'이 이와 같다. 단지 시청자로서, 또 대중으로서 그 권리를 누리는 것에 불과하다. '낭만'이다.

그러나 막상 내가 그런 스타의 길, 즉 직업적으로 연예인의 길로 들어서겠다는 것은 '할 수 있는 것'으로 들어선다는 뜻이다. 만약 내가 단지 스타를 좋아하는 낭만적인 마음만으로 직업 스타가 되고자 한다면 그것은 낭만과 현실을 구분하지 못하는 착각이다.

요리를 좋아해서 먹는 것은 누구나 할 수 있지만, 요리를 만드는 것은 아무나 하는 게 아니듯이 말이다.

연예인에 대한 꿈을 갖고 있는 지망생이 가져야 할 첫 번째 자세는 꿈에서 깨어나 현실을 직시하는 것이다. 연예인이라는 직업에 대한 자세와 철학, 마음가짐과 가치관, 그리고 전략이 있어야 한다. 그러나 많은 지망생들에게 있어 이런 것이 부족한 경우를 나는 허다하게 봤다.

그동안 마냥 좋아하기만 했던 연예인에서 내가 연예인이 되겠다고 꿈을 갖는 순간, 먼저 치러야 할 세금이 하나 있다. 그것은 바로 '연예인 병'이다. 남모르는 속앓이, 남모르는 마음의 고통이 따른다. 흡사 알을 깨고 나오는 성장통과 같다고나 할까. 연예인이 되고 싶은 마음이 커질수록 이 병은 묘하게도 커진다. 그것은 길이 아닌 길을 가야 하기 때문에, 숲에서 길을 찾아야 하기 때문에 생기게 되는 것이다.

스타를 꿈꾸는 그대여,
연예인이 되고 싶은가?
그렇다면 나는 그대에게 먼저 묻고 싶은 것이 있다.
그대는 과연 현실이라는 숲을 헤맬 각오가 되어 있는가?

먼저 알아야 할
인형뽑기 게임의 원리

흔히 연예계를 '욕망이라는 이름의 전차'라고 말한다. 스타라는 욕망을 이루기 위해, 또 연예인이라는 꿈을 이루기 위해 도전하는 세계라서 말이다. 그런데 미칠 노릇이다. 하나하나 계단을 밟아 올라가고 싶은데 길이 보이지 않는다. 온통 숲이다.

숲을 헤매다 보면 이런 의문들이 든다.

'PD나 감독에게 잘 보이기만 하면 되나?'

'저 분은 매니저라는데 정말 믿을 만한가?'

'연예부 기자라는데 힘써주지 않을까?'

'스타가 많이 이용하는 큰 미장원 원장이 도와준다는데 어떡할까?'

'코디네이터 언니가 알아봐주겠다는데 그렇게 할까?'

숲을 헤매다 보면 연예계와 관련 있다는 많은 사람들을 소개

받기도 한다. 그래서 이런 이야기도 듣고 저런 이야기도 듣는 다. 그러나 그럴수록 숲을 빠져나오기는커녕 점점 더 빠져들기 만 하는 것 같다. 사람들을 만나면 만날수록 오히려 더욱 더 깊 은 미궁으로 빠지게 되는 자신을 발견하게 된다.

숲속에서 만난 사람들이 속 시원하게 길을 알려주면 좋겠는 데 그런 사람은 좀체 만나기 어렵기만 하다. 이 사람의 말이 다 르고 저 사람의 말이 다르다. 방송사 PD든, 드라마 감독이든, 연예부 기자든, 기획사 매니저든, 제작사 대표이사든 "넌 이 길 로 가라. 그러면 길이 있다"고 속 시원하게 길을 가르쳐주면 좋 겠는데 그렇질 못하다. 이런 저런 조언도 듣고 상담도 받지만 들으면 들을수록 더 답답하기만 하다.

설령 "넌 이렇게 해. 내가 도와줄게. 내가 시키는 대로 이렇 게 가기만 하면 돼" 하고 쉽게 길을 알려주는 사람을 만난다 하 더라도 오히려 의심만 더 들기 일쑤다.

그럼 도대체 어떻게 해야 한단 말인가?

여기서 나는 말한다. 그래도 숲으로 가야 한다고. 헤매지 않는 자에게 길은 없다고. 꿈은 꾸는 자의 몫이 아니라 행동하는 자의 몫이라고.

도대체 연예계란, 숲이란 무엇일까? 그 정체부터 우선 알아 보자.

인형뽑기 게임이란 게 있다. 동전을 넣고 인형뽑기 갈고리 손을 움직여 박스 안의 인형을 뽑는 게임이다. 인형을 뽑다 보면 걸리기도 하고 안 걸리기도 한다. 그래도 뽑고 또 뽑는다. 그러다가 한번 걸리면 마침내 인형을 밖으로 뽑아내게 된다. 그때 하는 말.

"드디어 걸렸다!"

프로그램을 만드는 PD나 영화감독들은 자기가 만드는 프로그램이나 영화가 잘되기를 바란다. 그래서 PD나 영화감독들은 말한다.

"아, 이 작품에 출연하는 누가 떠야 하는데, 그래야 작품도 뜨는데……."

내가 SBS 방송사 현직 PD시절에 〈웃찾사(웃음을 찾는 사람들)〉이라는 코미디 프로그램을 처음에 만들 때였다.

"뭔가 한 코너만 걸리면 이 프로그램은 뜨는데……. 뭔가 한 캐릭터가 걸리기만 하면 이 코너는 뜨는데……. 누군가 한 개그맨만 뜨면 이 프로그램은 뜨는데……."

그러다가 〈웃찾사〉가 대박 났다. 당연히 스타도 봇물 쏟아지듯이 터져 나왔다. 그때 내가 외친 말.

"드디어 걸렸다!"

숲이란, 연예계란 인형뽑기 게임과 똑같다. 인형뽑기 박스는 연예계(숲)라 할 수 있다. 인형은 연예인 지망생이라 할 수 있다. 그러면 인형뽑기 갈고리 손은? 그렇다. 기획사 매니저, 방송사 PD, 영화감독, 광고감독, 작가 등이라고 할 수 있다.

그래서일까? 연예계 바닥, 소위 업계의 꾼들이 하는 말이 신기하게도 인형뽑기 게임을 할 때와 똑같다.

"걸려야 한다."

그러나 인형은 쉽게 걸리지 않는다. 어쩌다가 간신히 걸렸다 싶어 위로 댕겨 올려도 또 떨어지곤 한다. 그래서 다시 내려서 고르고 또 고르고…… 그러다가 수십 번, 수백 번의 시도 끝에 드디어 인형 하나를 건져 박스 바깥으로 꺼낸다. 이처럼 인형뽑기 게임에서 인형을 바깥으로 꺼내는 것은 지망생을 스타의 땅으로 데려다놓는 것과 같다고 할 수 있다. 드디어 스타가 탄생하는 것이다. 드디어 걸린 것이다.

재미있는 것은 동전을 투입해야 인형뽑기 게임을 즐길 수 있다는 것이다. 동전을 투입한다는 것은 뭐냐? 그것은 스타를 만들기 위해서는 돈을 투자해야 한다는 의미와 같다. 일차적으로 돈을 투자하는 것은 연예기획사라고 할 수 있다.

이런 인형뽑기 게임에서 얻을 수 있는 깨달음이 하나 있다.

그것은 인형 혼자서는 박스를 빠져나올 수 없다는 사실이다. 갈고리 손의 도움을 받아야 빠져나올 수 있다는 것이다. 인형이 박스에서 빠져나오자면, 즉 지망생이 숲을 빠져나와 스타의 땅을 밟고자 한다면 누군가에게 발탁되어야 한다. 연예계가 그렇다. 인형 혼자 힘으로 어떻게 빠져나올 수 있는 곳이 아니다.

연예인을 꿈꾸는 그대여,
연예계는 혼자 무작정 노력한다고 뭔가 되는 게 아니다. 길도 안 보이고 어려운 세계다. 숲이고, 인형뽑기 박스다.

스타란 별이다. 영화 〈라디오 스타〉에서 박중훈과 안성기가 이야기하듯이, 스스로 빛나는 별은 없다. 누군가 빛을 비춰줄 때 별은 비로소 빛날 수 있다.
스타가 되고 싶은 가. 그러면 자신을 비춰줄 빛을 만나야 한다.

지금부터 그 빛을 만나러 가자.
어떻게 하면 인형뽑기 게임박스를 빠져나올 수 있는지 알아보자.
어떻게 하면 숲을 빠져나올 수 있는지 살펴보자.

'열심히' 라는 것도
질이 3가지다

방송연예과 교수이다 보니 연예계 지망생들을 많이 상담하게 된다. 내가 많이 하는 질문 중에 하나가 이런 것이다.

"너는 꿈이 있느냐?"

그러면 대부분 "꿈이 있습니다." 하고 대답한다.

내가 다시 묻는다. "그러면 그 꿈을 위해 너는 무슨 노력을 하느냐?"

그러면 대개 "꿈은 있는데 뭘 어떻게 해야 될지 모르겠어요." 한다.

"왜 그렇지?"

"어떻게 시작해야 될지를 모르겠어요."

혹은 "아직 어려서 좀 더 알아보고요."

혹은 "열심히 뭔가 하긴 해야 되는데 지금 계속 방황하고 있어요."라고 한다.

사람은 누구나 한두 가지쯤 꿈을 가지고 있다. 꿈은 미래를 위한 희망이기도 하고, 현실을 견디는 힘이기도 하다. 안타까운 것은 꿈을 가지고 있다면서 노력을 하지 않는 것이다.

그러나 게 중에는 이런 학생도 있다.

"꿈이 있습니다. 배우가 되고 싶습니다. 그래서 열심히 하고 있습니다."

"그래? 그러면 무얼 열심히 하고 있지?"

"아직은 잘 모르겠구요, 책도 보고 사람도 만나고 암튼 열심히 이것저것 기웃거리고 있습니다. 찾고 있습니다. 열심히."

꿈이 있다면 노력을 하게 된다. 노력도 하지 않으면서 꿈이 있다는 건 천부당만부당하다. 그 꿈이 연예인이라면 더 말할 것도 없다.

이 학생도 열심히 하긴 한다.

"아직은 잘 모르겠구요, 책도 보고 사람도 만나고 암튼 열심히 이것저것 기웃거리고 있습니다. 찾고 있습니다. 열심히."

그러나 무슨 노력을 하는 걸까? 이것저것?

과연 열심히 하기만 하면, 과연 숲을 열심히 헤매기만 하면 뭔가 되고, 길도 보이게 되는 걸까? 그렇지 않다.

뭘 하든지 간에 열심히 하는 건 좋다. 그러나 덮어놓고 열심히 하는 건 능사가 아니다.

나는 연예인을 꿈꾸는 어린 지망생에게 "뭐든지 열심히 하고 봐라."고 말하는 것처럼 또 막연한 조언도 없다고 생각한다. 그 이유는 다음과 같다.

'열심히'라는 것도 질이 세 가지다. 예전에 어느 중학교 교장선생님이 신입생들에게 한 말씀이다.

첫째는 열(10)심히 하는 사람이다. 그야말로 십(10)만큼 '노력' 하는 사람이다.

그러나 이보다 더 열심히 하는 사람이 있다. 그것은 둘째, 열한(11)심히 하는 사람이다. 십(10)만큼 '노력'을 하지만, 하나(1)가 더 있는 사람이다. 그것은 '목표'다.

그런데 이보다 더 열심히 하는 사람이 있다. 바로 셋째, 열두(12)심히 하는 사람이다. 십(10)만큼 '노력'을 하고, '목표'라는 하나(1)가 더 있지만, 여기에 하나(1)가 더 있는 사람이다. 그것은 '전략'이다.

'열(10)심히'의 3종류

10심히 = 10(노력)
11심히 = 10(노력) + 1(목표)
12심히 = 10(노력) + 1(목표) + 1(전략)

연예계의 길에서 '열심히' 라는 것도 바로 이런 것이 아닐까 한다.

연예계는 불확실한 숲의 세계다. 목표를 세워 연예인이 되겠다는 것은 좋다. 목표란 숲을 헤쳐 나갈 동기와 힘을 준다. 그러나 숲은 길이 보이지 않기 때문에 전략이 필요하다. 목표도 없이, 전략도 없이 열심히만 한다고 능사가 아니다. 스스로 지칠 뿐이다.

이 세상에는 연예계 스타든, 혹은 기업가든, 예술가든, 공무원이든, 학자든 간에 성공한 사람들이 많다. 그들의 공통적인 특징은 목표와 전략을 갖고 열심히 노력한 끝에 성공했다는 것이다.

열한(11)심히, 즉 목표가 있다는 게 무얼까?

연예인 지망생에게 내가 묻는다.

"너는 꿈이 뭐니?"

"배우요."

"그래, 배우 중에 어떤 배우를 좋아하니?"

"OOO를 좋아해요."

"왜 그 배우가 좋지?"

"잘 생겼잖아요. 입이 너무 귀여워요. 그 배우랑 결혼하고 싶어요."

어떤가? 이 학생은 진정 배우라는 직업을 희망하는 자세가
엿보이는가?

이 학생은 OOO를 '배우'로서 좋아하는 게 아니다. 단지 '스
타'로서 좋아할 뿐이다. 지망생으로서가 아니라 시청자, 팬의
입장에서 좋아할 뿐이다. 낭만과 현실을 구분하지 못하는 모습
이다. 목표가 있는 듯 하지만 없다.

음식을 '좋아하는 것'과 '만드는 것'은 다르다. 단지 '좋아하는
것'은 목표가 아니다. 취향일 뿐이다. 스타로서 좋아하는 것은
식당 손님으로서 음식을 좋아하는 것과 같을 뿐이다. 그러나
배우가 되겠다는 것은 요리사가 되겠다는 것과 같다. 그렇다면
목표는?

목표가 있다는 건 이런 것이다.

"제 꿈은 배우입니다. 저는 배우 OOO를 존경합니다. 존경하
는 정도가 아니라 제 멘토입니다. 저는 그를 연구했습니다. 비
록 잘 생기지는 않았지만 그의 연기는 눈이 살아 있습니다. 어
디서 그런 에너지가 숨어 있었는지 매순간 새롭습니다. 하지만
깊이도 있습니다. 독특한 그만의 세계가 있지만 이게 또 모든

사람을 공감하게 만듭니다. 그는 40대 중반에 뒤늦게 성공했습니다. 저는 여기에 또 반했습니다. 그는 어렸을 때는 방황도 했고, 대학에서 연극도 했고, 가난 때문에 한때 은행을 다니기도 했지만 다시 영화판에 뛰어들어 조명 일도 하면서 연극이든, 영화든, 드라마든, 뮤지컬이든 닥치는 대로 했고요, 그러다가 애인과 헤어지기도 했습니다. 그래서 그런지 그의 연기세계는 다른 배우들과 다릅니다. 열정이 온 몸에 살아 있습니다. 혹시 그의 표정연기 보셨어요? 저는 그 표정을 너무 닮고 싶어요. 그의 인생역경, 사랑, 고독, 정열이 제 힘이 됩니다. 제 롤모델이에요."

화가가 되고자 한다면 화가를 많이 접하고 연구하게 되고, 소설가가 되고자 한다면 소설가를 많이 접하고 연구하게 된다. 그러다보면 자신이 인정하는 대가(大家)를 발견하게 되고 그가 멘토가 되고 그를 목표로 삼고 그의 인생을 연구하게 된다.
목표란 이런 것이다. 구체적으로 닮고 싶은 그 무엇이다.

그렇다면 열두(12)심히, 즉 목표와 전략이 있다는 것은 무엇인가? 이런 것이다.

"저는 배우의 꿈을 가지고 있지만, 솔직히 저도 압니다. 저는 외모가 뛰어나지 않습니다. 제가 봐도 예쁘지 않습니다. 키가 그렇게 큰 것도 아닙니다. 그러나 저는 개성을 갖고 있다고 생각합니다. 그래서 저는 이렇게 할 겁니다. 지금 방송연예과 학생으로서 연기를 열심히 배워서 졸업을 하면 대학로 연극판에 뛰어들어 연극을 열심히 할 겁니다. 저는 연기가 좋습니다. 제가 배우가 되고 싶은 것은 스타가 되기 위해서가 아니라 단지 연기를 하고 싶어서입니다. 저는 기획사를 찾거나 이런 걸 떠나서 우선은 연극판으로 가서 밑바닥부터 배울 겁니다. 조명을 배우든, 무대 망치질을 배우든, 스태프 일을 배우든……. 그래서 단역이라도 맡기라도 하면 열심히 하면서 연기를 계속 배울 겁니다. 그렇게 저는 하나하나 성장해 나가고 싶습니다. 저보다 외모가 뛰어나고 재능이 있는 친구들이 1년, 2년 만에 된다면 저는 10년, 20년이 걸리더라도 상관없습니다. 언제 스타로 뜨느냐는 중요하지 않습니다. 연기하는 연기자로 살고 싶을 뿐입니다. 그 기회를 평생 즐길 겁니다. 성공하고 안 하고는 그 다음 문제입니다."

이 학생은 목표도 분명하고 나름대로 전략도 있다. 숲을 헤쳐 나가다가 가시에 찔리든, 넘어지든, 어떤 어려움에 부딪히든 반드시 헤쳐 나가겠다는 의지를 가지고 있다.

내가 그 길을 가고자 한다면 그 길을 먼저 걸어온 사람의 길을 연구하고 그 길을 걷고자 하게 된다.

한방에 스타가 되겠다는 것은 목표가 아니라 도박이다. 중요

한 것은 연기자로서 연기를 하겠다는 것이다. 성공은 그 다음
이다.

연예인을 꿈꾸는 그대여,

목표 없는 노력은 헛수고이고, 전략 없는 목표는 공허한 낭만에 불과
하다.

인생은 길다. 10대, 20대만 있는 게 아니다. 30대, 40대, 50
대, 60대, 70대…… 길다.

열심히 하되 요령이 있어야 한다.

10대, 20대에 뜨는 한방의 스타를 혹 갈망하는 건 아닌가. 그
렇다면 그것은 꿈이 아니라 허황된 욕망일 공산이 크다. 꿈이란
목표와 전략이다. 목표는 열정을 부르고, 전략은 난관을 헤쳐 나갈
의지를 북돋아준다.

목표라는 나침반과 전략이라는 지도를 지녀라. 그래야 숲을 지혜
롭게 헤쳐 나갈 수 있다.

연예인에게 필요한 단 한 가지가 있다면?

연예인이 되려면 뭐가 필요할까?

언어전달력, 절제된 외모, 적합한 교양과 지식, 인터뷰 능력, 인기도, 순발력, 인품 등 여러 가지가 있을 수 있다. 이밖에도, 대답하는 사람에 따라 연예인의 자질은 다양하게 더 있을 수 있다

프로그램을 제작하는 PD에게도 필요한 자질이 있다. 예리한 통찰력과 판단력, 성공에 대한 예감, 카메라 샷에 대한 분석력, 남다른 창의력, 대본 해석능력, 섭외력, 세상에 대한 이해력 등 여러 가지다.

그렇지만 PD의 자질을 한마디로 말해 보라고 한다면?

나는 주저 없이 외친다. 그것은 '감(感)'이라고.

PD에게는 맡겨진 프로그램이 있고, 매주 방송 시간은 정해져 있다. 그렇다면 PD에게 가장 중요한 능력은? 다른 것 없다.

정해진 방송 시간에 맞춰 이상 없이 방송을 내보내는 것이다. 그러자면 이것저것 일일이 따지며 제작할 여유가 없다. 오로지 그때 그때의 감(感)으로 프로그램을 만들어나가야 한다. 감(感)으로 프로그램을 만들 수밖에 없다.

PD는 감(感)으로 프로그램을 만든다.

PD에게 '감(感)' 이라면, 연예인에게 필요한 단 한 가지는 무엇일까?

그것은 '끼' 다. 배우라면 연기자로서의 끼, 가수라면 노래와 춤에 대한 끼, 개그맨이라면 유머에 대한 끼……. 끼란 '언젠가는 뜰 싹수가 보이는 매력' 이다.

끼는 타고나지만 사실 누구나 하나씩은 가지고 있다. 활발하면 활발한 대로, 조용하면 조용한 대로 지구상에 존재하는 인류의 수만큼 끼도 존재한다.

그렇다면 누구나 연예인이 될 수 있단 말인가. 그렇다. 그러나 중요한 것이 하나 있다. 그것은 생활 속에서 단순히 즐기는 것으로 끝나는 일반인으로서의 끼가 아니라, 대중에게 상품으로 거래될 수 있는 연예인으로서의 끼로 거듭나야 한다는 것이다. 대중에게 어필될 수 있는 끼로 만들어져야 한다는 것이다. 상품으로 만들어져야 대중에게 거래될 수 있기 때문이다.

담배 잎사귀 그대로는 대중에게 상품으로 팔릴 수 없다. 담배로 만들고 포장해야 상품으로 팔릴 수 있다. 끼도 이렇게 상품화되어야 한다는 것이다.

연예인으로서의 끼로 만들어지기 위해서는 크게 두 가지 방법이 있다. 첫째는 누군가에 의해 만들어지는 것, 즉 남이 만들어 주는 것이고, 둘째는 자신이 만들어 가는 것이다.

첫째, 남이 만들어 주는 경우다.

바로 PD의 감(感)이다. 제대로 된 PD의 감(感)을 만나야 끼는 비로소 길러지고 키워지고 결국 대중에게 팔릴 수 있는 상품이 될 수 있다.

끼를 한문으로 쓰면 '기(氣)'가 된다. PD의 '감(感)'과 연예인의 끼, 즉 '기(氣)'가 만나면 '감기(感氣)'가 된다. 우리가 콜록콜록 기침을 하게 되는 감기(感氣)와 한문으로 똑같다. 우리가 감기에 걸리면 어떻게 되는가? 열병(熱病)을 앓게 된다.

그렇다면 해답이 나온다.

PD의 감(感)과 연예인의 끼(氣)가 합쳐져서, 즉 감기(感氣)에 걸리면 대중은 어떻게 되는가? 열병(熱病)을 앓게 된다. 스타가 탄생한다는 것이 바로 이런 현상이다. PD의 제대로 된 감(感)과 연예인의 잘 길러진 끼(氣)가 만나 스타가 탄생하고, 그러면 대중은 감기

(感氣)에 걸려 그 스타에 대해 열병(熱病)을 앓게 되는 것.

그러나 이렇게 되기 위해서는 사실 필요한 게 한 가지 더 있다. 앞에서 얘기했듯이 끼라는 것은 '언젠가는 뜰 싹수가 보이는 매력'이라고 했다.

바로 이 '언젠가는'에 해답이 있다. 바로 '때'라는 것이다. 아무리 연예인의 끼가 좋더라도, 아무리 PD의 감이 좋더라도 '때'를 만나야 생명력을 갖고 뜰 수 있다.

대중의 마음을 예측하기란 쉽지 않다. 대중은 하늘이다. 그런 하늘의 '때'란 정말 점치기 어렵다. 이런 '때'가 다시 말하면 '운(運)'이다. 이 운(運)은 한편 인형뽑기 게임에서 갈고리 손에 제대로 걸리는 '때'이기도 하다.

자비어 프레스코그나(Xavier M. Frascogna, Jr.)는 연예인의 자질은 6가지가 있다고 했다. ①예측 가능한 상황에 대한 대비, ②수행계획, ③인내심과 결단력, ④현실적인 자세, ⑤융통성, 그리고 ⑥운(Luck)이다. 놀랍지 않은가. 스타학이라는 학문의 세계에서도 연예인의 자질로 운(Luck)을 그 중의 하나로 꼽는다는 것이.

프로그램이든 영화든 광고든 대박난다는 것이 이렇고, 가수든 배우든 개그맨이든 모델이든 아나운서든 기자든 기상캐스터든 리포터든 스타 탄생이란 것이 이렇다. 감(感), 끼(氣), 운

(運)이라는 3박자가 기막히게 어우러져 대중이 열병(熱病)을 앓게 되는 현상이다. 이것을 나는 '감기론(感氣論)'이라 부른다.

감기(感氣)에 걸리면 대중은 열병(熱病)을 앓게 된다.

둘째, 끼를 자신이 만들어 가는 경우다.

류시화의 『'인생수업』이라는 책을 보면, "살고(Live) 사랑하고(Love) 웃어라(Laugh) 그리고 배우라(Learn). 인생은 4L로 살아라."는 구절이 있다. 나는 이것이야말로 정말 연예인이라면 어떻게 살아가야 할지를 잘 보여준다고 생각한다.

'살고 사랑하고 웃어라 그리고 배우라. Live, Love, Laugh, Learn.'

자신이 끼를 어떻게 만들어 가야 하는지에 대한 해답이 바로 여기에 있다. 그것은 특히 '배우라(Learn)'에 있다. 자신이 자신의 끼를 만들어 가는 방법은 다른 것 없다. 배우는 것이다.

신인이라는 게 원래 그렇다. 신인배우라면 처음부터 연기를 잘할 리 없고, 가수 초년생이라면 처음부터 노래나 춤을 제대로 할 리가 없다. 그래서 신인시절에는 연기를 하든, 노래를 하든, 개그를 하든 촬영장에서 감독에게 흔히 꾸중을 듣게 된다.

심한 경우에는 욕설도 듣는다. 그러면 대부분의 신인은 풀이 죽거나 좌절하게 된다.

그런 신인을 두고 감독들은 말한다.

"쟤는 안 되겠어."

"아니, 왜요?"

"쟤는 대체 깡이 없어."

그렇다. 자신의 끼를 자신이 기르기 위해서는 '깡'이 필요하다. 그래야 배울 수 있고 성장할 수 있다.

깡이 좋은 신인은 다르다. 감독에게 꾸중을 들어도 마음은 쓰리지만 그 다음날 촬영장에서 언제 그랬냐는 듯이 오히려 기(氣)가 더 세게 촬영에 임한다. 어제 부족했던 연기를 밤새도록 연구하고 또 연구해 그 다음날 일취월장한 연기를 보여준다. 그런 신인을 보면 감독들은 말한다.

"쟤는 되겠어."

"아니, 왜요? 어제는 그렇게 나무라더니."

"쟤는 깡이 있어. 언젠가는 되겠어."

감독이 지망생에게 보고자 하는 것은 원숙한 끼가 아니다. 바로 오뚝이같이 다시 일어서는 깡이다. 앞으로 커나갈 가능성이다.

그러자면 지망생은 배우려는 자세가 있어야 한다. 배우려는 깡이 있어야 한다. 우스개지만 배우란 것은 배우는 직업이다.

'끼' 란 '언젠가는 뜰 싹수가 보이는 매력' 이라고 했다. '언젠가는 뜰 싹수' 가 '깡' 이다. 그렇다면 '깡이 보이는 매력' 이 '끼' 다. 깡으로 버텨야 언젠가는 운을 만난다.

아무리 좋은 PD의 감(感)과 아무리 좋은 연예인의 끼(氣)가 만나더라도 기다리면서 버틸 줄 아는 깡이 없으면 운(運)을 만날 수 없다.

아무리 좋은 차라도 연료가 있어야 굴러간다. 아무리 좋은 끼라도 깡이 있어야 발휘된다.

그래서 나는 연예인이 되고자 하는 지망생이라면 가장 먼저 해주는 말이 있다.

"정말 연예인이 되고 싶냐? 그러면 먼저 이를 악물어라."

깡이다. 깡이 있어야 하기에. 더불어 지망생이 걷고자 하는 그 길이 얼마나 험난한 숲인가를 알기에.

연예인을 꿈꾸는 그대여,

주먹보다 뾰족한 일침(一針)이 더 따갑다. 그 일침이 끼다.

감기(感氣)에 걸리면 대중은 열병(熱病)을 앓게 된다.

숲을 빠져나오고 싶은가? 그러면 깡으로 버텨라.

1. 숲을 헤맬 각오가 되어 있는가? 55

언제 어디서 올지 모를 운을 만나려면 기다리면서 버틸 줄
아는 깡이 있어야 한다.

연예인도 인간이라고 우긴다. 이는 '상품'이란 것을 모르고 하는 소리다

연예인이란 무엇일까?

여기에 대해 해답을 주는 재미있는 글자가 하나 있다. 그것은 예부터 연예인의 대표라 할 수 있는 '배우'라는 말이다. 한문으로 쓰면 배우(俳優)다. '배(俳)'라는 한문은 '어정거리다, 방황하다, 배회하다, 노닐다' 등의 뜻이 있다. '우(優)'는 '넉넉하다, 우수하다' 등의 뜻이 있다. 즉 배우란 '넉넉하고 우수한, 누군가가 배회하며 노니는 것'이라는 말이다.

연예계는 숲이라고 했다. 그래서 연예인은 숲을 어정거리고, 방황하고, 배회하고, 노닐면서 헤매는 직업이라고 했다. 어떤가? 배우(俳優)의 '배(俳)'라는 한자도 그렇게 말하지 않는가. '어정거릴 배(俳)', '방황할 배(俳)', '배회할 배(俳)', '노닐 배(俳)'······.

그러나 더 재미있는 것이 있다.

흔히 연예계나 방송계의 PD나 감독과 같은 소위 업계의 꾼들이 하는 말이 있다.

"연예인은 일반인과 종자가 다르다."

연예인은 일반인이 아니라는 뜻인데 여기서 배우(俳優)의 '배(俳)'라는 한문을 좀 더 들여다보자.

배(俳)는 사람 인(人)변에 아닐 비(非)로 구성되어 있다. 이것을 조합하면 어떻게 되는가. '사람이 아니다'가 된다. 재미있지 않은가. 배우는 사람이 아니란다. 그래서인가, 연예인은 일반인과 종자가 다르단다.

오래 전부터 배우는 광대라고 불렸다. 지금도 연예인을 흔히 광대라고 하기도 한다. 광대는 일반인과 구별되었다. 심지어 차별받기까지 했다. 사람이지만 사람이 아닌 취급을 받기도 했다.

이 모든 것을 종합하면 '배우'란 이렇다는 소리다. '넉넉하고 우수하지만 사람이 아닌 누군가가 배회하며 노니는 것.'

연예인이 사람이 아니라면 대관절 무엇일까?

직업의 길에는 두 가지가 있다고 했다. 길이 보이는 직업과 길이 보이지 않는 직업이다.

길이 보이는 일반직은 자신이 가진 기술, 실력, 업무력 등으로 먹고 산다.

길이 보이지 않는 연예직도 자신의 기술, 실력, 능력 등으로 먹고 산다. 하지만 일반직과 다른 큰 특성이 하나 있다. 그것은 자신 스스로가 곧 상품이 된다는 것이다. 가수란 게 뭔가, 가수 자신이 상품이 되어 무대에 선다. 배우도 그렇고, 개그맨도 그렇고, 모델도 그렇고, 리포터도 그렇다.

극단적으로 말해 일반직이 제품을 만드는 직업이라면, 연예인은 자신이 곧 제품 자체가 되는 묘한 직업이라고 할 수 있다.

연예인은 사람이 아니라는 소리는 곧 이를 두고 하는 말이 아닐까 한다. 자신을 보여주고 자신이 직접 뛰는, 즉 상품이라는 것.

상품이란 게 그렇다. '생산—유통—소비' 되는 구조로 거래된다.

연예인이라는 상품을 '생산' 하는 것은 연예기획사라고 할 수 있다.

'유통' 시키는 것은 방송사, 영화사 등이라고 할 수 있다. TV, 라디오, 영화, 인터넷 등과 같은 미디어가 일종의 마켓이라고 할 수 있다. 그렇다면 연예인이라는 상품을 유통시키는 것은 방송 PD, 영화감독, 광고감독 등이라고 할 수 있다.

최종 '소비'는 시청자, 청취자, 관객 등과 같은 대중이 한다.

한 가지 덧붙이자면 상품은 '포장'되어야 소비자를 만날 수 있다. 연예인이라는 상품도 포장되어야 한다. 이런 포장을 하는 것이 연예부 기자다.

이렇듯 기획사가 생산하고, 미디어가 유통하고, 기자가 포장하고, 대중이 소비하는 구조를 가지는 상품이 연예인이다. 여러분도 '연예인은 상품'이라는 말을 익히 들었을 것이다.

지망생이라면 흔히 듣게 되는 말이 있다.

"연예인이 좋기만 한줄 아니? 꿈 깨라. 그게 얼마나 힘들고 어려운 직업인 줄 아니?"

결코 빈 말이 아니다. 왜 그럴까? 그 이유는 다음과 같다.

우리가 가게에서 어떤 제품을 하나 살 때 만약 그 제품에 흠이 조금이라도 있으면 어떡하는가? 그것을 사는가? 그렇지 않다. 제품은 흠이 없고 철저히 깨끗해야 산다.

연예인이라는 상품도 마찬가지다. 대중에게 사랑받으려면 늘 새 것처럼 깨끗해야 한다. 냉정하게 말해 상품이란 많이 팔리는 것이 목적이다. 많이 팔리려면 늘 새 것이어야 한다.

새 것처럼 깨끗해야 한다는 게 무슨 뜻일까?

이런 말을 들어보았을 것이다.

"연예인은 자기관리가 중요하다."

바로 이것이다. 새 것처럼 늘 유지되어야 하기 때문에 흔히 하는 말이 바로 연예인은 '자기관리'를 철저히 해야 한다는 것이다.

예를 들면 이런 것이다.

배우가 어떤 영화에 캐스팅되면 맡은 배역에 맞는 컨디션을 촬영 끝까지 정상적으로 유지해야 할 의무가 있다. 촬영기간 동안만큼은 아플 권리조차 없다고 보아야 한다. 술을 먹고 그 다음날 촬영에 지장을 줘서도 안 되고, 교통사고를 당해서도 안 되고, 음주운전과 같은 위법을 저질러서도 안 되고, 캐스팅된 작품에 지장을 주는 사적인 스캔들이 터져서도 안 된다. 그저 몸조심, 사람조심, 오로지 맡은 배역의 컨디션 외에는 다른 일이 생기지 않도록 자기관리를 해야 한다.

가수도 마찬가지다. 무대에 서야 한다. 그러자면 늘 무대에 새 것처럼 설 수 있도록 자기관리를 평소에 해야 한다. 목소리나 얼굴에 지장을 줄 정도로 아파서도 안 된다. 자신이 부르는 노래의 이미지에 맞도록 평소에 자기관리를 해야 한다.

배역을 맡았든, 안 맡았든 연예인이라면 상품가치를 항상 유지해야만 한다.

이처럼 연예인은 일종의 상품이기 때문에 새 것처럼 늘 깨끗해야 하고, 그래서 연예인에게 가장 중요한 덕목이 철저한 자기관리다.

연예기사를 보면 가끔 이런 기사가 있다. 어떤 배우가 사고를 당해 몸을 다쳤는데도 불구하고 드라마 촬영에 끝까지 임했다고 말이다. 그런 배우를 두고 우리는 프로정신이 뛰어나다고 칭찬한다.

이런 개그맨도 보았을 것이다.

"정말 힘들었던 기억은 아버지가 돌아가셨다는 소식을 들었지만 MC를 맡고 있었기 때문에 주위 사람들에게 숨기고 그 오락프로그램을 웃고 떠들며 끝까지 녹화할 수밖에 없을 때였어요. 녹화가 끝나고 나서야 펑펑 울었어요."

이게 연예인이라는 상품의 프로정신이고 한편 자기관리라는 것이다.

예를 하나만 더 들어보겠다.

TV 저녁뉴스 앵커를 알 것이다. 좋은 앵커가 되려면 어떤 자질이 필요할까? 세상을 균형 있게 보는 안목, 객관적인 전달력, 시청자에게 주는 신뢰감, 폭넓은 지식, 단아한 외모, 순발력, 자신만의 개성 등 여러 가지가 있을 수 있다.

하지만 가장 중요한 자질이 하나 있다. 저녁뉴스 앵커는 언제 TV에 나오는가? 8시면 8시, 9시면 9시, 10시면 10시, 정해진 시각에 시계 침이 "땡!" 하면 나온다. 그것도 매일 말이다.

다른 그 어떤 자질보다 중요한 것이 바로 이것이다. 정해진 시각에 매일 이상 없이 시청자와 만나는 것. 그것도 항상 최상의 외모, 최상의 목소리, 최상의 컨디션으로 말이다.

그러자면 앵커는 어때야 하는가? 아파서도 안 된다. 눈에 다래끼가 나서도 안 된다. 술을 함부로 마셔도 안 된다. 수면부족으로 얼굴이 부어서도 안 된다. 식당이나 거리에서 일반인과 사소한 시비가 생겨도 안 된다. 개인 대소사도 웬만하면 참아야 한다. 친구 만나기도 자제해야 한다. 오늘도 몸조심, 내일도 몸조심, 그저 몸조심. 성직자가 따로 없다.

앵커의 최고 자질은 자기관리능력이다. 시청자에게 매일 똑같이 최상의 모습을 보여주는 능력. 위에 열거한 수많은 자질을 아무리 갖춘 앵커라 하더라도 자기관리능력이 없으면 아무 소용이 없다.

앵커가 비록 연예인은 아니다. 하지만 대중에게 얼굴을 보여주는 직업이라면 그 어떤 직업도 자기관리에서 자유로울 수 없다.

연예인의 길이 힘들고 어려운 이유는 이처럼 자신이 곧 상품 자체이고 그래서 자기관리를 철저히 해야 하는 고통이 따르기 때문이다.

일반인들도 자신의 능력이나 실력의 한계에 다다르면 정말 견디기 어렵고 힘들다. 하지만 연예인은 이 외에 자기 자신이라는 그 자체의 상품성까지 염두에 두어야 하기 때문에 두 배로 더 고통스럽다.

연예인도 인간이다. 하지만 그 이전에 상품이다.
연예인은 사람이 아니라는 말은 바로 이런 상품의 특성을 두고 하는 말이기도 하다.

그렇다면 상품은 누가 만드는가?
물론 자기 자신이 만들 수도 있다. 그러나 궁극적으로는 남이 만든다. 상품은 스스로 만들기 어렵다. 오랜 경험을 통해 소비자가 원하는 상품이 뭔지를 알고 그것을 어떻게 하면 만들 수 있는지를 터득한 전문가라야 제대로 만들 수 있다. 그런 전문가가 PD, 감독, 매니저 등이다.

방송계 현장에서 PD들끼리 하는 말이 있다.
"우리는 석수장이고, 조각가다."

석수장이란 돌을 깎아서 작품을 만드는 사람이다. 돌은 그 자체로는 아무 의미가 없다. 석수장이나 조각가를 만나서 다듬어져야 비로소 작품이 된다.

여기서 원석이란 바로 지망생이나 신인을 뜻한다. 작품이란 스타를 두고 하는 말이다.

석수장이나 조각가의 속성이란 게 그렇다. 훌륭한 작품이 될 수 있는 원석을 끊임없이 찾아다닌다. 연예계는 숲이라고 했다. 기획사 매니저든, 방송사 PD든, 영화감독이든, 광고감독이든 그들은 훌륭한 원석을 찾기 위해 온 숲을 헤매며 뒤진다.

도자기를 만드는 도공들을 보라, 좋은 흙 재료를 찾아서 온 숲을 뒤진다. 그런 흙으로 도자기를 만들었다 해도 가마에 굽고 나서 하나의 완벽한 도자기 작품이 나올 때까지 깨고 또 깨버린다.

스타도 그렇게 탄생한다.

연예인을 꿈꾸는 그대여,

연예인은 연예인이 혼자 스스로 만드는 것이 아니라 기획사 매니저, PD, 감독, 작가, 기자 등과 같은 일반인 전문가의 도움으로 만들어진다.

만드는 사람 따로 있고(생산), 되는 사람 따로 있고(상품), 즐기는 사람 따로 있다(소비).

1. 숲을 헤맬 각오가 되어 있는가? 65

"임자를 만나야 한다. 그대의 가치를 알아주는 임자를 만나야 한다."

인형뽑기 게임의 갈고리 손을 만나야 한다.

연예인이라는 상품은 기획사가 생산하고, 미디어가 유통하고, 기자가 포장하고, 대중이 소비한다. 그런 다단계 구조를 어린 그대가 혼자 스스로 뚫고 나가기란 매우 어렵다.

숲으로 들어가라. 그래서 원석을 찾아 헤매는 조각가의 눈에 띄어라.

그 전에 먼저 스스로에게 물어보라. 나는 상품성이 있는가?

성형수술
함부로 하지 마라

이런 지망생이 있다.

"교수님, 저는 이번 방학 때 성형수술을 할 거예요."

"아니 왜?"

"코가 못 생겼거든요."

요즘은 성형이 일반화된 시대다. 여자뿐 아니라 남자도 많이 한다. 하지만 1990년 이전에는 그렇지 않았다. 주로 연예인들이 성형을 했다. 그래서 성형을 하면 연예인이고, 성형을 안 하면 일반인이었다.

성형에 대한 인식도 많이 변했다.

과거에는 성형했다는 사실을 말하기 어려운 분위기였다. 연예인들도 대부분 성형 사실을 숨겼고, 그러다 들통 나면 호된 곤욕을 치르기도 했다.

그러나 요즘에는 성형이 자연스러운 시대가 되어 연예인들도 성형했다고 솔직하게 털어놓게 되었다. 그래서일까? 연예인이 되려면 몇 군데의 성형은 이제 기본이 되어버렸다.

과연 성형을 해서라도 나의 단점을 고쳐야 인형뽑기 게임의 갈고리 손을 만날 기회를 잡을 수 있는 걸까? 놀라지 마라. 오히려 그 반대의 시대가 되었다. 전혀 성형하지 않은 자연미가 정답이 되었다.

요즘에는 TV 프로그램 중에 리얼리티 프로그램이 대세다. 리얼리티란 게 무엇인가? '진짜', '진실', '있는 그대로'라는 뜻이다. '있는 그대로의 진짜'를 보여주는 것이 리얼리티 프로그램이다.

과거에는 연예인이라면 한껏 메이크업을 하고 출연했다. 자신의 단점을 감추고 또 감추었다.

그러나 요즘에는 민낯이 대세다. 자다가 부스스 일어난 얼굴도 보여주고, 시골에서 흙이 잔뜩 묻은 몰골도 그대로 드러내고, 옷도 되는 대로 입고, 말도 솔직하게 하고, 먹을 때 내숭도 전혀 안 떤다.

대중은 이제 연예인에게 '있는 그대로의 솔직함과 자연스러움'을 원하게 되었다. 메이크업을 안 하는 건 아니지만 최소한 민낯 그대로의 아름다움이 감춰지는 걸 바라지는 않게 되었다.

왜 그럴까?

일반인이 연예인에게 보고자 하는 것은 '내가 갖고 있지 않은 매력'이다. 현실에서는 보기 힘든 완벽한 아름다움이다. 그래서 과거에는 연예인들이 성형수술을 하기도 했다. 현실에서는 보기 힘든 완벽한 아름다움을 갖기 위해.

그러나 이제는 의료기술이 발달해 일반인도 너도나도 성형을 하게 되었다. 일반인도 누구나 연예인 얼굴이 되어버렸다. 그래서 과거와 반대가 되어버렸다. 이제는 '내가 갖고 있지 않은 매력'이란 성형하지 않은 매력이 되어버렸다.

성형미란 인공미다. 요즘에는 인공미가 거리에 넘치고 넘친다. 비록 인공미이기는 하지만 이제는 나도 연예인 얼굴이다. 그래서 굳이 연예인에게서 인공미를 보고 싶지는 않게 되었다. 그러면 뭐냐? 내가 가지지 못한 자연미다. 대중은 이제 자연그대로의 순수한 아름다움을 원하게 되었다.

타고난 그대로의 가공하지 않은 매력.

이런 코드를 한마디로 '진정성'이라고 한다. 프로그램이든, 영화든, 연예인이든 이제 진정성이 없으면 외면 받는 시대가 되었다.

그래서 각광받는 연예인의 매력이 인간으로서 가지는 자연스러운 '개성'이다. 완벽하지 않고 어딘가 균형이 안 맞는 듯하지만 자연스러운 얼굴.

이 세상에서 완벽한 것은 신과 시체 밖에 없다. 인간은 인간다워야 하는 것이다.

일본에는 AKB48이라는 걸그룹이 있다. 10대와 20대의 소녀 48명이 한 팀을 이루는 초대형 그룹이다. 한 해 매출액이 수 조 원에 이를 정도로 초특급 인기를 누린다.

이 그룹을 탄생시킨 매니저의 기획의도가 무엇인지 아는가?

"세상 사람들이 예쁜 사람만 좋아하는 게 아닙니다. 좋아하는 이유는 제각각입니다. 어떤 사람은 그녀를 불쌍해서 좋아하고, 어떤 사람은 그녀를 수줍어해서 좋아하고, 어떤 사람은 그녀를 통통해서 좋아하고, 어떤 사람은 그녀를 공부를 못해서 좋아하고, 어떤 사람은 그녀를 우수워려 좋아하고, 어떤 사람은 그녀를 발랄해서 좋아하고, 어떤 사람은 그녀를 내 동생과 닮아서 좋아하고, 어떤 사람은 그녀를 키가 작고 여려서 좋아합니다. 이런 다양한 매력을 가진 소녀들이 AKB48의 멤버들입니다. 그래서 모토로 삼은 것이 한 학급의 교실입니다. 거기에는 다양한 학생들이 있고 이런 한 교실의 학생 48명이 바로 AKB48입니다."

사회가 발전하고, 대중문화가 발전할수록 나타나는 공통적인 특징이 '다양성'이다. 이른바, '나만 좋으면 그만'인 취향으로 대중의 선호도는 넓어진다. 잘 생기거나 예쁘다고 무조건 좋아하는 게 아니다. 1990년 이전에는 그랬다.

그러나 지금은 남이 좋아하는 일괄적인 취향이 아니라, 자신만의 취향을 만들고 좋아한다. 바로 '개성'이고, 그것을 자신 있게 드러내는 솔직한 '진정성'을 대중은 좋아한다. 대중이 원하는 것은 구분 안 될 정도로 똑같은 아름다움이 아니라, 생긴 그대로 각자의 개성이 살아있는 자연스러운 아름다움이다. 표준미(美)가 아니라 자연미(美)다.

과거에는 성형을 하면 연예인이었지만, 이제는 성형을 안해야 연예인이다.

자연미가 각광받게 된 데는 TV 기술도 한몫했다.

1980년 이전에는 흑백 TV이었다. 화질이 안 좋아 메이크업을 해도 티가 안 나서 민낯인 것처럼 보였다. 그래서 시청자는 연예인이 평상시에도 그렇게 이쁜 줄 알았다.

그러다가 1980년 이후에 컬러 TV가 생겼다. 그러나 처음에는 여전히 화질이 안 좋아 메이크업을 해도 별 티가 안 났다. 여전히 시청자는 연예인이 평상시에도 그렇게 이쁜 줄 알았다.

그러나 이제는 UHD라고 해서 디지털 시대가 되어 얼굴의 땀구멍까지 보일 정도로 초고화질이 되었다. 메이크업을 하면 단번에 티가 나게 되었다. 성형한 얼굴도 단번에 알아채게 되었다. 그래서 변화가 생겼다.

"시청자는 더 이상 TV에 속고 싶지 않다."

화장으로 가려지지 않은 솔직한 모습을 보고 싶어 하게 되었다. 더 이상 인공의 얼굴이 아니라 태어난 그대로의 자연스러운 민낯을 보고 싶어 하게 되었다. 화장발로 감춘 거짓 얼굴이 아니라 '리얼리티'가 살아있는, 진짜 얼굴을 원하게 되었다.

화장해서 나와 똑같이 아름다운 얼굴이 아니라, 화장 안 한 진짜 얼굴, 그래서 나와는 다른 연예인으로서의 진정한 얼굴을 원하게 되었다.

초고화질 TV에서 인공미(美)는 결코 민낯미(美)를 이길 수 없다.

성형을 함부로 해서는 안 된다. 자신만의 개성미를 그대로 잘 살려야 한다.

그렇다고 무조건 성형을 하지 마라는 뜻은 아니다. 필요하다면 해야 한다. 단지 함부로 하지 마라는 것이다.

그러면 언제 어떻게 해야 할까?

앞서, 상담하던 지망생에게 내가 계속 물었다.

"아니, 내가 보기에 네 코는 괜찮은데 왜 고치려 하니?"

"엄마가 늘 코가 문제래요. 제가 봐도 코가 못생겼고, 제 동생도 코만 고치면 얼굴이 반듯하게 보일 것 같다고 그러고요."

물론 엄마와 동생은 그대를 사랑한다. 그대가 잘 되기를 바라는 사람이다. 하지만 연예인을 만드는 업계의 전문가는 아니다. 그런데 왜 전문가가 아닌 아마추어들의 판단으로 그대의 외모를 고치려 한단 말인가?

연예인은 일종의 상품이다. 상품은 내가 만드는 것이 아니라 남이 만든다. 상품을 만들 줄 아는 전문가가 만들어야 한다.

PD, 감독, 매니저 등은 석수장이고 조각가라고 했다. 그들이 찾는 것은 작품이 될 만한 원석이다. 전문가가 원하는 원석은 따로 있다. 아무도 손대지 않은 원석을 원한다. 남이 어설프게 손대서 망쳐놓은 돌이 아니다.

일반인은 그런 원석의 가치를 결코 알기 어렵다. 그러자면 원석을 원석 그대로 둘 줄 알아야 한다. 작품으로 만드는 것은 전문가의 손에 맡길 줄 알아야 한다.

전문가가 원석을 다듬는다는 게 이렇다.

예를 들면 기획사 매니저의 경우다. 신인 배우를 새로 계약했다고 해서 곧바로 배우활동을 시킬 수 있는 게 아니다. 먼저 프로필 사진도 찍어야 하고, 소양교육도 해야 하고, 각종 오디션에도 내보내 봐야 한다. 그러다보면 매니저는 많은 PD나 감독들로부터 조언을 듣게 되고, 신인에 대해 연기력, 체력, 깡, 소양 등 부족한 부분이 무엇이고 뛰어난 점이 무엇인지 점차 알게 된다. 그러면서 부족한 점은 메꾸고 뛰어난 점은 살려나가게 된다. 보통 1년 내지 2년, 혹은 3년도 걸린다. 그렇게 수없는 시도 끝에 드디어 매니저는 이런 결정도 내리게 된다.

"코를 고치자. 그동안 살펴왔는데 평소 정면 얼굴은 TV에서 괜찮게 잡히네. 근데 왼쪽에서 카메라를 비스듬히 잡으면 코가 좀 짧고 뭉툭해지네. 특히 입술을 치켜세우고 말할 땐 코가 한쪽으로 기우네. 감독들도 그렇게 말하고."

일상생활 속에서 이쁘고 잘 생긴 것과 연예인이라는 상품으로서 이쁘고 잘 생긴 것은 별개다.

대중이 좋아하는 상품성은 자신의 생각과 달리 의외로 다른 데 있는 경우가 많다. 자신이 장점이라고 여겨도 상품성으로 봤을 때는 단점이 될 수 있고, 자신이 단점이라고 여겨도 상품성으로 봤을 때는 장점이 될 수도 있다. 날씬하면 날씬한 대로, 통통하면 통통한 대로, 얼굴이 삐뚤면 삐뚠 대로, 목소리가 굵으면 굵은 대로 상품성으로서는 얼마든지 좋은 장점이 될 수 있다.

영화나 TV를 보라. 이쁘고 잘 생긴 사람만 나오는가.

성형수술을 하고 싶더라도 자신의 가치를 알아주는, 제대로 된 임자를 만나고 나서 비로소 해야 한다. 그 전에는 함부로 손대지 말아야 한다.

그런데 이런 지망생도 있다.

"교수님, 어제 기획사 대표이사란 분을 만났는데요. 저를 마음에 들어 해요. 근데 저보고 코만 고치면 되겠대요. 그리고 나면 계약 여부를 결정할 수 있겠대요. 어떡할까요?"

나는 분명하게 대답해 주었다.

"그 기획사와 절대 계약하지 마라. 배우란 게 얼마나 많은 자질이 필요한데 어떻게 얼굴의 코 하나만으로 그 가능성을 판단할 수 있다는 건지 모르겠구나. 첫눈에 반했더라도 연기력, 성품, 소양, 깡, 이미지, 가정환경 등등 배우로서의 가치를 이후 시간을 두고 찬찬히 따져 봐야 할 게 한두 가지가 아닌데 어떻게 그렇게 성급하게 판단할 수 있단 말이지? 게다가 코를 고치고 그때 가서 계약 여부를 생각하자는 그런 무책임한 말이 어디 있단 말이냐. 누가 쓰임새를 알기도 전에 원석에다가 함부로 손을 댄단 말이냐. 내가 볼 때 네 코는 아무 이상 없다. 오히려 장점으로 봐 줄 감독이 언젠가는 나타날 것 같은데?"

사실 콤플렉스가 없는 사람은 없다. 잘 생겼든 못 생겼든 신의 가장 공평한 선물 중에 하나가 콤플렉스다.

이런 가수가 있었다. 그녀는 이마가 크다는 콤플렉스가 있었다. 그래서 무대에서 늘 앞머리로 이마를 가리고 노래를 불렀다.

어느 날 한 PD가 물었다.

"이마가 콤플렉스인가 보죠?"

"네? 어떻게 알았어요? 이마가 너무 넓어 죽겠어요. 오늘 제대로 가렸다고 생각했는데 그렇지 않았나 보죠?"

"아뇨. 이마를 가리니까 오히려 알아챘죠. 내가 볼 땐 그래요. 과감히 앞머리를 잘라버리고 이마를 한번 화끈하게 드러내보시죠. 전 그게 백배 나을 것 같은데요. 속는 셈 치고 한번 해보세요."

그녀는 정말 속는 셈치고 그렇게 해보았다. 그런데 이게 웬일인가. 주변에서 갑자기 예쁘다고 찬사가 쏟아지는 게 아닌가. 훤칠한 얼굴에, 훤칠한 키가 매력적인 가수라고 말이다.

그동안 자신의 단점을 감추려고 했던 것이 오히려 남들에게 더 드러내준 꼴이 되었던 것이다.

연예인을 꿈꾸는 그대여,

세상에는 장점도 없고, 단점도 없다. 이런 경우에는 장점이던 것이 저런 경우에는 단점이 되기도 한다. 중요한 것은 남이 든, 자신이든 어떻게 받아들이느냐에 달려 있다.

단점을 가리고자 한다면 오히려 단점이라고 스스로 드러내는 꼴이 될 수도 있다. 앞머리를 내리면 그때까지 몰랐던 남들이 이마가 크다는 것을 알아채게 되고, 양 머릿결을 내리면 얼굴이 크다는 것을 알아채게 되고, 통치마를 즐겨 입으면 다리가 못 생겼다는 것을 알아채게 된다. 차라리 용기를 내서 확 보여줘 보라. 그러면 그때부터 그런 것들이 오히려 매력이라고 좋아하는 사람이 생기고 점점 늘어나게 될 것이다.

성형수술 함부로 하지 마라. 이뻐서 스타가 되는 게 아니라 스타가 되면 이뻐진다. 최소한 연예인이 되기 전까지는 서두르지 말고 자신만의 개성미를 지켜라.

단점을 제거해서 남들과 똑같이 되려고 하지 마라. 대중이 원하는 것은 남과 다른 자신만의 매력이다. 대중이 관심 있는 것은 그대가 가리고자 하는 단점이 아니라, 그대가 미처 모르는 장점이다.

연예인은 대중의 사랑을 먹고 산다. 내가 나를 사랑하지 않으면서 어떻게 남이 나를 사랑해주기를 바라겠는가? 연예인의 매력은 우선 나 자신을 사랑하는 데서부터 나온다.

1. 숲을 헤맬 각오가 되어 있는가? 77

중요한 것은 외모가 아니라 자신감이다.

자신감을 가져라.

2

꼭 연예인이 되고 싶다면 이 한 마디 :

"먼저 이를 악 물어라"

TV에 나올 만하니까 나온다

우리는 TV에서 다양한 사람들을 만난다. 탤런트, 가수, 개그맨, 리포터, 앵커, 기자, 아나운서, 기상캐스터, 목소리로 만나는 성우, 쇼핑호스트, 스포츠 선수, 외국인, 심지어는 동물까지 만난다. 그러다보니 마치 누구나 TV에 나올 수 있을 것만 같다. 하지만 안타깝게도 평생을 살면서도 TV에 나오지 않는 사람이 대부분이다.

누구나 TV에 나올 수 있지만 아무나 나올 수 없는 게 TV다. TV에 출연하는 사람도 알고 보면 TV에 나올 만하니까 나온다. TV에 나올 가치가 있으니까 나온다.

TV에 나오면 일단 주변에서 알아보는 사람이 생긴다. 자주 출연하면 유명해질 수도 있다.

일반인이든, 연예인이든 TV에 나오면 유명해질 수 있다. 그러나 TV에 나올 만한 가치에 있어 일반인과 연예인은 차이가 있다.

　일반인은 기본적으로 자신의 일로써 먹고 산다. 그러다보면 일이 잘 되어 그 방면에 성공하기도 한다.

　일반인이 TV에 출연하는 이유가 주로 여기에 있다. 성공했기 때문이다. 기업가로 성공했다거나, 식당이 성공했다거나, 변호사로 성공했다거나, 남다른 삶을 살았다거나, 어떤 재주가 뛰어나다거나, 심지어 내가 키우는 동물이 특이하다거나……. 자신이 걷고 있는 방면에서 남에게 보여줄 만한 무슨 가치가 생기면 비로소 대개 출연할 운도 만난다.

　그러나 연예인은 다르다. TV 출연으로 먹고 산다. 일반인이 자신의 일에 성공한 만큼 TV에 출연한다면, 연예인은 TV에 출연한 만큼 성공한다. 일반인은 일이 잘되면 유명해지지만, 연예인은 유명해져야만 일이 들어온다.

　일반인의 출연가치는 남에게 보여줄 정도로 얼마나 성공했느냐에 달려있지만, 연예인은 얼마나 유명한가에 달려 있다. 그래서 일반인은 일을 잘하는 만큼 돈을 벌지만, 연예인은 유명한 만큼 돈을 번다.

　일로써 유명해지느냐, 유명해서 일이 들어오느냐, 이것이 일반인과 연예인의 차이다.

　이렇듯 유명해지거나, 유명한 사람을 출연시켜야 먹고 사는 직업이 바로 TV, 라디오, 영화, 광고 등과 같이 미디어에 종사하는 사람, 예를 들면 감독이다. 자신이 만드는 작품에 유명한 사람이 나오거나, 혹은 신인이지만 그 작품을 통해 유명해지는 사람이 나오는 만큼 작품도 성공할 수 있다. 그래서 감독들은 일반인이든, 연예인이든 작품에 나올 만한 사람을 출연시킨다. 작품을 만들면서 이런 걸 기대한다.

"뭔가 걸려야 한다."

출연하는 누군가 떠야 한다. 그래야 작품도 뜬다. 그런 뜻에서 감독들이 작품을 만드는 작업을 두고 현장에서는 이렇게도 말한다.

"그물을 던진다."

작품이 성공하려면 그물에 고기가 걸려야 한다.

영화감독이 영화를 만드는 것도 그물을 던지는 작업이다. 영화판이란 게 그렇다. 매우 비정하다. 영화가 한 번 망하면 제작자나 투자자가 거의 붙지 않는다. 그래도 감독이 노력해 겨우 다시 영화를 만들었다 쳐도 또 실패를 하면 속된 말로 이렇게 된다.

"저 감독은 이 바닥에서 이제 매장이야."

그래서 감독은 아무나 출연시킬 수 없다. 그것이 영화든, 프로그램이든, 광고든.

그런데 여기서 중요한 것이 하나 있다. 그것은 감독들이 진짜 원하는 것은 단순히 TV에 나올 만한 정도의 출연자, 즉 고기가 아니라는 것이다.

고기도 두 종류가 있다. 작은 고기가 있고, 큰 고기가 있다. 그물에 고기가 가득하더라도 피라미같이 작은 고기는 필요 없다. 감독이 원하는 것은 대어(大魚)다. 오로지 월척이다.

감독이 작품을 만드는 것은 낚시를 단순히 즐기기 위한 차원이 아니다. 대중이 심사하는 치열한 낚시경연대회에 출전하는 것과 같다. 왜냐? 취미가 아니고 직업이기 때문이다. 그들이 원하는 것은 다른 것 없다. 수많은 경쟁 작품들을 물리치고 오로지 우승이다. 그러자면 월척이다. 스타라는 월척이라야 우승하고 화제가 된다.

연예인을 꿈꾸는 그대여,
그대는 큰 고기가 되어야 한다. 작은 고기는 그물에 걸리지도 않는다.

스타가 나와야 감독이든, 작품이든 성공한다. 적어도 이런 소리가 나와야 대박친다.
"세상에나, 저런 사람이 다 있나."

일반적으로 TV 프로그램은 크게 5대 장르로 나눌 수 있다.

①다큐멘터리, 생활정보와 같은 교양프로그램, ②음악쇼, 버라이어티, 리얼리티, 코미디, 토크쇼, 퀴즈쇼 등과 같은 예능프로그램. ③드라마, ④스포츠, ⑤뉴스나 시사정보와 같은 보도프로그램이다.

이들 장르도 TV에 나올 만하니까 출연시키지만, PD들이 실제 기대하는 것은 알고 보면 "세상에나, 저런 사람이 다 있나." 싶을 정도의 스타다.

드라마를 보라. 드라마에 나올 만한 인물이니까 나오지만, 알고 보면 "세상에 저런 사람이 다 있나." 싶은 인물이다. "세상에 저런 며느리가 다 있나." "세상에 저런 아들이 다 있나." "세상에 저런 애인이 다 있나." 사랑이든, 배신이든, 그리고 화려하든, 멋있든 시청률을 위해 PD는 "세상에 저런 게 다 있나."를 노린다.

예능 프로그램을 보라. "세상에 저렇게 재미있는 사람이 다 있나." 싶은 사람이 나온다.

스포츠 프로그램을 보라. 축구든, 야구든, 피겨든, 육상이든 보여줄 만한 경기니까 보여주지만 "세상에 저렇게 멋진 선수가 다 있나." 싶은 경기가 대박난다.

교양 프로그램도 마찬가지다. 다큐멘터리를 보라. 보여줄 만한 사람이거나, 보여줄 만한 동물이니까 보여주지만 PD가 노리는 것은 "세상에 저렇게 놀라운 사람이 다 있나." "세상에 저렇게 신기한 동물이 다 있나."다. 생활정보 프로그램을 보라. 역시 "세상에 저런 충격적인 사실이 다 있나."다.

심지어 보도 장르의 뉴스도 마찬가지다. "세상에 저런 나쁜 놈이 다 있나." "세상에 저렇게 좋은 사람이 다 있나." "세상에 저런 기막힌 사람이 다 있나." 싶으면 시청률이 오른다.

연예인을 꿈꾸는 그대여,
PD든, 기자든 좋으면 좋은 대로, 나쁘면 나쁜 대로 스타가 나와야 먹고 산다. 그래서 그들은 오늘도 그물을 던진다. 월척을 기대하며.

그대는 월척으로서의 가능성이 있는가?
단순히 TV에 나올 만한 정도는 일반인도 가지고 있다. 연예인은 TV에 나오는 게 직업인 사람이다. 그러자면 낚시경연대회의 우승을 노려야 성공한다.

대중에겐 스타냐 스타가 아니냐,
둘 중 하나밖에 없다

연예인이란 무엇인가?

미국에서는 연예활동을 하는 사람을 '아티스트(artist)', 또는 '엔터테이너(entertainer)' 라고 한다. 중국에서는 '예인(藝人)' 이라고 한다. 우리말로 옮기면 연예인이다.

우리나라도 그렇고, 미국이나 중국에서도, 일반적으로 연예인이란 예술계통에 종사하는 사람들을 일컫는다.

사전적인 의미로 보면, 연예인이란 '연예에 종사하는 배우, 가수, 무용가 등을 통틀어 이르는 말' 이라고 되어 있다. 그리고 '연예계, 혹은 연예활동으로 인한 서비스와 물적 재화의 생산 체계' 를 총칭해서 '연예산업' 이라고 한다.

즉 연예인이란 '대중적인 연극, 노래, 춤, 희극, 만담, 마술 등을 실현하는 일에 종사하는 사람들' 을 일컫는다. 하지만, 대개는 방송, 영화, 대중음악 등에 종사하는 연기자, 가수 등을 연예인이라고 부른다.

연예인은 '매스미디어에 출연하며 서비스업을 영위하는 예능인의 직업군' 이라 할 수 있다.

그렇다면 과연 연예인이라는 것은 어디서부터가 연예인일까?

일반직 - 계단을 올라가는 과정
※시험합격이 관건

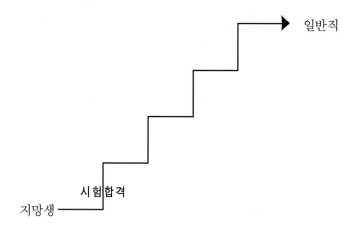

만약 기획사에 발탁되어 계약을 하면 그 순간부터 연예인일까? 아니면 방송사 PD의 눈에 띄어 방송에 첫 출연을 하면 그때부터 연예인일까?

일반직과 연예직을 분류해 비교해보자.

일반직은 대개 그 직군에서 요구하는 자격시험에 통과하면

연예직 - 숲을 헤매는 과정
※대중의 눈에 띄느냐 안 띄느냐가 관건

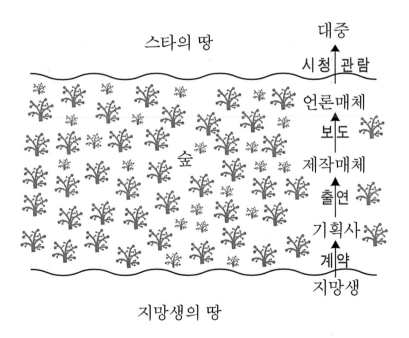

그때부터 해당 직업인이 된다. 회사 입사시험에 합격하면 회사원이 되고, 사법연수원을 수료하면 판사, 검사, 변호사가 된다. 공무원이든, 회계사든, 변리사든, 의사든 그 해당 자격시험에 합격하면 그때부터 공무원, 회계사, 변리사, 의사가 된다.

그러나 연예직은 어떤가, 그리 간단하지 않다.

연예인은 일종의 상품이라고 했다. 상품이란 생산—유통—소비되는 과정을 거친다.

연예인을 계약해서 생산하는 것은 연예기획사다.

방송 PD, 영화감독, 광고감독 등은 이를 캐스팅해 TV, 영화, 라디오, 인터넷, 광고 등에 유통시킨다.

더불어 기자들이 신문, 인터넷, TV, 라디오 등 언론매체를 통해 기사로 포장한다.

그러면 최종 대중이 이를 소비한다.

연예인은 이렇게 복잡한 여러 단계를 거치면서 만들어진다.

그렇다면 다시 물어보자.

기획사와 계약하면 그때부터 연예인인가?

TV나, 영화, 광고 등에 첫 출연하면 그때부터 연예인인가?

아니면 연예기사에 오르내리면 그때부터 연예인인가?

아니다. 최종단계인 대중에게 합격을 받아야만 비로소 연예인이라고 할 수 있다.

일반직에서 최종입사 시험에 합격하면 그 회사원이 되듯이, 연예인은 '대중'이라는 입사시험에 최종합격해야만 비로소 연예인이라고 부를 수 있다. 대중에게 발견되었을 때, 대중이 얼굴을 알아보았을 때 그때서야 비로소 연예인이라고 할 수 있다.

방송계 현장에선 이런 말이 있다.

"프로그램이란 대중을 만나야 비로소 프로그램이 된다."

PD가 열심히 기획하고 촬영하고 편집해서 방송 테이프나 파일로 완성했다고 해도 그것이 방송되지 않으면 결국 아무것도 아니라는 소리다. 방송되어 최종 시청자가 보았을 때, 그때서야 비로소 프로그램이라 할 수 있다는 것이다.

영화도 마찬가지다. "관객을 만나야 비로소 영화다"라는 말이 있다. 영화관에 상영되기 전까지는 영화고 뭐고 아무 것도 아니라는 소리다. 상영해서 관객을 만나 관객으로부터 평가를 받아야 비로소 영화라는 것이다.

방송이든, 영화든, 광고든, 가요든 대중에게 공개되어야 비로소 방송이 되고, 영화가 되고, 광고가 되고, 가요가 된다. 대중을 만날 기회를 만나야 비로소 성공이든, 실패든 그 자격이라도 얻게 된다.

그래서 대중문화라고 한다. 대중이 주인인 문화, 대중이 인정해야 작품이 되는 상품. 대중상품.

연예인도 마찬가지다. 대중의 눈에 띄었을 때 비로소 연예인이라고 부를 수 있다.

기획사의 눈에 띄었다고 해서, 방송사의 눈에 띄었다고 해서, 연예부 기자의 눈에 띄었다고 해서 연예인이 아니다. 마지막, 대중의 눈에 띄어야 연예인이다. 적어도 대중에게 공개되기 전까지는 아무것도 아니다.

"걸려야 한다."

걸린다는 게 바로 대중에게 걸려야 걸린 것이라는 뜻이다. 매니저, PD, 감독, 작가 등의 눈에 걸리는 것은 아직 걸린 게 아니다.

가수도 그렇다. 음반을 내더라도 그것이 1집이든, 2집이든 간에 대중에게 첫 반응을 얻어야 그때부터 비로소 가수라고 할 수 있다. 신입사원을 그 회사의 사장이 최종 뽑듯이, 대중문화계에선 대중이 사장이기 때문에 대중에게 최종 결재를 받아야 뽑힌 것이다.

대중이라는 최종 사장을 만나기 위해 기획사, 방송사, 영화,

광고 등 다양한 사람들을 만나는 복잡한 과정을 거치게 되는 것이 연예직이다. 다시 한번 말하지만 숲을 헤매야 최종 대중을 만날 수 있다.

그런데 참 묘한 게 있다.

일반직은 그 길이 분명하게 보이고, 연예직은 숲처럼 복잡하지만, '성공하는' 속도에 있어서는 오히려 반대라는 것이다.

일반직으로 성공하자면 오래 걸린다. 회사원, 정치가, 공무원 등 계단을 하나하나 밟아 올라가야 하기 때문에 성공하자면 수십 년이 걸린다.

하지만 연예직으로 성공하는 것은 어떤가, 한순간인 경우도 많다.

어릴 때 이미 아역 스타가 되기도 하고, 중고등학생 때 아이돌 스타가 되기도 하는 등 10대, 20대, 30대에 스타로 성공하는 경우가 비일비재하다. 내가 가르치고 있는 대학의 방송연예과만 하더라도 재학 중에 이미 방송에 출연하며 대중에게 사랑받는 제자들이 있다.

왜 그럴까? 대중이 주인이기 때문이다.

대중이란 게 그렇다. 개인들이 모여 다수가 된 또 다른 개인이다. 대중은 다수의 합(合)이다. 다수의 합이 내리는 평가는 비정할 정도로 공정하다. 개인은 거짓말을 하지만, 대중은 거짓말을 하지 않는다. 좋으면 좋다, 싫으면 싫다고 솔직하게 반응한다.

연예인은 이런 대중을 상대하는 직업이다. 스타로 성공한다는 것은 대중에게 얼마나 많은 사랑을 받느냐, 즉 다수의 합이 얼마냐에 달려 있다.

1,000명의 대중으로부터 사랑받는다면 그 스타의 크기는 1,000이다. 50,000명으로부터 사랑받는다면 그 스타의 크기는 50,000이다. 대중에게 사랑받는 크기만큼 스타의 크기가 결정된다.

이런 대중을 만드는 것이 TV, 라디오, 신문, 인터넷과 같은 매스미디어다.

과거에도 스타가 있었다. 그러나 현재의 스타와 그 크기가 달랐다.

배우를 보자. 과거에는 연극을 관람한 관객의 크기만큼 그 배우는 스타가 될 수 있었다. 그러나 현재는 TV나 영화가 있다. 그 시청자나 관객의 숫자가 얼만가? 연극관객 수와는 비교가 안 된다.

한류스타가 나올 수 있는 것도 매스미디어의 힘 때문이다.

한국에서만 방송되면 한국 시청자만큼만 스타가 된다. 하지만 위성이나 인터넷을 통해 전 세계로 방송되면 대중의 크기도 그만큼 커지고, 그래서 한류스타도 나오게 되는 것이다.

대중의 크기는 또한 그 스타의 몸값도 결정한다. 국내스타보다 한류스타의 개런티가 비싼 이유도 사랑받는 대중의 크기가 크기 때문이다. 상품의 가격이 소비자의 크기에 달려있듯이.

일반인은 일반사회에서 일한다. 계단을 밟아 올라가야 하기 때문에 성공하는 데 오래 걸린다. 하지만 연예인은 매스미디어에서 일한다. 그래서 한순간에 스타로 성공할 수도 있다.

그래서일까, 대학에서도 일반학과에 들어온 학생과 연예계통에 들어온 학생들 간에 차이가 있다.

일반학과의 졸업생이 그 방면에 성공하기까지는 오랜 세월이 걸린다. 정치가로 성공하는 게 그렇고, 의사, 검사, 직장인, 약사, 공무원 등이 그렇다. 그래서 학과 졸업생 동문회를 보면 성공한 선배들은 대부분 나이가 많다.

그러나 연예계통 학과는 다르다. 성공한 선배들 중에는 나이 어린 스타도 많다. 심지어 재학생 중에도 이미 성공한 스타들이 있다.

일반학과에서 성공한 제자를 배출하자면 오래 걸리지만, 연예계통 학과에서는 상대적으로 빠르다. 그 이유는 미디어의 힘 때문이다. 연예계통은 미디어의 힘을 빌려 커나가는 길이기 때문이다. 이에 비해 일반학과는 그 방면에서 개인 스스로 커나가는 길이고.

그래서 연예계통 학생들은 한편 일반학과와 다른 고민이 있다.

일반학과 학생은 보통 1학년부터 3학년까지는 주로 대학생활에 적응하고 생활하는 게 우선이다. 공부도 하고 동아리 활동도 하고 그러다가 4학년이 되면 본격적으로 취직준비를 하며 사회에 입문할 채비를 갖춘다.

그러나 연예계통 학과는 그렇지 않다. 1학년 때부터 대학생활과 숲이라는 연예계, 즉 사회활동을 병행해야 한다. 언제 어디서 연예인으로 뜰지 모르기도 하고, 또 연예인 입문이란 게 어리면 어릴수록 좋기 때문이다. 대학생활도 해야 하고, 사회생활도 해야 하고, 이중의 어려움이 따르는 것이 연예계통 학과의 학생이다.

생각해보라. 아직 어린 학생이 1학년 때부터 사회라는 숲을 헤매면서 사회인들과 상대하자면 그 어려움이 어떻겠는가. 학년이 올라갈수록, 나이가 들수록 기획사를 구하지 못하면 그 초조함이 또 어떻겠는가. 이러다가 졸업하기 전까지 무슨 기회라도 잡지 못하면 연예인으로 입문할 기회를 잃게 되는 건 아닌지 그 초조하고 불안한 심정은 이루 말할 수 없다.

연예인을 꿈꾸는 그대여,
연예계의 성공이란 정리하면 이렇다.

연예계라는 것은 스타냐, 스타가 아니냐, 둘 중에 하나 밖에 없다. 이유는 두 가지다.

첫째, 좋으면 좋다, 싫으면 싫다고 냉정하지만 솔직하게 반응하는 대중을 상대로 일을 하기 때문이다. 대중의 호불호가 분명히 갈라지는 속성이 있기 때문이다.

둘째, 숲을 헤매다가 어느 날 문득 숲을 빠져 나오게 되는데 그곳이 곧 스타의 땅이기 때문이다. 일반직은 보통 연륜이 쌓이면서 서서히 성공으로 다가가는 길이다. 이에 비해 연예직은 나이에 관계없이 어느 날 갑자기 연예인으로 발탁되기도 한다. 되고 안 되고가 분명한 세계이기 때문이다.

이런 구조를 두고 연예계 현장에서는 이런 말을 하기도 한다.

"빈익빈 부익부."

연예직은 스타냐, 스타가 아니냐, 둘 중에 하나 밖에 없기 때문에 개런티가 비싼 스타는 한없이 비싸지게 된다. 그것도 극소수의 스타가 말이다. 잘 나가는 연예인은 한없이 잘 나가지만, 못 나가는 연예인은 한없이 못 나가는 구조이기도 하다. 안타깝지만 자본주의가 발달하고, 매스미디어가 발달한 나라일수록 더 그렇다.

다시 한 번 말하지만 큰 고기가 되어라. 월척만이 대회에서 우승할 수 있다. 스타란 그런 것이다.

물론 중간이 없다는 뜻은 아니다. 그러나 중간이라고 하기엔 대어(大魚)들의 몸값이 너무 크다.

'언제 시작하느냐'가 아니라
'언제 뜨느냐'다

연예인 지망생을 둔 부모가 많이 하는 말이다.

"우리 애가 중학생인데 가수가 되겠다고 해서 미치겠어요. 일단 대학은 가고 나서 생각해보자고 해도 안 되네요."

"아들놈이 서른이 넘었는데 아직도 배우가 되겠다니 미치겠어요. 늦었죠?"

"우리 애가 초등학생인데 끼가 넘치거든요. 저는 지금부터 시작해야 된다고 생각하는데 남편은 벌써부터 뭔 연예인이냐고 막무가내예요. 빠를수록 좋은 게 아닌가요?"

연예인을 언제부터 시작해야 하는지에 대한 정답은 없다.

그래도 내가 가르치는 방송연예과 제자들에게는 이렇게 말해준다.

"너는 여자니까 만23세 전에는 기획사를 구해야 하지 않을까? 남자라면 군대를 가니까 만26세 전에는 기획사를 구해야 하고."

하지만 이 경우는 대학에 들어올 때까지 아직 연예인의 길로 들어서지 않았기 때문에 해주는 말이다.

가수 아이돌그룹이 만들어지는 경우를 한번 보자.

기획사에서 매일 5시간 이상 노래와 춤을 단련하는 연습생 기간이 보통 1~2년 된다. 그러다가 발탁되면 기획사가 계약하고, 투자도 받고, 곡을 준비하고, 안무도 짜고, 뮤직비디오도 찍고, 마케팅 콘셉트도 잡으면서 5인조든, 7인조든 음반을 내자면 또 2~3년이 걸린다. 솔로가수의 경우도 짧게는 2년, 길게는 5년 이상 걸린다.

그러니 가수 기획사 입장에서는 여자든, 남자든 나이가 너무 많으면 곤란하다. 늦어도 10대 후반이나 20대 초반이라야 연습생으로 훈련하고 데뷔할 만한 준비기간을 가질 수 있다.

배우도 마찬가지다.

기획사에서 어떤 지망생의 끼를 보고 첫눈에 반해 선뜻 계약을 할 수도 있지만, 대개는 6개월이든 1년이든 연습생으로 가까이 두고 가능성을 이리 재고 저리 잰다. 그러다가 고민 끝에 정식 계약을 한다. 그렇다고 해도 아직 연기가 제대로 숙성되지 않았기 때문에 수익을 기대할 만큼 방송이나 영화에 출연시키기는 어렵다. 그래서 연기자로 숙성시키는 데 또 1~3년이 그냥 흘러간다.

하나의 지망생을 발견하고 나서 제대로 준비시켜서 대중의 눈에 걸리게 하기까지는 3~5년 이상이 걸리는 경우가 태반이다.

지망생들에게는 기획사와 계약을 맺으면 당장 내일 모레라도 스타가 될 것처럼 마음이 부풀기 마련인데 실상은 그렇지 않다. 거기서부터 이제 시작이다.

세상에는 일반직이든, 연예직이든 단번에 되는 건 없다.

PD도 마찬가지다. 방송사 PD시험에 합격했다고 해서 곧바로 PD가 되는 게 아니다. 조연출(AD)이라고 해서 5~8년은 배워야 비로소 연출(PD)라는 직함을 얻게 되고, 그때부터 내가 만드는 프로그램의 주인이 되는 게 PD다.

사정이 이렇다보니 내가 가르치는 방송연예과 학생들도 고민이 많다. 1학년 때부터 번뇌한다.

"나이를 먹기 전에 얼른 기획사를 구해야 하는데."

"나만 기획사를 못 구하고 있는 게 아닐까?"

같이 수업을 받는 옆자리 친구가 어느 날 기획사와 계약을 하기라도 하면 그 초조한 마음은 더 해진다.

그러나 너무 걱정할 필요는 없다. 나이가 중요한 게 아니다.

연예인이라는 게 무엇인가? 대중의 눈에 띄었을 때부터가 연예인이다. 비록 10대, 20대에 대중의 눈에 띨 수도 있지만, 30대, 40대, 50대에도 대중의 눈에 띨 수 있는 게 스타다.

실제로 그런 스타들이 많다. 30대 중반이 되어서야 뜨는 가수가 있는가 하면, 40대 중반, 50대 중반에 뜨는 배우도 많다.

그래서 연예인이란 직업은 '언제 시작하느냐' 가 중요한 것이 아니라, '언제 뜨느냐' 가 중요하다. 데뷔 시기가 아니라 대중의 눈에 띄는 시기가 중요하다.

반드시 그런 건 아니지만 대중에게는 스타냐 스타가 아니냐, 둘 중에 하나밖에 없다고 했다. 이 말은 두 가지 의미가 있다.

첫째, 말 그대로 시인 바이런이 "어느 날 자고 일어나 보니 유명해져 있더라."고 말한 것처럼, 그야말로 대중의 눈에 하루아침에 띨 수도 있다는 뜻이다.

둘째, 그렇지만 언제, 어디서, 어떻게 대중의 눈에 띨지 모르기 때문에, 그렇게 되기 위해서는 미리 '준비되어 있어야 한다.' 는 뜻이다. 준비되어 있지 않다면 기회가 와도 대중의 눈에 띨 수가 없다. 시인 바이런이 유명해진 건 하루아침이지만 그렇게 되기까지 그는 이미 많은 시를 써왔다는 걸 눈 여겨 보아야 한다. 시인으로서 이미 많은 활동과 노력을 했으며 단지 대중의 눈에 띈 게 어느 날 갑자기일 뿐이라는 것이다.

되고 안 되고는 어느 날 갑자기일지 모르지만, 그렇게 되기 위해서는 수많은 노력들이 사전에 있어야 한다는 것을 간과해서는 안 된다는 것이다.

연예인을 꿈꾸는 그대여,
실제 감독들에게 물어보라.
"배우로 성공하려면 어떻게 해야 합니까?"
그러면 감독들은 이구동성으로 이렇게 말할 것이다.
"준비되어 있어야 한다."

준비되어 있다는 게 무슨 뜻일까?

가수든, 배우든, 개그맨이든, 모델이든 연예인이란 무대에서 뭔가를 보여주는 직업이다. 보여줄 뭔가가, 즉 준비된 뭔가가 있어야 무대에 설 수 있다.

앞서 '배우(俳優)'의 '배(俳)' 자를 예로 들며 연예인이란 무엇인가를 말했다. '사람 인(人)' 변에 '아닐 비(非)' 다. 사람이 아니라는 숨은 뜻 외에, '어정거리다, 배회하다, 방황하다, 노닐다……' 이런 뜻이 있다고 했다. 그래서 '사람이 아닌 누군가가 배회하며 노니는 것' 이 배우라고 했다.

사람이 아니면 무엇이란 말인가?

현장에서 감독들이 하는 말에 그 해답이 있다.
"배우는 무당이다."
무당은 신 내림을 받았다. 그래서 사람이지만 사람이 아니다.

배우가 무당이라면 연기란 무엇일까? 이 역시 현장에서 감독들이 하는 말에 그 해답이 있다.
"연기는 작두 타기다."
무당은 굿을 하며 작두를 탄다. 그러나 제대로 신 내림을 받아야 작두를 탈 수 있다. 작두는 칼날이 매우 날카롭다. 제대로 신 받은 무당이라야 그 가늘고 날카로운 작두날 위를 맨발로 잘도 타고 춤을 춘다. 작두를 타는 그 순간만큼은 사람이 아니다. 왜? 신이기 때문이다.

연기도 마찬가지다. 작두타기와 같다. 왜?
제대로 신 내림을 받은 무당이라야 제대로 작두를 탈 수 있듯이, 제대로 준비된 배우라야 제대로 연기를 할 수 있기 때문이다.

준비되어 있다는 것, 그것은 바로 이런 신 내림을 의미한다. 신 내림을 받은 끼.

그렇다면 배우(俳優)란 이렇게 정리할 수 있다. '무당처럼 작두 위에서 배회하며 노니는 것.'

무당이 작두를 잘 타면 어떻게 되는가? 구경꾼들로부터 박수를 받고 돈이 날아온다.

그러나 신 내림을 받지 않았는데 작두를 타면 어떻게 되겠는가? 칼에 베이고 피가 난다.

배우의 길도 마찬가지다. 연기를 잘하면 대중들로부터 박수를 받고 돈이 날아온다. 그러나 준비도 되지 않았는데 연기를 하면 어떻게 되겠는가? 대중은 좋으면 좋다, 싫으면 싫다가 분명하다고 했다. 다시는 무대에 설 수가 없다.

연기라는 것은 순간순간의 감정을 잡는 찰나의 싸움이다. 일련의 감정들을 끊어지지 않게 이어가며 살려내는 재주다.

평소에는 그렇게도 얌전하던 사람이 카메라 앞에만 서면, 또는 무대에만 서면 어디서 그런 신 내림을 받았는지 기막히게도 잘 웃고, 기막히게도 잘 우는 감정연기를 토해내는 배우가 있다. 카메라 앞에만 서면, 작두에 올라타기만 하면 자신도 모르게 펄펄 날아다니는 사람이 있다.

그래서일까, 이런 연기를 두고 '신들린 연기'라고 한다. 촬영장에서 카메라가 돌아가기만 하면 일련의 다양한 감정들이 떨지 않고 펄펄 살아서 나오는 연기, 그것이 노래든, 개그든 뭐든지 간에 말이다.

감독들이 찾고자 하는 배우가 바로 이런 것이다. 촬영장에 있는 그 많은 스태프들의 숨을 죽이게 만드는 배우. 연기하는 순간만큼은 전율을 느끼게 하는 배우. 이런 배우를 보고 감독들이 감탄하며 하는 말이 있다.
"역시 배우는 따로 있다."

신 내림은 나이와 관계없다. 어릴 때 신 내리는 무당도 있고, 중년에 신 내리는 무당도 있고, 장년에 신 내리는 무당도 있다.
배우도 마찬가지다. 어릴 때 신들린 연기를 하는 배우도 있고, 중년에 신들린 연기를 하는 배우도 있고, 장년에 신들린 연기를 하는 배우도 있다.
영화나 드라마를 보라. "저 어린 것이 어쩜 저렇게도 연기를 잘 하나." 싶은 아역배우가 있는가 하면 또 "저 나이에 어쩜 저렇게도 연기를 잘 하나." 싶은 원로배우가 있다.

연예인을 꿈꾸는 그대여,
끼란 이런 것이다. 언제, 어디서, 어떻게 발산될지 모른다.

자신도 모르게.

준비되어 있다는 게 이런 것이다.

그대는 끼가 있는가?

그렇다면 초조해 할 필요가 없다. 준비되어 있다면 언제 시작하느냐보다, 언제 걸리느냐다.

그 좋은 끼가 어디 가겠는가?

준비되어 있다면 나머지는 신에 맡겨라. 분명 신이 내려오신다.

작두 탈 기회가 온다.

연예계는 소개로 시작해서
소개로 끝난다

연예인 지망생이라면 답답한 게 있다.

"미치도록 연예인이 되고 싶은데 도대체 누구를 만나야 합니까?"

답답하기는 지망생을 둔 부모나, 친척, 친지, 동료들도 마찬가지다.

"연예인이 되려면 방송사 사장을 만나면 됩니까? 아니면 기획사 사장, 영화감독, 드라마 감독, CF감독, PD, 서울 강남의 미장원 원장, 메이크업 아티스트, 방송작가, 캐스팅 디렉터(신인을 발굴해 기획사에 소개하는 사람),…… 도대체 누구를 만나야 합니까?"

그러나 정말 답답한 이유는 따로 있다. 바로 이런 것이다.

"어디 한방에 연예인으로 만들어줄 사람은 없나요?"

안타깝게도 그런 사람은 없다.

대중문화산업이란 게 그렇다. 늘 새로운 일을 중심으로 새로운 사람들이 끊임없이 모였다가 흩어지고, 또 필요한 사람을 중심으로 새로운 일들이 끊임없이 모였다가 흩어진다. 만남과 이별의 끊임없는 반복이라고나 할까. 사업의 불확실성과 사람의 유동성이 매우 큰 세계다.

방대한 규모 속에서, 늘 새로운 일이 생기고, 그래서 늘 새로운 사람을 찾아야 하기 때문에 답답할 수밖에 없다. 그래서 숲이라는 것이다. 어디서 어떻게 그들을 구한단 말인가.

기획사 매니저, 영화감독, 드라마감독, 광고감독, PD, 메이크업 아티스트, 방송작가, 캐스팅 디렉터, 음반제작자, 행사기획자, 방송작가, 영화작가 등 이 업종에 종사하는 모두가 숲을 헤매며 길을 찾을 수밖에 없는 참 답답한 세계다. 속시원하게 숲을 빠져나올 수 있는 비밀지도라도 있으면 좋으련만 불행히도 그런 것은 없다.

그물처럼 수많은 네트워크로 얽혀서 돌아가는 게 연예계라는 숲이다. 어느 한 사람이 나서서 쉽게 일을 처리할 수 있는 바닥이 아니다.

그래서 한방에 연예인으로 만들어줄 사람도 없다.

연예계란 소개로 시작해서 소개로 끝나는 바닥이다. 흡사 소개업과 같다. 일이든, 사람이든 서로 소개받고 서로 소개해야 한다.

소개를 받아야 하는 것은 지망생만 그런 게 아니다. 잔뼈가 굵은 스타도 마찬가지다.

음반제작을 하든, 방송출연을 하든, 공연을 하든, 행사를 하든, 홍보를 하든, 팬 사인회를 하든, 인터뷰를 하든, 광고모델을 하든, 사회봉사를 하든지 간에 일을 찾으면 찾는 대로, 일을 하면 하는 대로, 일이 끝나면 끝나는 대로 그와 관련된 다양한 사람들을 늘 새롭게, 그러나 끊임없이 만나야 한다.

스타들은 홍보대사도 많이 한다. 그러자면 해당 기관의 관계자도 만나야 하고, 이를 홍보하기 위해서는 기자도 만나야 하고, 경우에 따라서는 기업가를 만나 협찬도 부탁해야 한다.

때로는 지금 소속되어 있는 기획사와 계약이 만료되면 새로운 기획사를 알아보기도 해야 한다.

자신에게 법적으로, 혹은 도덕적인 문제가 예기치 않게 발생하면 법률가도 소개받아야 하고, 성형수술을 하고 싶으면 의사도 소개받아야 한다. 한류스타로 발돋움하려면 해외진출과 관련된 대행사, 기획사, 협찬주, 방송, 기자 등의 관계자들도 만나야 된다.

소개로 시작해서 소개로 끝나는 것은 기획사, 방송사, 영화사, 제작사, 광고대행사 등도 마찬가지다.

하나의 영화를 만들기 위해서는 제작사도 소개 받아야 되고,

투자자도 소개받아야 되고, 홍보마케터, 협찬주, 연기자, 조명 스태프, 카메라 스태프, 음향효과 스태프, 코디네이터, 스크립터, 세트디자이너, 행정, 편집자, 더빙 스태프, 기자, 야외세트를 지원해줄 지방자치단체 등 수많은 사람들을 소개받아야 된다.

PD도 마찬가지다. 출연자뿐만 아니라 작가, 일반 전문가, 조명, 음향, 카메라, 코디네이터, 성우, 자막요원, 편집자, 협찬주, 매니저 등 다양한 사람들을 소개받아야 한다.

음반제작자도 마찬가지다. 가수, 작곡가, 코디, 안무가, 매니저, 경리, 행정, 홍보, 투자자, 음반 디자이너, 녹음프로듀서, 기자, 음반 유통업자 등 많은 사람들을 만나야 한다.

일반직이 대체로 한 분야의 울타리 안에서 그 분야의 사람들을 주로 만난다면, 대중문화산업계는 일이 생길 때마다 늘 새로운 사람들을 만난다.

연예인을 꿈꾸는 그대여,
연예계는 소개로 시작해서 소개로 끝난다.
발품을 파는 만큼 좋은 집을 찾는 법이다.
한방에 스타로 만들어줄 사람은 없다. 수많은 사람들을 다양하게 만

나야 한다. 이 모든 사람을 만나려면 다른 방법 없다. 숲으로 들어가야
한다.

"장담하건대, 내가 너를 스타로 키워줄게."

이렇게 혼자 잘난 체 하며 장담하는 사람은 경계해야 한다.
사회생활 혼자 하는 게 아니다. 게다가 숲속에서는 한치 앞도
내다볼 수 없다. 아무리 전문가라도 혼자 뭘 어떻게 한다고 되
는 세계가 아니다.

인형뽑기 게임박스를 벗어나고 싶은가? 그러면 숲속에서 사
람 만나기를 두려워 말라.

그래도 불안하고 답답한가? 그러면 숲속을 안내해줄 가이드
를 두라. 믿고 의지할 카운슬러를 최소 한 명은 가져라.

믿을만한 카운슬러를 최소 한 명은 두라

많은 지망생들이 이런 고민들을 토로한다.

"교수님, 어제 어떤 연기학원으로부터 이런 말을 들었어요. 그 연기학원에 등록해서 6개월만 돈 내고 수강하면 연기자로 키워주겠다고 하는데 어떡할까요?"

"어떤 매니저가 저랑 밥을 먹자고 하는데 아주 유명한 매니저라고 하더라고요. 저녁을 먹어도 될까요?"

"어제 친구들 모임을 갔는데 우연히 매니저 한 분이 계시더라구요. 가수가 되고 싶다고 했더니 일단 연습실로 나오라고 하는데 어떡해야 할까요?"

"가수 연습생으로 벌써 6개월이 지났는데도 아직 기획사에서는 가타부타 분명하게 뭘 말해주는 게 없어요. 어떡하면 좋을까요?"

"제가 알고 있는 어떤 매니저가 배우가 되려면 감독들도 알아야 된다면서 밤늦게 자꾸 불러내요. 내일 저녁에도 누굴 소개시켜 줄 테니 나오라는데 어떡해야 할까요?"

"어떤 기획사에서 저와 2년 계약을 하자고 하는데 보통 5년 이나 7년 계약하지 않나요? 2년 계약을 해도 되나요?"

"영화시사회가 있다면서 어떤 매니저가 친구도 데려오라는데 어떡할까요?"

연예계가 소개로 시작해서 소개로 끝나는 바닥이다 보니 사람들을 만나기는 하지만, 그렇다고 막상 누굴 만나 뭘 어떻게 해야 할지 대개 모르기 일쑤다.

심지어 이런 경우도 있다.

"교수님, 어제 어떤 기획사의 매니저를 만났는데요. 저에게 이런저런 조건들을 제시하는데 어떡해야 할까요?"

"그 조건을 제시하는 매니저는 누군데?"

"누군지는 정확히 모르겠어요. 무슨 본부장이라던가, 실장이라던가, 암튼 그랬어요."

"그 매니저의 이름은 뭐지?"

"언뜻 듣긴 들었는데 잘 모르겠어요. 박 이사님이라든가?"

안타깝게도 많은 지망생들이 이렇다. 소개를 받아도 상대에 대해 잘 알지 못하는 경우가 참 많다. 소위 연예계의 '꾼'들을 상대하면서 그들이 누군지도, 심지어 이름조차도 잘 모르는 경우가 태반이다. 제의를 받든, 제의를 하든지 간에 쌍방이 서로 누가, 누군지를 알아야 얘기가 돼도 될 텐데 말이다.

기본적으로 무얼 묻고 무얼 답해야 하는지조차 가늠하지 못하는 게 지망생의 입장이다. 그러니 상대와 대화가 제대로 될 리가 없다. 일방적으로 상대방에게 끌려 다니기 일쑤다.

지망생들은 왜 이처럼 제대로 묻지도 못하고 흔히 일방적으로 상대에 끌려 다닐 수밖에 없는 걸까?

왜 상대가 누군지 꼼꼼히 물어보지도 못할까?

왜 제의하는 조건에 대해 꼼꼼히 짚어보지도 못할까?

이유는 다른 것 없다. 지망생인 그대가 어리기 때문이다. 아직 숫기도 없고, 또 사회경험도 부족해 뭘 어떻게 해야 할지 잘 모르기 때문이다. 게다가 연예인이 되고 싶은 꿈이 워낙 크다 보니 주눅부터 들기도 하고 말이다.

방송사 PD든, 영화감독이든, 기획사 매니저든 상대가 무슨 연예계 관계자라고 하면 지망생의 입장에서는 대개 그 두려움에 일단 기부터 죽어 제대로 따져 묻지도 못한다. 지망생으로서 예의는 갖춰야겠고, 실수하는 모습을 보이기는 두렵고, 상대에게 누구냐고 세세히 물으면 마치 무슨 결례를 범하는 것만 같고…… 이런 경우엔 어떻게 해야 할지 그 자체에 대한 경험 부족으로 상대에게 일방적으로 끌려가기 십상이다. 그래서 여러 번 만나면서도 상대가 누구인지조차 제대로 모르는 경우도 비일비재하다.

PD라고 소개받아도 방송제작시스템을 잘 모르다보니 그 사람이 방송사 소속 PD인지, 외주제작사 PD인지, 단지 프리랜서 PD인지, 아니면 프로듀서(producer)인지, 디렉터(director)인지도 감을 못 잡기 일쑤다(프로그램 제작도 세분화되어 PD도 프로듀서가 있고, 디렉터가 있다. 일반적으로 프로듀서는 직접 연출은 안 하고 프로그램의 기획이나 경영부문을 담당하는 사람이고, 디렉터는 프로그램을 직접 연출하는 감독이다. 그러나 프로듀서든, 연출이든 일단 모두 PD라고 한다).

이 사람이 나에게 어떤 기회를 제공해줄지 모른다는 막연한 기대와 두려움 때문에 지망생 입장에서는 제대로 소통해볼 엄두를 못 내기 마련이다. 그저 상대가 해주는 말만 얌전히 듣고만 있기 일쑤다. 그러다가 브로커나 사기꾼에게 당하는 경우도 있고.

이처럼 지망생으로서 상대하기 두렵고 어려운 대상이 연예계 종사자다.

그렇다면 어떻게 해야 할까? 방법이 하나 있다.

소개로 시작해서 소개로 끝나는 비즈니스 세계는 많은 사람들을 만나는 세계다. 그 많은 사람들이 하는 말을 지망생의 입장에서 혼자 판단하기란 매우 어렵다. 그래서 이런 세계의 경우 반드시 필요한 사람이 하나 있다. 그것은 바로 카운슬러다. 언제든지 믿고 편하게 조언 받을 수 있는 조력자다.

연예계 지망생이라면 특히 그렇다. 늘 새로운 사람, 새로운 일이라는, 새로움의 연속인 연예계의 숲을 뚫고 헤쳐 나가려면 이 방면에 잔뼈가 굵은 카운슬러를 최소 한 명은 가까이 두는 게 좋다.

그래서일까, 유독 연예계는 부모가 나서는 경우를 많이 본다. 어린 자식이 걱정되어 비즈니스 관계자를 만나든, 촬영장이든 일일이 자식과 동행하며 챙기는 부모가 많다. 물론 부모도 좋은 카운슬러가 될 수 있다. 그러나 자식에 대한 사랑은 최고일지 모르지만 연예계에 대한 전문성은 그렇지 못한 게 대부분이다.

내가 말하는 카운슬러는 전문가를 말한다. 방송계든, 영화계든, 매니지먼트업계든, 엔터테인먼트업계든 전문가로서 조언을 해줄 조력자를 말한다.

전문가로서의 조언이란 사업적인 비즈니스 측면만을 뜻하는 건 아니다. 인간적인 조언도 함께 조언해줄 카운슬러를 뜻한다.

스타들도 알고 보면 믿고 의지하는 조력자들이 몇 명씩은 있다. 오랜 친분을 유지하며 사심 없이 형님 아우, 언니 동생 하면서 믿고 따르는 카운슬러가 한두 명은 있기 마련이다.

"그 형님의 말이라면.", "그 언니의 말이라면." 그 어떤 어려운 제의든, 부탁이든 간에 무조건 믿고 따르는 의리가 돈독한 카운슬러가 주변에 한둘쯤 있다.

실제 연예인으로 생활해보면 안다. 카운슬러가 얼마나 필요한지를.

정말 연예계는 일을 해보면 해볼수록 이 바닥은 더 모를 일들만 계속 생긴다. 그와 함께 이를 헤쳐 나가려면 정말 기댈 데가 있어야 한다는 것을 느끼게 된다. 사업적으로든, 인간적으로든.

스타라면 믿고 따르는 사람이 웬만하면 있다는 걸 PD나 감독들도 안다. 그래서 현장에서는 이런 경우도 있다.

프로그램이든, 영화든 감독들이 가장 어려워하는 일 중에 하나가 톱스타를 섭외하는 일이다. 매니저를 설득하다가 안 되면 톱스타 본인을 직접 찾아가기도 하지만, 그래도 여의치 않으면 그 톱스타가 가장 믿고 따르는 카운슬러를 찾아가기도 한다.

내가 SBS PD시절에 스타를 섭외할 때도 그랬다.

"PD님, 톱스타 누가 OOO랑 친하대요."

"그래? 마침 내가 OOO를 잘 아는데 잘 됐다. 내가 OOO를 만나 설득해볼게."

스타에게 카운슬러가 필요한 이유를 좀 더 살펴보면 이렇다.

연예계란 ①지망생의 땅, ②숲, ③스타의 땅으로 구분되어 있다고 했다. 여기서 스타는 ③스타의 땅에 거주한다. 일반인들과 떨어져 있다. 그래서 스타들은 외롭다.

스타가 되면 두 가지 면을 갖게 된다.

하나는 '상품'으로서 대중에게 보여주는 이미지로서의 모습이고, 다른 하나는 연예인이 되기 전에 자신이 갖고 있던 '인간'으로서의 모습이다. 스타로 뜨면 뜰수록 이 두 모습의 간극은 점점 커지게 된다. 인간적인 만남은 점점 줄어들고, 상품적인 만남이 점점 늘어나게 된다. 스타가 되면 늘 이 '상품'과 '인간' 사이에서 번민과 갈등을 하게 된다.

제의받은 작품이나 광고를 수락해야 할지, 출연한 작품에서 내 연기나 이미지가 어떤지, 제의 들어온 행사가 맘에 내키지 않은데 어떻게 해야 할지, 기획사와 계약이 만료되었는데 다른 기획사를 어디서 어떻게 구해야 할지, 해외진출을 위한 스폰서를 구해야 하는데 어디서 어떻게 구해야 할지 등 이런 사업적인 고민뿐만이 아니다.

자신의 실수가 신문에 기사로 터져 이것을 어떻게 헤쳐 나가야 할지, 소속사와 갈등이 커질 대로 커져 이것을 어떻게 풀어 나가야 할지, 애인이 생겼는데 언제 결혼발표를 해야 할지 등 인간적인 고민까지 혼자서는 해결하기 어려운 문제들이 여간 많지 않다.

스타가 되면 자신을 사업적으로 만나려는 사람이 많아진다. 하지만 인간적으로 만나려는 사람은 그만큼 줄어들게 된다.

그래서 스타라면 누구에게나 오기 마련인 병이 고독이다. 화려함 뒤의 허망함이랄까. 스타들은 마음의 병이나 정신적인 병을 흔히 앓게 된다. 우울증이나 공황장애를 앓는 스타가 많은 것도 그 예다. 일종의 직업병이다.

'배우(俳優)'라는 한자를 봐도 이를 잘 알 수 있다.

'배(俳)'자는 '사람 인(人)'변에 '아닐 비(非)'로 구성되어 있다고 했다. 사람이 아니라는 소리다. 그러면 무엇일까? 그것은 '배(俳)' 자의 뜻으로 알 수 있다고 했다. '어정거리다', '배회하다', '방황하다', '노닐다' 등이다. 즉 배회하고 노니는 상품이라는 것이다.

그런데 '우(優)' 자를 보면 재미있다. '우(優)' 자는 '사람 인(人)' 변에 '근심 우(憂)'로 구성되어 있다. '우(優)' 자의 뜻은 '걱정', '근심', '병', '괴로워하다' 등이다. 즉 걱정하는 사람, 근심하는 사람, 병을 앓는 사람, 괴로워하는 사람이라는 것이다.

이를 종합하면 상품이면서 사람인 게 배우라는 소리다. 인간적으로는 근심에 쌓여 병으로 괴로워하는 사람.

재미있지 않은가. 배회하고 노니는 상품으로서의 화려함 뒤에서 병으로 괴로워하는 사람이 배우란다.

그래서 연예인이라면 특히 필요한 것이 상품이 아닌, 한 인간으로서 조언을 해줄 카운슬러다.

영화 〈라디오 스타〉를 보라. 안성기가 매니저로, 박중훈이 가수로 나온다. 때로는 둘이 싸우기도 하지만, 서로 같이 고민을 나누고 고통을 함께 한다. 안성기는 박중훈을 보좌하면서 가수로서의 사업적인 활동뿐만 아니라, 남들에게 말 못하는 사적인 고민도 들어주고 아파하고 울어주고 덮어준다. 스타병이 있는 박중훈을 때로는 달래기도 하고, 때로는 치켜세우기도 하며 늘 곁에서 용기를 심어준다. 이런 안성기가 비록 매니저이지만, 한편 카운슬러인 것이다.

이처럼 스타도 카운슬러가 필요한데 하물며 지망생 초보라면 두 말할 필요가 없다.

연예인을 꿈꾸는 그대여,

자신의 어린 생각과 짧은 판단만으로 거대한 숲을 헤쳐 나가려 하지 마라. 잘못하면 만용이 될 수도 있다.

기획사를 구하면서도 고민되는 문제가 많지만, 기획사와 계약을 하고나서도 조언을 구할 문제가 한둘이 아니다.

"기획사와 계약을 한 지 6개월인데 오디션은 열 번 정도 봤습니다. 이 정도면 기획사에서 나에게 잘해주는 겁니까?"

"우리 기획사에는 신인들이 너무 많아요. 그런데 기획사 사장님은 저한테는 별 관심이 없는 것 같아요. 다른 신인에게 관심이 더 많은 것 같아요. 어떻게 하면 우리 사장님에게 잘 보여서 저에게 기회를 더 많이 줄 수 있게 할까요?"

"아직 계약기간이 3년 남았지만 계약을 해지하고 싶어요. 기획사에서 당초 약속과는 달리 저에게 뭔가 해주지도 않으면서 너무 힘들게 해요. 어떻게 하면 좋아요."

"프로필 사진촬영을 했는데 비용을 저보고 대래요. 그래야 되나요?"

"소속사와 계약기간이 만료되었는데 이 기획사와 재계약을 해야 할지 고민입니다."

카운슬러는 부모가 될 수도 있고, PD로 일하는 친척이 될 수도 있고, 방송작가로 일하는 선배가 될 수도 있고, 연예계를 잘 아는 교수가 될 수도 있고, 매니지먼트든, 엔터테인먼트든 관련업종에 있는 그 누구라도 상관없다. 중요한 것은 연예계를 잘 아는 사람이라야 한다는 것과 자신과 이해관계가 없어 허물없고 부담 없는 사이라야 한다는 것이다.

연예인 지망생이라면 감독이든, 매니저든 그들의 말 중에 가려들어야 할 것이 하나 있다. 그것은 이런 말이다.

"내가 이 바닥에서 10년 넘게 일해서 잘 안다. 넌 내가 볼 때 무조건 된다. 그러니 지금부턴 이제 내 말만 들어라. 다른 사람 말은 듣지 마라. 이 바닥에는 뭘 모르는 사람이 너무 많거든. 또 위험한 사람도 너무 많고."

심지어 이런 말까지 덧붙이면 더 이상 그 사람은 상대할 필요가 없다.

"부모님이 뭘 아시겠니? 말씀드릴 필요 없다."

노래든, 영화든, 드라마든 수많은 사람들과의 네트워크로 하나의 작품을 만드는 세계가 대중문화산업계다. 결코 한 사람이 장담하며 나선다고 되는 세계가 아니다. 두루두루 사람들을 만나 도움을 받아야 일이 되는 바닥이다. 한 명의 신인을 키우자면 두루두루 소개하고, 두루두루 주변으로부터 도움을 받아야 하는데 어떻게 나만 믿고 따라오라고 할 수 있단 말인가. 다른 사람으로부터 격리시키고자 한다면 이런 사람은 십중팔구 어린 그대에게 뭔가 다른 속셈이 있는 건 아닌지 의심해볼 필요가 있다.

이런 사람이 두려워하는 게 있다. 바로 그대의 숨겨진 카운슬러다.

진정 지망생의 입장도 이해하는 사람이라면 이런 자신감이 있을 것이다.

"그래, 너도 좀 더 다른 사람에게 알아보고 결정하거라."

연예인을 꿈꾸는 그대여,

19세 성인이 되었다고 해서 이 세상을 다 아는 게 아니다. 귀를 열어야 한다. 여러 사람의 말을 들어보고 판단하는 게 좋다.

그대의 꿈이 큰 만큼, 그대가 어린 만큼 더 따지는 게 좋다.

악마의 말은 달콤하고 천사의 말은 쓰다.

숲에서는 가이드가 필요하다.

정말 연예인이 되고 싶다면
먼저 이를 악 물어라

내가 방송사 PD로 근무할 때다.

어느 날, 오랜 간만에 지방에 사는 고모로부터 전화가 왔다.

"잘 지내지? 방송사 생활은 재밌지? 내 친구가 딸내미가 하나 있는데 그 딸내미가 올해 고등학생인데 탤런트가 되고 싶다네? 나도 한번 봤는데 이쁘더라. 네가 방송사 PD로 있으니까 잘 알 거잖니. 어디 건전하고 좋은 기획사 있으면 소개 좀 시켜 줘라."

갑작스런 전화에 당황했지만, 나는 연예계를 모르는 순진한 친지로부터 이런 부탁이 들어오면 으레 해주는 대답이 있다.

"고모, 반가와요. 주변에 탤런트 감이 있다니까 좋네요. 그래서 걱정도 많이 되시죠. 언제 한번 걔를 제게 보내주세요. 장래성이 있는지 함 볼게요. 근데 학교를 포기할 만큼 탤런트의 끼나 각오가 있다면 모르겠지만, 그렇지 않으면 이제 고등학교 입학했으니까 일단 학교를 열심히 다니라고 하세요. 그리고 이

해하시기 어렵겠지만 미리 말씀드리자면, 건전하고 좋은 기획
사를 원한다면 그런 기획사는 없어요…….”

조카가 방송사 PD로 있다고 하니까 건전하고 좋은 기획사를
소개시켜 달라는 고모 친구 분의 마음을 나는 이해한다.

사실 우리는 연예계에 대해 어느 정도 불신을 갖고 있다.
“연예계엔 사기꾼이 많다더라.”
“까딱하면 속는다더라.”
“브로커도 많다더라.”
두려움을 갖게 하는 소문도 많고, 실제 그런 사례가 적잖게
있는 것도 사실이다.

“매니저가 자꾸 늦은 밤에 갑자기 전화해서 나오래요. 소개
시켜줄 사람이 있다고요. 근데 대부분은 술자리인 게 많아요.”
“감독님이 영화시사회다, 뭐다해서 불러주는 건 고마운데
그때마다 친구도 데리고 오라고 해요. 지난번엔 그렇게 했다가
그 친구한테 안 좋은 소리를 듣기도 했어요.”
“어떤 분이 그러는데 연예인이 되려면 돈이 필요하니 스폰
서가 있어야 한대요. 그러면서 키워줄 스폰서를 소개해주겠대
요. 소개받아도 되나요?”
“연기학원에 6개월 간 150만원을 등록하면 배우를 시켜주겠

대요. 150만원이 없다고 하니까 3개월 간 80만원만 내도 해주겠대요. 어쩌죠?"

"종종 만나는 연예계 분이 있는데 내가 아이돌 가수하면 딱 좋겠대요. 근데 어제 그러는데 얼굴 볼 살만 좀 성형해서 깎으면 좋겠대요. 그러면서 친한 성형의사 분이 있다며 거기서 수술하래요. 수술비는 꽤 비싸고, 그렇다고 이 분에게 밉보일까도 겁나고……."

이런 현실도 있다 보니 연예계에 대해 불신하고 불안해하기도 한다.

건전하고 좋은 기획사란 게 뭘까?

세상이란 게 그렇다. 천사도 있고 악마도 있다. 그래서 생각나는 어떤 영화의 한 대사가 있다.

"내 안에 있는 악마를 다 죽이면, 천사도 같이 다 죽는다."

천사와 악마는 각각 선과 악을 대표한다.

어릴 때는 선과 악의 구분이 분명해 보인다. 하지만 내가 나이를 먹을수록 깨닫게 되는 것이 선과 악을 분명하게 구분하기란 참 쉽지 않다는 것이다.

오히려 선과 악은 병존한다. 때로는 그 어떤 것이 선이 되기도 하고, 때로는 그 어떤 것이 악이 되기도 한다. 묘하게도 인생은 살아가면 살아갈수록 선과 악을 구분하기가 점점 더 어려워진다.

　이것은 연예계뿐만 아니라 일반 직장이나 사회에서도 마찬
가지다.

　어느 직장을 원하더라도 경험해보기 전에는 두려움을 느끼
기 마련이다. 그렇다고 직장에 들어갔다고 해서 이런 두려움이
또 사라지는 것도 아니다. 여전히 직장에는 실적, 승진, 직장동
료와의 관계 등으로 오히려 더하면 더했지 결코 사라지진 않는
다.

　인생을 살면서 이런 두려움과 어려움을 악이라고 한다면 우
리는 세상을 살아가는 한, 이들 악마로부터 피할 길은 없다.

　연예계에 대한 두려움도 이런 게 아닐까 한다. 상당부분 경
험해보지 못한 데서 오는 막연한 선입견 때문에 오는 게 아닐
까 한다. 아직 연예계에 입문하지 않은 지망생의 입장에서 경
험이 부족하기 때문에 우선 두려움부터 가지게 되는 게 아닐까
한다.

　그러나 연예계를 제대로 경험해보면, 정말 숲을 제대로 헤쳐
나가 성공해보면 이런 두려움은 얼마든지 극복해나갈 수 있는
한낱 기우에 불과하다는 것을 깨닫게 된다.

　연예계에는 훌륭한 매니저나 감독들이 많다. 크게 보면 세

종류다.

첫째, 실력도 좋고, 인간성도 좋은 사람이다.

둘째, 실력은 좋은데, 인간성은 고개를 갸우뚱하게 하는 사람이다.

셋째, 실력은 별로지만, 인간성은 좋은 사람이다.

그대는 누구를 원하는가, 당연히 실력도 좋고, 인간성도 좋은 사람일 것이다.

그러나 연예계는 운(運)이라는 게 있다. 그래서일까. 이 때문에 스타는 위의 세 종류를 가리지 않고 얼마든지 나온다. 실력이든 인간성이든 하나만 좋아도 능력이라서 그런지 말이다. 물론 실력도 없고, 인간성도 안 좋은 사람이라면 당연히 피하고 봐야 할 것이다.

건전하고 좋은 기획사란 바로 인간성도 좋고, 실력도 좋은 첫째의 경우를 두고 하는 말일 것이다.

그렇다면 앞서 내가 고모에게 했던 대답 중에 이 말은 무슨 뜻일까?

"……건전하고 좋은 기획사를 원한다면 그런 기획사는 없어요……."

이 말은 정말 그런 기획사가 없기 때문이 아니다. 이런 뜻이다.

중요한 것은 나 자신에 달려 있다는 것이다.

세상에는 천사도 있고 악마도 있다. 그러나 그것이 천사가 되느냐, 악마가 되느냐는 세상이 그렇다기보다 그것을 받아들이는 자기 자신에게 달려 있지 않을까 한다. 바꿔 말해 세상에는 천사도 없고 악마도 없다. 단지 천사든, 악마든 자기 자신이 그렇게 받아들이고 그래서 만들 뿐이다.

인생을 '세상'과 '나'로 나눈다면, 중요한 것은 '세상'이 아니라 '나' 자신이라는 것이다.

내가 고모에게 건전하고 좋은 기획사는 없다고 말한 이유는 이 '세상'에 정말 그런 기획사가 없어서가 아니라, 기획사를 단순히 선과 악이라는 이분법적인 시각으로만 바라보는 아마추어로서의 초보적인 그 순진함이 내 나름대로 두려웠기 때문이다.

처음에는 대부분 그렇게 세상을 본다. 선과 악으로.

세상을 그렇게 보는 수준의 시각이기에 이런 사람이라면 거기에 맞춰 내가 다시 묻고 싶은 질문이 하나 더 있다.

"그렇다면 그런 기획사를 원하는 그대는 과연 천사인가?"

연예인을 만드는 사람이든, 연예인이 되려고 하는 사람이든 결국 누구나 천사일 수도 있고, 악마일 수도 있다. 지망생은 아직 그 세계를 경험해보지 못해, 그래서 아직 이해하지 못해 단지 천사들만 사는 기획사를 순진하게 바랄지 모르겠지만 막상 한번 경험해보라. 그러면 그대의 그 순진함은 점점 사라지게 될 것이고, 그렇게 순진했던 자신이 한편 부끄러워지기도 할 것이다.

결국 이런 걸 깨닫게 될 것이다.

"세상에는 천사도 없고, 악마도 없구나. 결국 '인간'이 사는 세상이구나."

천사냐, 악마냐 라는 이상적인 신의 세계가 아니라, 궁극적으로 인간의 세계가 어떤 세계인지를 이해하게 될 거라는 것이다.

그렇다면 도대체 어떻게 하란 말인가. 해답은 이렇다.

자신만의 올곧은 철학이나 가치관, 판단기준이 결국 있어야 한다는 것이다. 특히, 연예계를 지망하는 그대가 자신이 원석으로서 가치가 있다고 믿는다면 더더욱 그렇다.

중요한 것은 '세상'이 아니라 '나' 자신이다.

숲을 헤쳐 나가기 위한 좋은 무기는 나 자신이 결국 올곧게 바짝 정신 차리는 것이다.

그래서 연예인을 지망하는 제자들에게 나는 이렇게 말해준다.

"네가 정말 연예인이 되고 싶냐? 그러면 먼저 이를 악물어라."

이를 악물고 자신만의 줏대나 판단기준을 가져야 앞이 안 보이는 숲을 빠져나올 수 있기 때문이다.

언제까지 이를 악 물어야 할까?

최소한 숲을 빠져나와 스타의 땅을 밟기 전까지는 그래야 한다.

스타의 땅이란 게 뭔가? 오직 스타들만 거주하는 땅이다. 거기에는 그동안 자신이 하늘같이 여겼던 인형 갈고리 손들이 더이상 거주하지 못하는 곳이다. 그들은 숲속에 있다. 숲을 빠져나오는 순간, 그들로부터 해방된다.

지망생의 입장에서 매니저, 감독, PD 등은 높고 두려운 존재들이다. 하지만 숲을 빠져나와 스타의 땅을 밟는 순간, 역전된다. 이제는 그대가 누구에게나 눈에 띄는 스타로 우뚝 서고, 그들은 눈에 잘 안 띄는 숲속에 여전히 있다. 극단적으로 말해 이제 그대가 그들을 건져 올려 낼 인형뽑기 갈고리 손으로 바뀌었다. 그 처지가 역전되었다. 그래서 이제는 그들이 스타가 된 그대의 눈에 띄어야 한다.

스타의 땅을 밟는 순간, 그들과 스타의 입장이 바뀌게 된다. 이제 그들이 스타를 모신다. 그들이 스타에게 부탁한다.

연예인을 꿈꾸는 그대여,
역전의 날을 꿈꾼다면 그때까지는 이를 악 물어야 한다. 스타가 되는 순간, 이제는 그들이 그대에게 매달리게 될 것이다. 스타는 그들을 건져 올려 낼 인형뽑기 갈고리 손이기에.

스타냐, 스타가 아니냐 둘 중에 하나밖에 없다는 뜻은 한편 그대가 스타가 아닐 때는 스타를 만들어줄 그들에게 약자지만, 스타가 되는 순간 스타가 필요한 그들에게 이제는 그대가 강자가 된다는 뜻이기도 하다. 강자와 약자가 뒤바뀌게 된다.

중요한 것은 세상이 아니라 그것을 받아들이는 그대 자신이다. 세상에 지지 않고 숲을 빠져나오기 위해서는 자신만의 철학과 가치관이 있어야 한다.
예를 들면, 어린 지망생으로서 이런 생활기준을 세우는 것이다.

"저녁 9시가 마지노선이에요. 갑자기 전화 와서 나오라고 했을 때 저녁 9시가 넘으면 절대 안 나갈 거예요. 아무리 대단한 사람을 소개시켜준다고 해도 말이죠. 사전에 약속된 경우가 아니라면 절대 안 나갈 거예요. 정, 나가야 한다면 부모님과 같이 나갈 거예요."

"친구도 함께 데리고 나오라고 하면 한 번까지는 그렇게 하겠지만 두 번째부터는 절대 그렇게 하지 않을 거예요. 그 한 번도 대낮이라야 하고요."

"스폰서가 어떻다는 둥 하는 말을 하는 사람이라면 다시는 상대 안 할 거예요."

"연기학원비든, 성형수술비든 사전에 돈 얘기부터 꺼내는 사람이라면 다시는 상대 안 할 거예요."

그대는 아직 사회물정에 영글지 않았다. 사회물정에 트인 사람들을 일일이 그때그때 부딪쳐 헤쳐 나가기란 웬만해서 어렵다. 그렇다면 10개든, 20개든 나름대로 그 어떤 경우나, 그 어떤 사람에게도 적용하고 실천할 생활기준을 만들어 두는 게 좋다. 그래야 패배할 확률을 줄일 수 있다.

'이런 경우는 절대 안 한다.' '이런 모습을 보이는 사람은 더 이상 상대하지 않는다.' 와 같이 이런 경우, 이런 사람을 구체적으로 적어두고 그것을 기준으로 삼아 한번 실천해보라.

그러다보면 알게 된다. 상대가 나를 진정 원석의 가치로 보고 접근하는 사람인지, 아니면 다른 속셈으로 접근하는 사람인지.

그대를 진정 원석으로서 본다면 그대의 생활기준을 하나하나 이해해주고 거기에 맞춰주고 존중해줄 것이다. 그렇지 않다면 상대는 그대의 생활기준에 대해 트집 잡을 것이다.

만약 자기만의 생활기준들이 없다면 그대는 상대의 요구나 생활기준에 일방적으로 끌려 다니게 될 것이다.

악마를 이겨낼 힘은 멀리 있지 않다. 바로 그대 안에 있다.
생활기준을 세워두고 이를 악 물어라.

3

기획사를 잘 고르고 싶다면 깨우쳐라 :
오디션 100번의 비밀

에이전시와는 연애를, 기획사와는 결혼을!

이런 지망생이 있었다.

"교수님. 저는 2학년을 마치고 3년째 휴학하고 있어요. 아이돌그룹 가수를 만드는 신생기획사와 7년 계약을 하고 지금 4년째 연습실에서 살고 있어요. 근데 회사 사정이 안 좋아져서 가수 데뷔를 못하고 있어요. 언제 데뷔할지 기약이 없어요. 연습생활은 힘들고, 3년이나 휴학하는 바람에 학교 공부는 뒤쳐질 대로 뒤쳐지고……. 그래서 작년부터 기획사 사장님께 그만두겠다고 했는데 계약기간이 아직 3년이나 남았다고 계약을 풀어주질 않아요. 아무리 말해도 사장님이 절대 안 된대요. 지난주에는 법정재판까지 갈 테면 가라며 사장님이 더 완강해졌어요. 저도 이젠 마음이 완전히 떠났구요. 계약해지를 안 해주니다른 기획사에도 못 가고, 어떡하면 좋아요?"

이 지망생의 경우, 기획사와 계약할 당시 23세이었으니 7년계약기간을 채우자면 30세가 넘어야 된다. 황금같이 젊은 20대

인생이 기약 없는 가수 준비로 고스란히 허비될 판이다.

알고 보니 이 기획사도 나름대로 고충이 있었다. 처음에 투자하겠다는 사람이 있어 가수를 만드는 사업에 뛰어들었지만 투자자가 중도에 투자를 포기하는 바람에 당초 계획에 차질을 빚게 된 것이었다. 하지만 이 기획사는 신생이었다. 더구나 사장은 가요계에서 일해 본 경력도 거의 없는 초보였다.

이 기획사는 아이돌그룹을 만든다며 그동안 돈은 썼고, 그래서 이제나 저제나 쉽게 접지도 못하고, 그런 가운데 준비하고 있는 연습생들의 나이는 들어가고, 이 지망생은 계약을 안 풀어주니 다른 기획사를 찾지도 못하고, 급기야는 계약문제로 법정까지 갈 테면 가보자고 할 정도로 관계는 서로 나빠질 대로 나빠지고……. 이래저래 서로 진퇴양난에 빠져 버린 것이다.

이런 사건은 의외로 많다.

계약은 신중하게 따져보고 해야 하는데 "가수로 키우겠다." 는 한마디만 믿고 덥석 계약해버린 어린 지망생도 문제지만, 가요계 경력도 일천하면서 가수 만들기를 쉽게 생각하고 이 바닥에 덥석 뛰어든 기획사 사장도 문제다. 기획사 사장은 어른이니까 그렇다 쳐도 어린 나이에 계약문제로 법정싸움까지 당해야 할 지망생의 고초는 또 어떻겠는가. 아직 채 성숙하기도 전에 부딪친 사회의 벽이 얼마나 생소하고 아프겠는가.

20대의 7년이란 30대 이후의 70년과도 바꿀 수 없는 소중한 시간이다. 지망생이나, 기획사나 그저 안타깝기 그지없다.

지금부터 이 문제가 무얼 뜻하는지 살펴보겠다.

기획사가 한 명의 스타를 만들어내기란 결코 쉽지 않다.

가수라면 한 장의 첫 음반을 내기가 하늘의 별따기다. 몇 년이 걸릴지, 몇 억 원이 들지 기약이 없다. 가수 연습실에서 기약 없이 매일 연습하는 어린 지망생도 미래가 불안하지만, 가수를 만들겠다고 결심한 기획사도 미래가 불안하기는 마찬가지다.

숲처럼 불확실한 게 연예산업계다. 연예인이 되겠다는 사람이나, 연예인을 만들겠다는 사람이나 모두 숲속에서 헤맨다.

그래서 가수 지망생으로 연습을 하고 있는 지망생이라면 내가 해주는 말이 있다.

"음반을 하나 내기까지 얼마나 많은 비용과 시간이 들고, 넘어야 할 산이 많은지 아니? 네가 비록 지금은 힘들어서 기획사에 대해 온갖 감정들이 뒤섞일지 모르겠지만, 그러나 첫 음반을 드디어 내게 되거든 그동안 기획사에 쌓인 원망이 있다면 웬만하면 잊어라. 첫 음반을 무사히 만들어낸 것만으로도 그 기획사 입장에서는 너한테 최선을 다 한 거란다. 음반이 뜨고 안 뜨고는 그 다음 문제란다. 기획사라고 음반이 뜨길 바라지 않겠니? 그래야 그동안 쏟아 부은 노력과 비용을 보상받을 수 있는데? 음반 한 장, 가수 하나 무사히 만들어냈다는 것만으로도 기획사나 너나 서로 간에 해야 할 몫은 다 했다고 보는 게 좋단다. 그 음반이 뜨고 안 뜨고는 신의 몫이고."

불안하기는 지망생이나 기획사나 마찬가지다. 지망생의 입장에서는 제대로 된 기획사를 만나기가 어렵고, 기획사의 입장에서는 제대로 된 연예인을 길러내기가 어려운 게 연예계다.

대중문화산업에서 연예시스템은 크게 두 가지가 있다.
하나는 에이전시이고, 또 하나는 기획사, 즉 매니지먼트회사다.

미국에서는 에이전시와 매니지먼트사의 업무가 명확하게 구분되어 있다.
매니지먼트사는 작품이나 행사 등 연예활동을 관리하고 보조하는 업무를 하고, 에이전시는 이런 연예활동을 중개하고 법적인 계약을 대행하는 업무를 한다. 즉, 매니저 업무를 하는 것이 매니지먼트회사이고, 이를 위해 필요한 법적인 계약 업무를 하는 것이 에이전시다.

하지만 우리나라에서는 매니지먼트회사가 이 두 업무를 모두 한다. 그러다보니 소속 연예인과 기획사 간에 계약문제로 각종 법적 분쟁이 발생하기도 한다.

에이전시부터 살펴보면 이렇다.

사전적으로 '에이전시'란 '다른 사람을 대신해서 업무 또는 교섭을 대행하는 회사'를 말한다.

연예인이란 사람 자체가 상품이라서 본인이 직접 뛸 수가 없다. 그래서 대행사가 대신 뛰어주는데 그런 업무를 하는 게 에이전시다.

대부분의 국가에서 에이전시는 법으로 허가된 사람이나 단체에만 허용된다.

우리나라에서도 자본금이나 사무실의 규모 등 일정 자격조건을 갖추어야 하는데 그 자격조건만 갖추면 누구나 그와 관련된 허가증을 발급받을 수 있고, 그래서 최종 사업자등록을 하면 에이전시를 차릴 수 있다.

에이전시는 직업안전법에 근거해 직업소개소로 분류되는 일종의 소개업이다. 그래서 에이전시로부터 일을 소개받고자 하는 사람이면 누구나 자신의 프로필을 등록할 수 있다.

에이전시가 소개하는 일은 다양하지만 연예인 지망생들에

게는 주로 광고모델 아르바이트가 많다. 영화, 드라마, 광고 등에 단역이나 엑스트라가 필요할 때, 혹은 광고 전단지 모델이 필요할 때, 혹은 의류업체의 피팅모델이 필요할 때 에이전시는 등록된 사람 중에 소개를 해주고 일이 성사되면 일정부분 소개수수료로 뗀다.

엄밀히 말해 에이전시는 사람을 키우는 기능은 하지 않는다. 단지 아르바이트의 기회만 제공한다고 할 수 있다.

그러나 매니지먼트사, 즉 기획사는 다르다. 사람을 키우는 기능을 한다.

에이전시가 '등록'을 하는 곳이라면, 기획사는 '계약'을 하는 곳이다.

'등록'과 '계약'은 하늘과 땅 차이다. 완전히 다르다.

단도직입적으로 말해 '등록'은 '연애'이고, '계약'은 '결혼'과 같다.

연애란 게 어떤가? 솔직히 한 명과 연애할 수도 있고, 두 명과 할 수도 있고, 세 명과 할 수도 있다. 연애하다가 얼마든지 헤어질 수도 있고, 다시 만날 수도 있고 그야말로 자유다. 아무 법적인 구속이 없다.

에이전시와 등록관계라는 게 이와 같다. 본인의 이름이 등록은 되어있지만 구속은 없다. 만약에 에이전시 직원이 "○○○백화점에서 광고모델을 찾는데 내일 오디션 한번 볼래요?"라고 해도 본인이 내키지 않으면 오디션 안 봐도 그만이다. 또 에이전시는 한 군데가 아니라 두 군데, 세 군데 등록해도 상관없다.

그러나 결혼이란 건 어떤가? 법적으로 혼인신고를 하는 것이다. 법적으로 부부가 되면 평생 서로 한 사람만 쳐다보고 살아야 한다.

기획사와 계약한다는 것이 이처럼 혼인신고를 하는 것과 같다.

연애는 이 사람, 저 사람 만나도 되지만, 결혼은 한 사람과 해야 한다. 또 결혼이란 내 마음에 들어도 상대가 나를 마음에 들어 하지 않으면 할 수 없다.

지망생의 입장에서 어떤 기획사가 마음에 들었다고 해도 기획사가 마음에 들어 하지 않으면 계약이 성사되지 않는다. 반대로, 기획사에서 마음에 들었다고 해도 지망생이 마음에 들어 하지 않으면 계약이 성사되지 않는다.

결혼을 하려면 서로 궁합이 맞아야 한다. 결혼하기만큼 어려운 것도 없다.

그래서 어떤 기획사와 계약을 앞두고 해야 할지, 말아야 할지 고민하는 지망생을 보면 나는 이렇게 말한다.

"네가 일단 마음에 끌려야 한다. 뭔가 끌리면 하고, 그렇지 않으면 좀 더 생각해봐라."

결혼하자면 가장 중요한 게 무엇인가?

평생 나만 쳐다보고 사랑해 줄 믿음이다. 만약에 결혼하고도 다른 사람과 바람날 사람이라면 결혼하겠는가. 사람이란 누구나 본능적인 감각이란 게 있다. 저 사람이 나를 사랑해줄지, 안 해줄지 본능적으로 느끼게 되는 감정이 있다.

기획사와 계약할 때도 우선 이런 느낌이 중요하다. 뭔가 찜찜하다면 계약을 쉽게 결정해서는 안 된다.

한편, 지망생 중에는 흔히 이렇게 말하는 경우도 보게 된다.

"작은 기획사보다 큰 기획사가 좋지 않나요?"

물론 재정적으로 튼튼하고, 소속된 연예인도 많은 기획사라면 믿음이 간다.

집안도 좋고 부자라면 일단 좋은 배우자감이 될 수 있듯이 말이다. 그러나 결혼에서 중요한 것은 이게 아니다. 나를 얼마나 사랑해 주느냐다. 평생을 함께 할 믿음이다.

그래서 나는 지망생들에게 말한다.

"나를 알아주는 기획사를 만나야 한다."

아무리 소속된 연예인이 많은 기획사이면 뭐하는가. 내게 신경 써주지 않으면 소속 안 되어 있는 것만 못하다. 다른 사람과 결혼도 못하고 말이다.

실제로 나는 이런 신인을 보았다.

"교수님, 큰 기획사라 열심히 구애한 끝에 계약했지만, 그동안 7년 동안 제대로 된 조연 하나 못해 봤어요. 겨우 단역 몇 개가 전부예요. 소속된 A급 기성 배우만 사무실에서 모시고 신경 쓰느라 저 같은 막내 신인에겐 미처 눈길도 못 줘요. 기회가 제 순서까지 돌아온 적이 제대로 없었어요. 올해 계약기간이 만료되는데 이제는 정말 나만 쳐다보고 일해 줄 기획사를 새로 구하고 싶어요. 작아도 상관없어요."

큰 기획사든, 작은 기획사든 저마다 장점이 따로 있다. 중요한 것은 나를 얼마나 연예인이 될 원석으로 가치가 있다고 보아주느냐, 나를 얼마나 사랑해 주느냐다. 결혼은 뭐가 씌어야 하는 것이다. 기획사가 나한테 얼마나 씌느냐가 전부라 해도 과언이 아니다.

짚신도 짝이 있다고 했다. 본인이 준비되어 있다면 이런 기획사는 분명 따로 있다.

결혼, 함부로 하는 게 아니다. 신중하고 또 신중해야 한다.

기획사도 마찬가지다. 연예사업을 함에 있어서나, 신인을 계약함에 있어 신중해야 한다.

최소한 나중에 이혼문제로 서로 법정에 서는 일은 없어야 한다. 인생이 달려있다.

이처럼 에이전시와 기획사는 다르다.

사전적으로 간단히 말하면, 에이전시가 관심 있는 것은 자신의 회사에 한 명이라도 더 등록해서, 한 명이라도 더 아르바이트를 하고, 그래서 한 번이라도 더 소개 수수료를 받는 데 있다고 할 수 있다(물론 그렇지 않은 에이전시도 많다). 이에 비해 기획사는 새로운 신인을 발굴해서 스타라는 상품을 생산하는 데 더 큰 관심이 있다.

즉 에이전시는 사람에 대한 '소비'가 목적이라면, 기획사는 사람에 대한 '생산'이 목적이라고 할 수 있다. 이것이 연애와 결혼의 차이다.

연예계의 일이란 게 그렇다. 뭔가 하고는 싶은데 그 일을 막상 찾기란 매우 어렵다. 도대체 어디서 어떻게 구해야 할지 여간 막막한 게 아니다. 그래서 에이전시가 참 유용하기도 하다. 비록 아르바이트 성격이 강하기는 하지만 많은 지망생들이 좋은 기획사를 만나기 전에 연예인으로서의 기량을 쌓기도 할 겸

해서 광고 모델이든, 방송 단역이든, 영화 단역이든 에이전시를 통해 일을 구해서 하기도 한다.

에이전시를 통하든, 지인을 통하든 연예인이 되고자 한다면 기본적으로 이런 일을 미리 해보는 게 좋다. 이런 일은 실전과 같기 때문이다. 실전에 서보는 것만큼 또 좋은 훈련도 없다. 특히 배우가 되고자 한다면 단편영화든, 연극이든 실전 경험을 많이 해보는 게 좋다. 자신의 기량을 테스트도 해보고, 또 실력을 쌓기에도 좋은 기회가 될 수 있다. 결혼하기 전에 연애를 해보는 것처럼 말이다.

아직 카메라 앞에 서는 게 익숙하지 않다면 그 훈련을 위해서라도 이런 일들은 좋은 기회가 된다. 또 실제로 이런 단편영화나 연극에 출연한 사람들 중에서 배역을 찾는 감독들이 많기도 하고 말이다.

그런데 한 가지 이런 경우도 있다.

"교수님, 기획사와 계약 직전까지 갔는데 어제 그만 파기되고 말았어요. 기획사에서 그래요. 제가 그동안 너무 많은 광고 화보촬영 아르바이트를 해서 사람들에게 너무 노출되었대요. 그래서 계약을 못하겠대요. 저는 그런 광고 모델을 하면 경력도 쌓고 좋은 일인 줄 알았는데, 어떡하면 좋아요?"

에이전시든, 지인을 통해서든 사전에 실전 경험을 많이 해보는 게 좋다.

그러나 광고 전단지 모델처럼 돈을 벌기 위한 아르바이트 측면에서 너무 많은 일을 하는 건 한번쯤 생각해볼 면이 있다. 바로 위와 같은 경우다.

기획사에서는 이 지망생이 마음에 들었다. 그런데 알고 봤더니 이 지망생은 이미 노출이 너무 많이 되어 있는 게 아닌가. 인터넷으로 검색해보니 각종 전단지 광고모델로 안 한 게 없을 정도로 얼굴이 인터넷에 도배가 되어있는 게 아닌가. 여름 정기세일 30~40%…… 이런 광고 전단지 모델로 오랜 동안 가리지 않고 일을 해온 것이다.

대중의 눈에 띄는 것은 '어느 날 갑자기'가 많다. 신예스타라면 신비감이 있어줘야 한다. 그런데 알고 봤더니 냉장고, 옷, 화장품 등 이 지망생은 얼굴이 너무 노출되어 있으니 설령, 나중에 신예스타로 주목받는다 해도 이미 시중에 너무 노출되어 있어서 이내 신비감이 상실되고 그 인기도 금방 가라앉을지도 모를 판인 것이다.

기획사 입장에서는 이것이 두려워지게 된 것이다. 그래서 이 지망생이 상품으로서의 가치가 있는 원석이 아니라고 판단해,

아쉽지만 고민 끝에 계약을 포기한 것이다.

연예인을 꿈꾸는 그대여,

연예인을 직업으로 갖겠다는 꿈이 확고하다면 사람들에게 자신의 얼굴이 미리 지나치게 노출되는 것은 한번쯤 생각해 볼 필요도 있다. 결혼하겠다는 꿈이 확고하다면 사전에 연애를 지나치게 하는 게 좋지 않을 수도 있듯이 말이다.

지나친 연애 경력을 두려워 할 배우자, 즉 기획사가 있을 지도 모른다.

결혼, 잘하고 싶은가? 그러면 자신을 잘 지켜라.

연애도 적당히 하는 게 좋다.

좋은 배우자를 만나고 싶다면 우선 자신부터 좋은 배우자감이 되어야 한다.

똑똑한 기획사는 신인을
함부로 뽑지 않는다

어린 지망생들이 연예엔터테인먼트 관계자를 처음 만나게
되면 흔히 갖게 되는 막연한 기대와 설렘이 있다. 그의 눈에 잘
띄기만 하면 마치 금방이라도 계약이 될 것 같고, 그래서 마치
내일 모레라도 연예인이 될 수 있을 지도 모른다는 그런 기대
와 설렘이다. 매니저라면 늘 신인을 발굴하고 또 그런 힘이 있
다고 지레 생각하기도 한다.

어느 분야든 뭔가 되고자 하는 꿈이 있는 사람은 그 방면에
서 일 하는 사람을 만나면 흔히 이런 기대와 설렘을 갖기 마련
이다. 사회경험 없는 어린 지망생일 경우엔 특히 더하다. 그러
나 세상의 일이란 그리 단순하지가 않다.

똑똑한 기획사는 신인을 함부로 뽑지 않는다.

연예기획사란 삼성이나 LG그룹처럼 대기업이 아니다. 대부

분 작고 영세하다. 소속연예인이라고 해봐야 열 명 남짓도 안 되는 회사가 태반이고, 극소수지만 크다고 해봐야 직원까지 이래저래 다 합쳐도 100명이 안 된다.

크든 작든 하나의 기업이 유지되고 발전하기 위해서는 투자 대비 수익이 있어야 한다. 수익을 내기 위해서는 상품이 팔려야 한다. 상품이 팔리는 만큼 수익이 생기고, 수익이 생기는 만큼 새로운 상품 개발에도 투자할 수 있다.

기획사도 마찬가지다.

기획사는 연예인이라는 일종의 상품을 생산한다. 그 상품이 팔리는 만큼 새 상품도 개발할 수 있다.

기획사가 찾는 상품에는 두 가지가 있다. 잘 팔리는 상품과 신규 투자할 상품, 즉 기성 연예인과 신인이다.

하나의 회사가 잘 유지되려면 수익과 지출이 맞아야 한다.

기획사의 수익은 어디서 오는가? 다른 것 없다. 소속된 연예인이 뛰는 만큼 수익이 들어온다. 그렇다고 소속된 연예인이 모두 수익을 낼 수 있는가? 그렇지 않다. 수익을 기대할 수 있는 건 기성 연예인뿐이다.

신인은 수익을 내기가 어렵다. 주로 돈을 까먹기만 한다. 지출만 낼 뿐이다. 기획사 입장에서 신인은 투자 대상이지, 수익과는 거리가 멀다.

기획사가 어떻게 운영되는지 한번 보자.

기획사를 운영하자면 일단 사무실이나 연습실이 있어야 한다. 큰 회사라면 건물을 통째로 쓰기도 한다. 당연히 임대료를 내야 한다. 또 매니저, 코디, 행정, 경리 등 고정적으로 월급을 주는 직원도 있어야 한다. 그밖에 세금, 차량운행비, 필요한 외부 인력의 영입비, 소속 연예인이나 직원의 식사비, 사고에 대비한 보험료, 팬클럽 운영비, 진행비, 각종 홍보 마케팅비 등 돈써야 할 데가 한둘이 아니다.

기획사가 크면 클수록 회사 유지비도 커진다. 기본적으로 매달 일정하게 지출해야 할 비용은 있고, 그렇지만 수익은 일정하지를 못하다. 일이란 게 들어올 때는 정신없이 들어오다가도, 안 들어올 때는 또 이렇게 파리가 날리나 싶을 정도로 안 들어온다. 소속된 배우가 뛰는 일이 많아 수익이 많은 달(月)이 있는가 하면, 없는 달엔 또 한 없이 없다. 매달 수익 대비 지출을 맞추기가 웬만해선 어려운 게 연예 엔터테인먼트산업이다.

사정이 이렇다보니 은행 대출을 수시로 받는 기획사도 있다. 수익은 일정하지 않고, 그러나 지출은 일정하고, 그래서 그 차이를 빚으로 메꾸고, 다시 형편이 좀 나아지면 또 그 빚을 갚고……. 큰 기획사일수록 알고 보면 돈 걱정으로 바람 잘날 없다.

혼히 지망생들은 이렇게 말한다.
"그래서 작은 기획사보다 큰 기획사가 낫지 않나요?"

물론 지망생의 입장에서는 큰 기획사일수록 믿음이 가기 마련이다. 회사가 큰 만큼 직원도 많을 것이고, 그래서 소속 연예인도 체계적으로 잘 관리할 테고 말이다.
하지만 신인의 입장에서 과연 좋기만 할까?

기획사 사장은 온통 돈 걱정 뿐이다. 그래서 기획사 사장에게는 수익을 많이 내는 소속 연예인이 당연히 더 중요하고 사랑스러울 수밖에 없다.
톱스타가 소속된 기획사를 보라. 행여나 톱스타가 기분 상할까봐 혼신을 다한다. 기획사가 그야말로 전사적으로 '모신다.' 최고의 계약조건, 최고의 매니저, 최고의 차량, 최고의 코디네이터, 최고의 관리를 톱스타에게 갖다 바친다.

연예인이라고 해서 다 같은 연예인이 아니다.
신인은 '키워야' 할 대상이고, 스타는 '모서야' 할 대상이다. 급이 달라도 한참 다르다.

톱스타가 많은 회사에 소속된 신인이라면 각오해야 할 것이 많지만 그 중에 하나가 막내로서 사랑받기란 여간 어려운 게 아니라는 사실이다.

일할 수 있는 직원 매니저는 일정하고, 기획사에 들어오는 일은 일정하지가 않고, 그렇지만 회사를 유지하기 위해 수익은 중요하고, 그렇다면 다른 것 없다. 기획사로서는 수익되는 일이 우선이고 그래서 수익되는 소속 연예인의 스케줄 관리가 우선이다.

회사에서 수시로 매니저를 배정하는 문제도 그렇다. 수익이 들어오는 일에 우선 배정할 수밖에 없다. 만약에 톱스타에게 일이 들어오면 거기에 모든 인력과 지원을 쏟아 부을 수밖에 없다. 급한 게 돈 되는 일이기 때문이다.

그러자면 신인을 챙기는 일은 어떻게 되겠는가? 뒤로 밀려날 수밖에 없다. 그래서 신인의 입장에서는 큰 기획사가 막연히 좋기만 한 건 아니다.

사실 한 회사의 투자란 게 그렇다. 수익이 있어야 그 여력으로 투자도 할 수 있다.

투자대상인 신인도 마찬가지다. 기획사에서 돌봐줄 여력이 있어야 돌볼 수 있다. 기획사에서 일이나 기회를 주는 순서에 있어 소속된 연예인이 많으면 많을수록 신인은 그만큼 뒤로 쳐지기 마련이다.

그래서 이런 경험을 호되게 한 신인 중에는 큰 기획사와 계약이 만료되자마자, 작지만 알차다고 생각하는 기획사로 옮기는 경우도 참 많다. 소속 연예인이 적을수록 그만큼 기획사로부터 관심과 사랑을 받을 기회가 더 많고, 또 그런 사랑을 기획사로부터 약속받기 때문이다.

기획사와의 계약은 결혼이라고 했다. 허구 헌 날 방구석에 쳐 박혀 있기만 해야 한다면 재벌가와 결혼한들 무슨 소용인가? 하고 싶은 일을 위해 바깥으로 나돌아 다닐 수 있어야 숨을 쉬어도 쉬는 게 아니겠는가.
중요한 것은 사랑이다. 신인일수록 특히 관심과 사랑이 필요하다. 관심을 먹어야 클 수 있다. 회사의 규모가 아니라 나를 알아주느냐가 중요하다.

물론 모든 기획사가 이렇다는 게 아니다. 기본적으로 기획사는 신인에게 투자한다. 다만 기획사의 수익성 구조가 이러하니 신인에게는 이럴 수도 있다는 그 사정을 이해하자는 것이다.

신인이라는 게 그렇다. 배우로 계약을 했다고 해서 곧바로 촬영장으로 갈 수는 없다. 처음에는 프로필 사진부터 제대로 찍고, 필요하다면 연기지도를 따로 받기도 해야 하고, 카메라 앞에 서는 데 익숙해지기 위해 광고모델 단역도 하고, 영화든 드라마든 오디션도 보면서 사람 앞에 자연스레 서는 훈련도 해야 한다.

그러다보면 1년, 2년이 그냥 간다. 기획사의 인력과 돈을 까먹기만 한다.

그래서 기획사는 신인을 함부로 쉽게 뽑을 수가 없다. 신인을 감당할 여력이 되어야 비로소 그 뽑을 생각이라도 할 수 있다.

내가 SBS PD 시절에 한 매니저가 내게 한 말이 이를 잘 증명해준다.

"감독님, 아직은 비밀인데요, 잘하면 이번에 저희 기획사가 톱배우와 계약을 새로 하게 될 것 같습니다. 누군지는 아직 말씀드리기 어렵고, 아무튼 한류스타급입니다. 수익배분 계약도 괜찮게 될 것 같고요, 지금 열심히 공들이고 있습니다. 그래서 계약이 성사되면 신인배우도 한 명 키울 수 있게 될 것 같습니다. 이 톱스타도 오케이 했어요. 두 명은 안 되지만 한 명까지는 신인을 계약해도 된다고 이 톱스타도 동의했어요. 다만 자기가 여자니까 이미지 겹치지 않게 20대 초반의 남자로 하래요. 감독님도 주변에 괜찮은 신인 있으면 나중에 소개 좀 해주십시오."

이 매니저는 작은 기획사의 사장이었다. 톱스타를 한 명 영입하게 되어 그래서 수익도 나게 되니까 비로소 간신히 신인 한 명을 키울 수 있는 여력이 생기게 되었다는 것이다.

지망생의 입장에서는 어린 생각으로 기획사의 사장 정도 되면 마음 내키는 대로 얼마든지 신인을 계약할 수도 있을 것 같겠지만, 실상은 그렇지 않다. 특히 큰 기획사의 사장일수록 더 그렇지 못하다. 회사가 크다는 것은 그만큼 체계가 잡혀 있다는 뜻이고, 체계가 잡힌 만큼 결재라인도 많고, 주식 상장된 회사라면 주주도 따로 있어 그만큼 경영도 투명해야 하고, 그래서 신인 한 명 뽑는 것도 여간 까다롭지 않을 수 없다. 직원들과 수차례 회의를 통해 회사 사정과 수익성을 이리 재고 저리 잰 끝에 드디어 신인 한 명을 뽑기로 간신히 결정한다.

이런 하소연을 하는 지망생이 있다.

"저는 배우가 되고 싶은데요, 어떤 기획사에 연습생으로 있어요. 근데 8개월이 지났는데도 계약을 안 해줘요. 교수님도 알만한 큰 기획사거든요. 비록 제게 연기선생님은 안 붙여주지만, 회사에 나가서 다른 애들이랑 연기연습도 해요. 또 오디션이 있으면 오디션도 보고, 광고촬영도 있으면 하고 그래요. 근데 회사에서는 계속 이렇게 나오라고만 하고 계약은 아직도 안 해줘요. 어떡하면 좋을지 모르겠어요."

똑똑한 기획사라면 그럴 수 있다. 이유는 이렇다.

회사 차원에서 정식으로 신인 티오(T.O.)도 생겨야 하고, 또 그 티오를 낼 만큼 이 지망생의 가능성도 보여야 하기 때문이다. 회사의 여건과도 맞아 떨어져야 하고, 지망생에 대해 스타로서의 가능성에 대해 확신도 서야 계약을 해도 할 수 있기 때문이다.

그 전까지는 기획사 입장에서는 한편 이리 재고 저리 재며 지켜보고 있을 수밖에 없다. 연예인 한 명 길러내기가 그리 만만한 게 아니기 때문이다.

연예인을 꿈꾸는 그대여,

계약은 결혼과 같다고 했다. 연애와 달리 신중할 수밖에 없다. 지망생이든, 기획사든.

연예엔터테인먼트 매니저라고 해서 무조건 신인을 발탁하고 계약을 마음대로 하는 게 아니다. 그대가 그들에게 잘 보이면 마치 금방이라도 연예인이 될지 모른다는 막연한 기대와 설렘을 갖는 건 이해한다. 하지만 그것은 세상을 너무 쉽게 생각하는 것이다.

똑똑한 기획사는 신인을 함부로 뽑지 않는다. 왜? 책임을 져야 하기 때문이다.

바꿔 말해 그렇게 깐깐한 기획사라면 좋은 기획사다. 왜? 책임감이 강하면 깐깐해질 수밖에 없으니까.

매니저도 숲을
헤매기는 마찬가지다

지망생인 그대여,

그대의 꿈이 스타가 되는 것이라면 매니저의 꿈은 무엇인지 생각해본 적 있는가?

그것은 내 손으로 스타를 키우는 것이다. 내 기획사를 차려 내 손으로 스타를 만들어 보는 것이다.

매니저라는 게 그렇다. 통상 크든 작든 어느 기획사에 입사해 월급을 받으며 밑바닥부터 시작한다.

처음에는 로드매니저라고 해서, 스케줄에 맞춰 소속 연예인을 이동시키는 차 운전부터 시작한다. 그러다가 연예인 한 명의 스케줄을 직접 관리하는 매니저라는 직위에 오르게 되고, 그러다가 소속 연예인 전체 스케줄 관리를 총괄하는 팀장이나 실장이라는 직위에 오르게 되고, 그러다가 회사의 재무까지 관리하는 본부장이나 이사라는 직위에 오르게 된다.

그러다보면 영화감독, 방송사 PD, 방송작가, 광고감독, 연예 기자 등 이 방면의 사람들과 친분도 쌓이게 되고, 그와 더불어 자신의 전문영역도 점점 넓어지게 된다.

가수 영역이라면 가수를 만드는 과정과 그와 관련된 사람들을 알게 되고, 배우 영역이라면 배우를 만드는 과정과 그와 관련된 사람들을 알게 되고, 개그맨 영역이라면 개그맨을 만드는 과정과 그와 관련된 사람들을 알게 된다.

매니저 중에는 한 기획사에서 꾸준히 일하는 매니저도 있지만, 기획사를 이리저리 옮겨 다니는 매니저도 많다. 기획사라는 게 대개 작은 영세업체이다 보니 수시로 문을 열고 닫았다 하기 때문에 그런 것도 있지만, 한편 더 좋은 기획사, 더 좋은 비즈니스, 더 좋은 사람들과 도모할 기회들이 늘 새롭게 수시로 생기기도 하기 때문이다. 대중문화산업의 속성이란 게 늘 새로운 일을 중심으로 사람이 모였다가 흩어지고, 또 사람을 중심으로 새로운 일이 모였다가 흩어지기 때문이다.

예를 들면, 소속 연예인 중에 한 명이 유독 궁합이 잘 맞아 그 연예인이 기획사를 옮길 때면 함께 따라서 옮기는 매니저도 있고, 반대로 매니저가 기획사를 옮길 때 그와 함께 옮기는 연예인도 있다.

이렇게 이리저리 회사나, 사람, 비즈니스를 따라 일을 하면서 성장해나가는 것이 매니저다. 그러다가 드디어 그런 자신의 경력과 능력을 알아주는 투자자를 만나기라도 하면 이 매니저는 월급쟁이를 박차고 나와 드디어 자신의 기획사를 차리기도 한다. 아니면 오직 이날을 위해 자신이 그동안 모아 둔 돈으로 기획사를 차리기도 하고 말이다.

회사를 차렸다고 해서 마냥 성공하는 것도 아니다. 실패도 참 많이 한다.

열정이 강한 매니저 중에는 연예인 지망생 못지않게 매니저로서의 열정이 강한 사람도 많다.

연예인이 되고자 하든, 연예인을 만들고자 하든지 간에 연예계의 꿈이란 게 참 묘하다. 그것은 흡사 마약과도 같다. 포기했다가도 다시 꿈꾸고, 또 포기했다가도 다시 꿈꾸게 되는 이상한 마력이 있다.

매니저도 마찬가지다. 한번 열정을 품으면 그 열정을 버리기가 참 쉽지 않다. 매니저 중에는 호되게 실패를 하고서 다시는 이 업계에 발을 디디지 않겠다고 다짐해놓고는 얼마 못가 다시 매니저로 되돌아온 사람들이 부지기수다. 어떤 매니저는 이 업계를 떠나겠다고 택시기사를 하다가 1년도 못돼 다시 돌아오기도 했다.

실패든, 성공이든 열정이 있기 때문에 생기는 것이다.

한편 그만큼 어렵고, 불확실한 세계가 또 매니저라는 업종이다.

매니저도 숲을 헤매기는 마찬가지다.

내가 방송사 PD로 근무하던 시절에 이런 기획사 사장도 있었다.

그는 20년 가까이 가요계에서 매니저로 일했다. 흔히 그렇듯이 그동안 여러 번 성공도 해보고 실패도 해본 매니저였다.

"감독님, 이번에 제 집 팔았어요. 마누라와 자식은 월세 쪽방으로 보냈어요. 이번이 마지막입니다. 제가 가진 것 전부 투자합니다. 5인조 아이돌 그룹가수를 2년 후에 만들 겁니다. 마지막으로 도전해보려고 합니다. 이번에 안 되면 저는 이 업계를 떠납니다. 나중에 도와주셔야 돼요."

연예인을 꿈꾸는 그대여,

큰 기획사도 좋고, 유명한 기획사도 좋다. 그러나 정말 중요한 것은 이런 매니저의 열정이 아닐까 한다. 아무리 부자와 결혼하면 뭐 하는가. 중요한 것은 사랑이다.

성공한 매니저라고해서 처음부터 대단하고 화려하게 시작했던 게 아니다. 비록 맨손이지만 대부분 이런 열정 하나로 온갖 역경을 딛고 성공했다.

스타는 별이다. 별은 하늘에 있다.

스타가 되기란 그야말로 하늘의 별따기지만, 매니저 또한 스타를 만들기란 하늘의 별따기다.

별은 스스로 빛나는 게 아니다. 빛을 받아야 빛난다. 그 빛을 주고자 하는 매니저의 열정이 지망생으로서 그대가 매니저에게 바랄 수 있는 가장 큰 덕목이 아닐까 한다.

좋은 매니저를 찾고 싶은가? 그러면 먼저 그의 열정과 도전정신부터 확인하라.

알고 보면 그들도 그대처럼 숲을 헤매는 처지다. 그런 그를 이해하는 마음도 가져라. 그래야 서로 '계약'이라는 결혼도 할 수 있다.

기획사를 선택할 때
꼭 확인해봐야 할 5가지

톨스토이의 장편소설 『안나 카레리나』를 보면 유명한 첫 문장이 있다.

"행복한 가정의 모습은 저마다 다 비슷하지만, 불행한 가정의 모습은 제각각으로 다르다."

행복한 가정의 모습은 어떤가? 별 것 없다. 가족과 단란하게 웃고 지낸다. 어느 가정이든 이렇게 똑같다. 하지만 불행한 가정의 모습은 어떤가? 그 이유도 가지가지라 그 모습도 천차만별이다.

기획사의 모습도 마찬가지다.

잘 나가는 기획사는 소속 연예인과 직원이 하나같이 사이좋고 웃는 얼굴이다. 어느 기획사든 이런 분위기로 똑같다. 그래서 유독 매니저업계에서는 같은 소속사에서 일하는 사람들을 직원이든, 연예인이든 서로 '식구', 혹은 '가족'이라 부른다.

신인이든, 스타든, 직원이든 새로 입사하면 "새 식구가 들어왔다."고 말한다. 연예기획사라는 곳은 대기업이 아니다. 작고 영세한 소기업이 대부분이다. 가족처럼 지내야 잘 돌아간다.

그러나 못 나가는 기획사의 모습은 천차만별이다. 예를 들면, 회사의 재정문제가 심각해 돈 문제로 늘 다툰다든가, 회사와 소속 연예인 간에 법정싸움이 벌어진다든가, 안 좋은 소문이나 사건의 보도기사가 터진다든가, 팬클럽과 회사 간에 문제가 생긴다든가, 세금탈세라든가, 도박사건이라든가, 약물복용이라든가, 그밖에 각종 스캔들 등 그 모습은 제각각이다.

사실 좋은 기획사는 이런 것이라고 딱히 말하기란 어렵다. 큰 기획사라고 해서 스타가 쉽게 배출되는 것도 아니고, 작은 기획사라고 해서 스타가 적게 배출되는 것도 아니기 때문이다. 또 배우, 가수, 개그맨, 모델 등 그 분야에 따라 요구되는 기획사의 능력도 얼마든지 다를 수 있기 때문이다.

물론 우리나라에서 내로라하는 유명 대형 기획사는 스타 배출 성공률이 높긴 하다. 연예매니지먼트업계도 잘 되는 기획사는 더 잘 되고, 어려운 기획사는 더 어려운 빈익빈부익부 현상이 심해지는 것도 사실이다.

그러나 여전히 연예매니지먼트업계는 다양한 중소 기획사

들이 소규모로 이끌어갈 수밖에 없는 구조다. 기본적으로 사람관리업종이기 때문이다. 사람관리란 건 어느 정도 한계가 있다. 아무리 큰 기획사라도 일정 수준 이상의 연예인을 관리할 수는 없다. 너무 많으면 관리하기가 어렵다.

예를 들어, 우리나라에 초대형 아이돌그룹 가수 기획사가 있지만 소속 가수들을 전부 활동시키며 관리하지는 않는다. 보통은 어떤 아이돌그룹 가수가 활동하면 나머지 소속 가수는 활동을 접고 차기 음반을 준비하는 수순으로 운영된다. 소속 가수들이 교대로 활동한다. 집중과 선택이라는 전략으로 소위 '치고 빠진다.' 소속 가수들이 모두 동시에 활동하면 그 소속 가수들끼리 또 경쟁을 해야 하는 불편함이 있기 때문이다. 그래서 아무리 큰 기획사라고 해도 1년 동안 교대로 활동시킬 수 있는 가수 이상을 소속으로 두기는 어렵다.

크든 작든 스타를 하나라도 제대로 관리하는 기획사가 제대로 된 기획사가 아닐까 한다. 이런 기획사가 의외로 알짜배기인 경우도 많다. 규모가 작을수록 사람관리하기가 유리하다. 오히려 선택과 집중을 잘 할 수 있는 측면이 있기 때문이다. 그래서 기획사의 수는 헤아릴 수 없을 정도로 많고, 소규모가 대부분이고, 지금 이 순간에도 새로 생기고 있다. 스타의 수만큼 기획사가 있고, 전체적으로는 그 이상으로 많다.

지망생이라면 좋은 기획사를 당연히 만나고 싶을 것이다.

이런 기획사가 좋은 기획사라고 딱히 말하기는 어렵지만 기획사와 계약하기 전에 지망생으로서 대체로 다음 5가지 정도는 한번 따져보는 게 어떨까 한다.

1. 나에 대한 투자를 하려고 하는가?
2. 기획사에 소속된 신인 중에 나와 이미지가 겹치는 신인은 없는가?
3. 신인을 키우고자 하는 매니저가 그 분야에 오랜 경력이 있는가?
4. 소속 연예인 중에 기성 연예인은 없고 신인만 있는 것은 아닌가?
5. 기획사의 재무 상태나 직원들 인성에 대한 주변 평판은 어떠한가?

첫째, 나에 대한 투자를 하려고 하는가?

지망생들 중에는 기획사와 계약할 때 이런 제안을 받는 경우도 있다.

"연기 교육비는 네가 부담해라."

"음반제작비의 일부를 부담해라."

"의상비는 네가 대라."

"교통비는 네가 대라."

"코디네이터와 분장비는 네가 대라."

"프로필 사진 촬영비는 네가 대라."

상품은 '생산—유통—소비' 된다.

'생산'으로 수익을 남기는 기업이 있는가 하면, '유통'으로 수익을 남기는 회사가 있다. '생산'이든, '유통'이든 돈을 벌기 위해서는 투자를 해야 한다. 그 투자를 했을 때 존재가치가 생기게 되는 것이 기업, 즉 회사다.

대중문화산업계에서 연예인이라는 상품을 '생산'하는 곳은 기획사다. '유통'시키는 곳은 TV, 영화, 광고 등을 만드는 방송사, 영화사, 광고사 등이다. 즉, 기획사는 연예인을 '생산'하기 위해 투자를 해야만 비로소 그 존재가치가 생기게 되는 기업이다.

그런데 기업이 생산하고자 하는 상품에게 그 생산비용을 부담하라고 한다면 어떤가?

훌륭한 기획사는 지망생에게 생산비용을 대라고 하지 않는다. 가수든, 배우든 그 생산비용은 기획사가 투자하는 것이다.

내가 현직 PD시절에 매니저들에게 들은 말 중에는 이런 게 있다.

"감독님, 알고 봤더니, 저희 회사 신인 배우 중에 한 명이 알레르기가 있더라구요. 애는 촬영하면서 조명을 1시간 이상 받으면 그 뜨거운 열 때문인지 얼굴에 붉은 반점이 생기는 거예요. 계약하기 전에는 이런 증상이 있다는 걸 몰랐죠. 어떡하겠어요. 계약한 이상 고쳐야죠. 그거 고치느라 저희 회사에서 병원비로 기백만 원 깨먹었어요."

"감독님, 저희 회사에서 계약한 한 애가 음반제작이 1년째 늦어지니까 속앓이로 견뎌 내지를 못하는 거예요. 밤새도록 잠을 못 자요. 노래도 잘 하고, 춤도 잘 추고, 깡이 보통이 아닌 애거든요. 연습은 또 얼마나 열심히 하는지, 제발 적당히 하라고 해도 안 돼요. 근데 너무 집착이 강하다 보니까 속병이 났지 뭐예요. 연습하다가 구토를 막 해요. 그래서 정신치료비다, 약값이다, 뭐다해서 회사에서 또 돈 좀 깨졌죠."

이를 보면 기획사가 신인에게 투자한다는 게 어느 정도까지인지를 대충 짐작할 수 있을 것이다.

물론 계약서를 처음에 어떻게 쓰느냐가 중요하다. 당연히 계약서대로 움직인다. 그러나 제대로 된 기획사는 그들 나름대로의 가치관과 윤리가 있다. 소속 연예인이 무대 위에서, 혹은 카메라 앞에서 제대로 활동할 수 있는 조건과 상태를 유지하도록 그 비용은 기획사가 부담하는 게 도리다.

사실 계약 맺은 신인에게 기획사가 어디까지 비용을 부담해야 한다는 공식적인 원칙은 없다. 하지만 적어도 연기 교육비, 음반제작비, 의상비, 교통비, 코디네이터비, 분장비, 프로필 사진 촬영비와 같은 기본적인 생산비용을 소속 연예인에게 부담하라고 하지는 않는다.

앞서 아이돌그룹 가수를 만들고자 하는 기획사 사장의 말을 다시 한번 들어보자.

"감독님, 이번에 제 집 팔았어요. 마누라와 자식은 월세 쪽방으로 보냈어요. 이번이 마지막입니다. 제가 가진 것 전부 투자합니다. 5인조 아이돌 그룹가수를 2년 후에 만들 겁니다. 마지막으로 도전해보려고 합니다. 이번에 안 되면 저는 이 업계를 떠납니다. 나중에 도와주셔야 돼요."

왜 자신의 집을 팔겠는가? 상품을 생산하고자 하는 사람이 그 비용을 투자해야 하기 때문이다.

기획사가 내게 돈을 투자하는 것이지, 내가 기획사에 돈을 투자하는 것이 아니다. 지망생이 투자해야 할 것은 재능이다.

큰 돈도 아니고 소소한 돈마저 없는 기획사라면 도대체 어떻게 연예인을 길러내겠다는 건지 꼼꼼히 따져볼 필요가 있다.

둘째, 기획사에 소속된 신인 중에 나와 이미지가 겹치는 신인은 없는가?

기획사에는 통상 이미 계약되어 있는 몇 명의 신인이 있기 마련이다.

만약 배우 기획사에 3명의 신인이 소속되어 있는데 그 3명의 이미지가 똑같다면 어떻게 되겠는가? 오디션에 제대로 내보낼 수 있겠는가? 캐스팅되기도 그렇지만 일단 그 3명끼리 서로 경쟁하느라 사이도 나빠질 대로 나빠질 것이다. 몇 명 안 되는 기획사 안에서 일이 잘 돌아갈 리가 없다.

아이돌가수 그룹도 마찬가지다. 전체 콘셉트는 같더라도 이미지는 각자 달라야 한다. 잘 생기더라도 누구는 터프하고, 누구는 예쁘고, 누구는 지적이고, 누구는 재미있고, 누구는 얌전하고……. 그래야 조화를 이룬다.

하물며 그 크다는 방송사에서 아나운서를 공채할 때도 현재 근무하고 있는 직원 아나운서들과 중복되는 이미지를 가진 지원자는 제외시킨다.

방송사에서 개그맨을 공채할 때도 기존 개그맨들 중에 없는 새로운 얼굴을 찾는다.

이미지가 중복되면 기획사에서 관리하기도 어렵고, 소속 연예인들 또한 서로 식구처럼 한솥밥 먹으면서 지내기도 어렵다.

셋째, 신인을 키우고자 하는 매니저가 그 분야에 오랜 경력이 있는가?

배우를 지망하는 학생이 이런 질문을 했다.

"교수님, 한 달 전부터 어떤 기획사 사장님으로부터 계약 제의를 받았는데 어떡하면 좋을지 모르겠어요. 기획사 사장님이 사람은 좋아 보이더라구요. 비록 배우 쪽 일은 안 해보셨지만 가수 쪽에 10년 정도 일을 하셨대요. 그래서 방송 쪽 사람들도 많이 아신대요. 이번에 아는 분이 투자를 해서 배우 기획사를 차리게 되었대요. 어떡하죠?"

연예스타를 만드는 업종은 전문직종이다. 가수면 가수, 배우면 배우, 개그맨이면 개그맨, 모델이면 모델……, 분야도 다양하지만 그 전문영역도 다르다. 달라도 한참 다르다. 가수 매니지먼트로 성공한 사람들 중에 가수 출신이 많은 것도 그 분야를 알기 때문이다. 개그맨 매니지먼트로 성공한 사람 중에 개그맨이 많은 것도 같은 이유다. 연예엔터테인먼트업종이라고 다 같은 것이 아니다.

　방송사 PD도 그렇다. PD면 다 같은 PD로 알고 있는 사람들이 많은데 그렇지 않다.

　PD는 크게 교양 PD, 예능 PD, 드라마 PD 등 3가지가 있다. 이 세 종류의 PD는 아예 방송사 입사시험에 합격할 때부터 나뉘어져 있다. 처음에 교양 PD로 입사하면 죽을 때까지 교양 PD로 일한다. 예능 PD나 드라마 PD도 그렇다. 일을 하는 성격도 다르고, PD로서 요구되는 자질도 다르다. 오랜 동안 근무하면 성격도 정말 교양 PD같고, 예능 PD같고, 드라마 PD같을 정도로 바뀌기도 한다.

　간혹 예외적으로 예능 PD를 몇 년 하다가 적성에 안 맞아 드라마 PD로 부서를 옮기는 사람도 있다. 그러나 그 PD는 드라마 부서에서 조연출부터 새로 시작하고 배운다.

　또, 노는 바닥도 서로 다르다. 다큐멘터리를 만드는 교양 PD라면 가수, 개그맨, 배우 같은 연예인은 거의 잘 모른다. 그렇지 않겠는가, 다큐멘터리를 제작하는 PD인데? 예능 PD는 주로 가수나 개그맨을 상대하고, 드라마 PD는 주로 배우를 상대한다. 예능 PD라도 가요 프로그램을 주로 연출한 PD라면 가수 쪽을 주로 알고, 코미디 프로그램을 주로 연출한 PD라면 개그맨을 주로 안다.

이처럼 분야가 다르다보니 알게 되는 그 분야의 사람도 다르고, 배우게 되는 기술도 다르고, 그래서 할 수 있는 일도 다르다.

매니저도 마찬가지다. 가수, 배우, 개그맨 등 그 분야가 판이하게 다르다. 그래서 잔뼈가 굵고 똑똑한 매니저들은 자신이 걸어온 분야 외에는 감히 쳐다보지 않는다. 가수 쪽 매니저는 가수 외에는 쉽게 욕심을 안 부리고, 배우 쪽 매니저는 배우 외에는 쉽게 욕심을 안 부린다. 자신이 외길을 걸어오면서 그 길이 얼마나 어렵고, 또 무엇이 어려운지를 몸소 체험해봤기 때문이다.

그런데 가수를 관리하던 매니저가 어느 날 배우 기획사를 차려 배우를 만들어 보겠다면 어떻겠는가?

앞서 기획사로부터 계약 제의를 받았다는 배우 지망생에게 나는 이렇게 말해주었다.

"성공한 기획사 사장 중에는 연예계 경험조차 없었던 사람도 물론 있다. 하지만 예외다. 그 기획사 사장이 비록 가수 쪽 일을 했다고 하지만 배우 매니지먼트는 또 다른 일이란다. 방송사 사람들도 많이 안다고 하지만 가수 매니저를 했으니까 드라마 PD는 아니고 주로 예능 PD일 것이다. 배우 매니지먼트를 하려면 예능 PD를 상대하기보다는 주로 드라마 PD를 상대해야 할 텐데 어떨지 모르겠구나. 물론 그 사장이 잘 할 수도 있겠지만 너의 황금같은 20대를 바쳐야 하는데 이런 점에 대해서는 좀 더 알아보자."

신인이 그렇게 많아도 스타로 성공할 확률은 0.1%도 안 된다. 그렇다면 기획사가 그렇게 많아도 스타를 하나 만들어 낼 확률, 또한 0.1%도 안 된다.

하늘의 별따기처럼 어려운 게 스타 만들기다. 한 분야에서 잔뼈가 굵어도 성공하기 어렵다. 그렇지 않다면 좀 더 따져볼 필요가 있다. 스타가 안 될 99.9%의 확률에 들지 않기 위해서는.

넷째, 소속 연예인 중에 기성 연예인은 없고 신인만 있는 것은 아닌가?

신인만 소속되어 있는 기획사라면 어떻게 생각해야 할까?

여기에 대해서는 배우와 가수 매니지먼트로 나누어 살펴볼 필요가 있다. 그 경우가 서로 다르기 때문이다.

먼저 배우 기획사의 경우다.

배우 기획사가 회사를 유지하기 위해서는 수익이 있어야 한다. 수익은 어디서 오는가? 다른 것 없다. 소속 배우가 뛰는 만큼 들어온다.

신인은 수익 대상이 아니라 투자 대상이다. 지출만 낸다. 수익은 기성 배우가 낸다. 그런데 기성 배우는 없고 신인만 소속되어 있는 기획사라면 어떻게 생각해야 할까?

앞서 살펴본 한 매니저의 말을 다시 보자.

"감독님, 아직은 비밀인데요, 잘하면 이번에 저희 기획사가 톱배우와 계약을 새로 하게 될 것 같습니다. 누군지는 아직 말씀드리기 어렵고, 아무튼 한류스타급입니다. 수익배분 계약도 괜찮게 될 것 같고요, 지금 열심히 공들이고 있습니다. 그래서 계약이 성사되면 신인배우도 한 명 키울 수 있게 될 것 같습니다. 이 톱스타도 오케이 했어요. 두 명은 안 되지만 한 명까지는 신인을 계약해도 된다고 이 톱스타도 동의했어요. 다만 자기가 여자니까 이미지 겹치지 않게 20대 초반의 남자로 하래요. 감독님도 주변에 괜찮은 신인 있으면 나중에 소개 좀 해주십시오."

스타를 한 명 영입하니까 수익이 날 테고, 그래서 그 수익으로 신인을 한 명 키울 여력이 생긴다는 뜻이다.

회사 입장에서는 수익이 있어야 투자를 하더라도 할 여력이 생긴다. 그래서 보통 기성 배우가 2명이면, 신인 1명을 키울 수 있는 수익구조가 된다. 물론 기성 연예인 1명에 신인 1명, 기성 연예인 3명에 신인 1명 등 그것은 각 기획사의 재무 사정이나 능력에 따라 얼마든지 다를 수 있다.

배우 기획사 홈페이지의 소속 연예인들을 한번 살펴보라. 대부분 기성 배우와 신인이 4:1, 3:1, 2:1 등으로 그 비율이야 어떻든 기성 배우와 신인이 함께 소속되어 있다.

기획사를 하나 설립하자면 투자금이란 게 있다. 적게는 1억에서 많게는 몇 십 억이다. 그래서 배우 기획사를 새로 차리는 경우, 그 투자금을 초기에는 일단 기성 배우를 새로 영입하는데 주로 쓴다. 그래야 안정적인 회사운영을 위한 수익원 구조도 만들 수 있고, 또 신뢰할 수 있는 회사 이미지도 구축해 나갈 수 있기 때문이다.

그렇다고 신인만 소속되어 있는 기획사라고 해서 또 모두 색안경을 쓰고 보라는 뜻은 아니다. 배우 매니지먼트로 오랜 동안 잔뼈가 굵은 매니저 중에는 귀하게 확보한 투자금을 기성 배우 영입보다는 신인 배출에 더 큰 뜻을 두고 기획사를 차리는 경우도 있다. 초기 투자금으로 신인을 잘 길러내 이후에 수익을 내겠다는 원대한 꿈과 자신감을 가진 기획사도 있다. 그러나 이 경우도 어디까지나 그 매니저가 경륜과 실력과 열정이 있다는 전제가 있을 때 그렇다는 말이다.

이처럼 기성 배우는 없고 신인들만 소속되어 있는 건 아닌지 살펴보라는 것은 그 기획사가 신인을 키울 여력이 되는지를 신중하게 짚어보라는 뜻이다. 수입원이 무엇인지 잘 짚어보라는 것이다.

만약에 배우를 키울 자금이나 여력이 없으면서 신인들만 보유하고 있는 기획사라면 이런 경우일 수도 있다.

영화든, 프로그램이든, 광고든 기성 배우만 출연하는 게 아니다. 수많은 단역이나 엑스트라도 필요하다. 하나의 스타를 돋보이게 하는 건 이런 단역이나 엑스트라가 열 배, 백 배 받쳐주기 때문이다. 한 명의 스타가 탄생할 수 있는 것은 극 중에서 주인공을 위해 희생해주는 수많은 조연이나 단역들이 있기 때문이다.

그래서 이런 단역이나 엑스트라 시장도 매우 크다. 이들은 비록 개인당 출연료는 매우 적지만 어찌됐든 수익은 된다.

신인들만 수십 명 소속되어있는 배우 기획사 중에는 혹시 이런 시장을 주로 겨냥해 운영되는 회사는 아닌지 한번 따져볼 필요가 있다. 소속 배우들이 그런 배역으로 적은 돈이지만 벌어오는 그 수익의 몇 %를 떼는 것으로 운영되는 회사 말이다. 애초에 투자금은 거의 없어 배우를 키울 여력은 어려워 이런 단역 시장을 주요 수입원으로 해서 운영되는 회사 말이다. 그래서 간신히 사무실을 유지하는 정도의 회사는 아닌지 말이다.

제대로 배우로 만들어줄 기획사를 원하는 지망생이라면 혹시 이런 기획사는 아닌지 한번 따져보는 것도 좋다. 이런 기획사는 알고 보면 일을 소개해주고 몇 %의 수수료를 떼는 에이전시와 크게 다를 바 없을 수도 있기 때문이다.

단역이나 엑스트라 역을 소개받는 아르바이트를 하겠다면 떳떳하게 에이전시로 허가받아 운영하는 회사에 자기 프로필을 '등록'하면 된다. 그러나 배우 기획사로 사업자등록을 하고서는 신인을 '계약'으로 묶어두고 실상은 에이전시와 다를 바 없이 운영하는 기획사라면 신중하게 생각해볼 필요가 있다.

기획사란 게 우리나라에서는 사업자등록만 하면 누구나 사무실을 차릴 수 있다. 솔직히 연예인을 키울 자금이나 여력이 없어도 말이다.

신인 배우들만 소속되어있다면 혹시 이런 배우 기획사는 아닌지 한 번 생각해볼 필요도 있다는 것이다. 즉 배우를 키울 자금이나 여력이 없으면서 사업자등록을 낸 회사는 아닌지 말이다.

물론 이런 단역 시장을 겨냥해 운영되는 회사 자체가 문제라는 뜻은 아니다. 이런 회사라고 떳떳이 표방하고 건전하게 운영하는 회사는 당연히 아무 문제가 없다.

문제는 배우를 키울 능력은 없으면서 마치 배우를 키우는 배우매니지먼트회사인 것처럼 과대포장 하는 경우를 두고 하는 말이다.

다음은 가수 기획사의 경우다.

가수 기획사는 사실 배우와 좀 다르다.

가수는 배우에 비해 초기 자본이 많이 든다. 특히 아이돌그룹의 경우엔 한 팀 길러내는 데 몇 억에서 몇 십억이 든다. 기간도 오래 걸린다. 한 장의 음반을 만들어내기까지 적게는 2년, 많게는 4년 이상도 걸린다. 투자하는 비용과 기간이 큰 만큼 위험부담도 크다.

가수란 게 그렇다. 준비기간은 오래 걸려도 그 결과의 성공 여부는 또 금방 판가름 난다. 몇 년이 걸려 각고의 노력 끝에 간신히 첫 앨범을 내지만, 일주일 정도만 지나면 대박인지, 쪽박인지 금방 판가름 난다.

이에 비해 배우는 다르다. 이번 작품에 캐스팅이 안 되면 다음에 캐스팅되면 된다. 이번 작품에서 안 뜨면 다음 작품에서 뜨면 된다.

그러나 가수는 목표가 분명하고 또 거기에 모든 것을 건다. 만약에 혼신을 다한 그 목표가 실패하면 입는 타격 또한 크다. 그 목표가 한 장의 음반이다.

배우도 준비되어야만 스타로서의 기회를 기회로 잡을 수 있지만, 가수와는 차원이 다르다. 가수는 사전에 모든 것을 준비하고 활동에 들어간다. 음반은 말할 것도 없고, 뮤직비디오든, 춤이든, 노래든, 의상이든, 콘셉트든, 마케팅전략이든, 예산이든 간에 음반이 발매되는 디데이(D-day)를 정해놓고 거기에 올인(All in)한다.

하지만 배우는 끊임없이 오디션을 본다. 가수는 기회가 한번뿐이라면, 배우는 기회가 연속적으로 올 수 있다. 배우는 이번에 안 되면 상대적으로 다음을 노릴 수 있다.

신인이든, 기성 가수든 간에 가수 기획사는 한 장의 앨범을 내기위해서 혼신을 다할 수밖에 없다. 완벽하게 준비되지 않으면 결코 출시할 수 없다.

배우가 단역이라도 해가면서 실전에서 실력을 향상시켜나 간다면, 가수는 음반을 내고 바로 실전에 투입된다.

그래서 가수 기획사의 경우에는 신인들만 소속되어 있다고 굳이 색안경을 끼고 볼 필요는 없다. 기성 가수가 벌어줄 때마다 틈틈이 돈을 써가며 신인 가수를 길러내는 것이 아니라, 처음부터 거액을 투자해 사전에 미리 완결된 가수 한 명이든, 한 팀이든 만들어서 출시하는 매니지먼트 구조이기 때문이다.

그래서 얼마든지 신인들만 있을 수도 있다. 단지 기획사의 자금과 매니지먼트 능력이 어느 정도인지가 중요할 뿐이다.

지금 이 순간에도 장담할 수 없는 그 디데이(D-day)를 향해 구슬땀을 흘리는 신인 가수와 그 한 장의 음반에 모든 것을 걸고 발로 뛰는 기획사가 부지기수다.

다섯째, 기획사의 재무 상태나 직원들 인성에 대한 주변 평판은 어떠한가?

큰 기획사든 작은 기획사든 겉으로 드러나지 않는 속앓이가 있게 마련이다. 그 중에 하나가 재무상태다. 유명한 드라마 제작사도 출연료를 지급하지 못해 종종 법적 소송분쟁에 휘말릴 정도로 연예산업은 돈 문제가 참 복잡하다.

기획사는 일정하게 나가야 할 지출은 있는 반면, 수익은 들쭉날쭉이라 재무상태가 안정적이기 어렵다. 그래서 수시로 대출을 받기도 한다. 회사의 규모나 매출에 비해 대출이 너무 많다면 신인에게 투자할 여력이 있다고 보기 어렵다. 그래서 대출 유무 등 재무상태가 어떤지 확인해 볼 필요가 있다.

모든 일의 중심에는 사람이 있다. 연예계의 일도 결국은 사람이 하는 일이라 가장 중요한 것이 사람이다. 그래서 계약하고자 하는 기획사의 사람들에 대해 주변 사람들이 어떻게 평가하는지도 미리 알아보는 게 좋다. 기획사의 대표이사나, 직원들, 특히 매니저의 인성이나, 열정, 실력, 경력은 어떤지 확인해볼 필요가 있다.

연예인을 꿈꾸는 그대여,
좋은 기획사를 고르고 싶은가? 다시 한번 정리하면 이렇다.

첫째, 나에 대한 투자를 하려고 하는가?
둘째, 기획사에 소속된 신인 중에 나와 이미지가 겹치는 신인은 없는가?
셋째, 신인을 키우고자 하는 매니저가 그 분야에 오랜 경력이 있는가?
넷째, 소속 연예인 중에 기성 연예인은 없고 신인만 있는 것은 아닌가?

다섯째, 기획사의 재무 상태나 직원들 인성에 대한 주변 평판은 어떠한가?

제대로 된 기획사는
부모를 만나고자 한다

밑바닥부터 시작해 20년 동안 배우 매니저를 하다가 그동안 모은 돈을 거의 털어 배우 기획사를 차린 사장이 있다. 이 사장은 처음에는 신인을 두지 못하다가 2~3년에 걸쳐 꾸준히 몇 명의 기성 배우를 영입하면서 수입 대비 지출구조가 맞으니까 몇 명의 신인을 영입해 지금은 어느 정도 자리를 잡았다.

그런데 이 기획사의 특징은 신인과 계약하기 전에는 꼭 부모를 만나고자 한다는 것이다.

기획사와의 계약은 결혼과 같다고 했다. 연애는 사람 대 사람이 하는 것이라면, 결혼은 집안 대 집안이 하는 것이다. 일을 소개해주는 에이전시와 일을 하겠다면, 즉 연애를 하겠다면 굳이 부모를 만날 필요가 없다. 하지만, 기획사와 계약을 하겠다면, 즉 결혼을 하겠다면 사정이 다르다.

계약을 할 때, 제대로 된 기획사라면 부모와 하고자 한다.

이유는 다른 것 없다. 지망생의 나이가 아직 어리기 때문이다. 미성년자인 경우도 많다. 법적인 계약서를 작성하는데 어린 지망생이 감당하기엔 너무 벅차다.

자식의 인생을 걱정하는 건 일차적으로 부모다. 지망생의 황금같은 젊은 인생을 기획사에 투자하게 하는데 그 지망생의 인생을 생각한다면 기획사가 어찌 부모와 상의하지 않을 수 있단 말인가. 식구를, 가족을 영입하면서 말이다.

만약에 어제 처음 본 지망생에게 이렇게 말하는 기획사 사장이 있다면 어떻게 하겠는가?

"내가 장담하건대 너는 스타로 뜰 거야. 근데 시간이 없거든. 얼른 계약을 하자. 부모님과 상의할 것도 없어. 내가 이 방면에 전문가거든. 마이더스의 손이라고. 지체하다가 다른 사람이 알게 되면 너와 계약이 안 될 수도 있어. 괜히 소문나면 이 좋은 계약이 날아갈 수도 있어. 안 그래도 우리 회사와 계약하려는 애들이 줄 섰어. 아까도 누가 다녀갔단다. 얼른 계약을 하자. 조용히 혼자 생각해보고 내일 오후 3시까지 결정해."

지망생의 입장에서 기획사와 계약한다는 것은 인생이 걸린 문제다. 결혼처럼 중요하다. 그렇다면 신중할 수밖에 없다.

그런데 이렇게 계약을 서두른다면, 특히 부모와는 상의하지 마라는 것은 뭔가 숨겨진 다른 이유가 있는 건 아닌지 의혹이 안 들 수 없다. 그 어린 지망생이 무슨 대단한 성인도 아니고 말이다.

만약에 그 누가 봐도 떳떳하고 당당한 계약을 하고자 한다면 기획사는 오히려 느긋할 것이다.

"우리 기획사에 대해 알아볼 테면 알아 봐. 그러면 계약 안 하고는 못 배길 걸."

이렇게 기획사가 자신감이 있을 테니까 말이다.

그러나 위의 사례는 이런 경우일 수도 있다.

간혹 기획사 입장에서는 월척이다 싶은 지망생을 발견할 때도 있다. 그러면 놓쳐서는 안 되겠다는 조바심이 들기도 한다. 그래서 계약을 서두르기도 한다. 지망생이 아직 어리다보니 좋은 걸 좋다고 볼 줄 아는 판단력이 부족해서 행여나 주변으로부터 이 사람 저 사람들의 말을 듣다보면 혹 계약을 안 할지도 모르기 때문이다.

사람의 마음은 오락가락하기 마련이다. 특히 중요한 결정을 앞두고 있을 때는 더하다. 기획사가 이런 걸 두려워해서 계약을 서두를 수도 있기는 하다.

서두르면 서두를수록 좋은 일도 있다. 정말 중요하고, 정말 좋은 일은 차라리 내친 김에 후딱 밀어 붙이는 게 상책인 것도 있다.

그러나 이 경우도 정말 그런지는 또 알아보고 난 다음의 문제다.

아무리 급하다 하더라도 최소한 부모와는 당연히 상의하도록 해야 한다. 빨리 계약하는 것과 부모와 상의하는 것은 별개다. 오히려 서두를수록 좋은 계약이라면 더더욱 부모와 같이 상의하고 결정해야 한다.

좋은 기획사는 기본적으로 부모를 만나보고자 한다. 여기에는 이런 이유도 있다.

계약을 하게 되면 지망생이 계약기간 동안 기획사에 묶이게 되지만, 기획사 또한 지망생에게 계약조건을 이행할 의무로 묶이게 된다.

부부생활이란 연애처럼 낭만이 아니고 현실이다. 궁합이 잘 맞아야 식구처럼 한솥밥을 잘 먹을 수 있다. 생활하면서 현실에서 부딪치는 게 많다면 부부생활하기가 참 어렵다. 연애야 헤어지면 그만이지만, 결혼은 그렇지 않다. 그래서 결혼 결정을 내릴 즈음이면 가장 궁금해지는 것이 '상대가 결혼하고 나면 어떻게 변할까?' 다.

기획사 입장에서도 마찬가지다. 지망생과 궁합이 잘 맞아야 식구처럼 한솥밥을 잘 먹을 수 있다. 지금은 이 지망생이 마음에 들지만 앞으로 일을 함께 해나가면서 지망생이 어떻게 변할지 한편 걱정이 되기도 한다. 만약에 사사건건 부딪치게 된다면 이것만큼 괴로운 것도 없다. 또 기껏 키워놓았더니 갑자기 계약조건을 따지며 다른 기획사로 옮기겠다면 이것만큼 난감한 일도 없다.

기획사 입장에서는 계약하고자 하는 지망생의 인간됨됨이가 어떤지도 매우 중요하다.

연예엔터테인먼트 업종이란 늘 새로운 일들의 연속이다. 매니저와 소속 연예인 간에 궁합이 잘 맞으면 이런 일들을 해나가기가 참 수월하지만, 그렇지 않다면 여간 피곤한 게 아니다.

예를 들면, 기획사에서 어렵게 영화 캐스팅을 받아왔는데 소속 연예인이 "이 영화, 왜 해야 하나요?"라고 따진다든가, 기획사에서는 간신히 연예오락프로그램의 캐스팅을 따냈는데 그 연예인은 "아니 내가 왜 이런 허접한 것을 해야 하나요?" 한다든가 등 그 일에 대한 필요성이나 중요성에 대해 사사건건 서로 이견이 생긴다면 함께 일하기가 참 어렵다.

"나는 이러이러한 프로그램을 하고 싶은데 왜 자꾸 저런 프로그램들만 따오나요?"

"이 일은 실장님의 개인적인 부탁으로 들어온 일이잖아요. 나한테 왜 자꾸 이런 걸 시키는 거예요? 이런 일은 못해요."

"이번 달 내 출연료는 제대로 입금을 했나요? 몇 달째 밀린 것 같은데?"

"왜 이번에도 차량지원을 안 해주는 거예요? 지난번에도 나 혼자 촬영장에 가느라 얼마나 창피하고 힘들었는데."

"본부장님, 000에게만 로드매니저를 고정적으로 붙여주고 저는 왜 안 붙여주나요?"

연애할 때는 모른다. 그러나 결혼해서 살아보면 그동안 서로가 몰랐던 많은 것들이 얼마든지 새롭게 드러나기 마련이다. 일을 해보기 전에는 몰랐던 성격이 일을 해보면 새로 나오기 마련이다.

기획사에서 부모를 미리 만나보고자 하는 이유가 또 여기에 있다. 부모를 보면 그 자식을 안다는 말이 있다. 계약하고자 하는 지망생의 이런 미래의 면모를 한편 어렴풋이나마 미리 가늠해보고 싶어서다. 과연 이 지망생이 어떤 됨됨이를 가지고 있는지 부모를 통해 미리 점쳐보고 싶기도 해서다.

기획사가 부모를 만나보고자 하는 것은 또 이런 이유도 있다.

일반회사와 달리 신기하게도 연예인 부모들은 자식이 소속된 기획사 일에 왈가왈부 간섭하는 경우를 참 흔하게 볼 수 있다. 기획사들이 두려워하는 게 한편 이런 부모의 간섭이다. 자식에 대한 사랑은 이해하지만 부모가 연예매니지먼트의 전문가도 아니면서 사사건건 간섭한다면 기획사 입장에서는 여간 불편하고 피곤한 게 아니다. 그래서 혹 그럴 부모는 아닌지 기획사에서는 미리 살펴보고 싶은 이유도 한편 있어서 부모를 보고자 하기도 한다.

사실 세상의 일이란 게 일을 추진해나가는 입장에서는 따라오는 사람들에게 매번 일일이 이해시키면서 해나가기란 쉽지 않다.

미처 설명해줄 시간이 없을 수도 있다. 결정 시간을 놓치면 다른 기획사로 넘어가게 될 일도 있다. 또 매니저는 군이 설명할 필요가 없는 일이라 생각하는데 연예인은 그렇게 받아들이지 않는 일도 있다.

연예인이 기획사가 무슨 결정을 하든 믿고 따라와 주면 매니저 입장에서는 일을 해나가는 데 그만큼 수월하고 더 많은 일들을 추진할 수 있다. 그러나 일일이 따지는 연예인인데다가 부모까지 간섭이 심하다면 매니저가 능력이 있고 없고를 떠나서 일을 추진하기가 매우 불편해진다. 특히 매니저 나름대로는 최선을 다 하고 있다고 스스로 생각하는데 부모는 그렇게 받아들이지 않고 일일이 따진다면 매니저로서는 의욕마저 줄어들기 마련이다.

그밖에도 기획사가 부모를 만나고자 하는 이유는 얼마든지 더 있을 수 있다.

중요한 것은, 제대로 일을 해보고자 하는 기획사일수록 부모를 만나고자 하고, 부모와 계약을 하고자 한다는 것이다.

연예인을 꿈꾸는 그대여,
그래도 마지막에 힘이 되는 건 부모임을 잊지 마라.

오디션 100번의
비밀

지망생 중에는 이런 하소연을 하기도 한다.

"남들이 그러는데 연예인이 되려면 인맥이 있어야 한대요. 저는 인맥이 없어서 기획사를 찾고 싶어도 찾지를 못하겠어요."

소개로 시작해서 소개로 끝나는 바닥이 연예계인 건 맞다. 그래서 인맥은 참 유용하다. 그러나 인맥은 타고난다기보다 후천적으로 만들어가는 것이다. 핏줄로 타고난 인맥이 아닌 다음에는 살아가면서 스스로 만들어가는 게 인맥이다.

어린 지망생의 입장에서 인맥이라고 해봐야 뭐, 대단한 인맥이 있겠는가. 그래봐야 부모 정도다. 설령 연예계통의 부모나 친지가 있다 하더라도 스타로 성공하고 안 하고는 또 별개의 문제다. 부모를 잘 만나면 스타가 될 수 있다면 지금 스타들의 자식은 전부 스타가 되어 있어야 한다. 그러나 어떤가. 그렇지 않다.

스타는 대중이 만드는 것이다. 부모가 만드는 게 아니다. 인맥이 만드는 게 아니다. 대중은 판단만큼은 정말 공정하게 한다. 좋으면 좋다, 싫으면 싫다는 게 분명하고 정확하다. 인맥이 있다고, 부모가 연예인이라고 그를 스타로 받아들이지도, 만들지도 않는다.

인맥이 없어서 연예인의 길을 찾지 못하는 것이 아니다. 연예인이 될 길을 찾지도 노력하지도 않기 때문에 인맥도 안 생기는 것이다. 인맥은 연예인이 될 노력을 하다보면 저절로 생기게 된다.

지금부터 그 이유를 살펴보겠다.

지망생으로서는 사회 경험이 거의 없기 때문에 인맥이 없는 건 사실 당연하다. 그래서 뭔가 되고자 하는 꿈이 있어도 무엇을 어디서 어떻게 시작해야 할지 잘 모르는 것도 당연하다.

그러나 지망생이여, 그대는 어리기 때문에 오히려 큰 무기를 가지고 있다는 것을 아는가. 그 무기란 바로 그 '어리다'는 것이다. 어른이라면 결코 가질 수 없는 청춘의 무기, 즉 '아직 미처 뭘 몰라서 부릴 수 있는 용기'가 그대에게는 있다는 것이다.

'인맥' 과는 비교할 수 없는 힘, 바로 그 '어린 용기' 가 그대에게는 있다는 것이다.

이게 무슨 말인지는 스티브 잡스를 통해 알 수 있다.

스티브 잡스는 "사람들이 한 단계 도약하지 못하는 이유는 도움을 요청하지 않기 때문" 이라고 말한다.

스티브 잡스에게 유명한 일화가 있다.

스티브 잡스는 12살 때 HP사의 CEO인 빌 휴렛에게 전화를 했다. 빌 휴렛의 전화번호를 안 것은 단지 전화번호부에 그의 이름이 있었기 때문이었다. 마침 빌 휴렛이 직접 전화를 받았다.

스티브 잡스는 말했다.

"안녕하세요? 저는 스티브 잡스인데 12살 고등학생입니다. 주파수 계수계를 만들고 싶어서 그러는데 혹시 남는 부품이 있으면 줄 수 없나요?'

빌 휴렛은 당황했지만 이 당돌한 꼬마에게 웃으면서 주파수 계수계를 만드는 부품을 줬다. 게다가 그해 여름에는 스티브 잡스가 HP사에서 일할 수 있도록 주선도 해주었다.

잡스는 말한다.

"대부분의 사람들은 전화를 하지 않는다. 도움을 요청하지 않는다. 바로 이것이 단지 꿈꾸기만 하는 사람과 일을 성취하는 사람과의 차이다. 꿈을 이루고 싶다면 반드시 행동을 취해야 한다. 대신 실패할 가능성을 감수할 용기도 더불어 가지고 있어야 한다. 전화를 걸든, 일을 하든지 간에 실패를 두려워하면 멀리 나아가지 못한다."

연예인이 되고 싶은 그대여,

감히 쳐다보기 어렵다는 기획사 사장에게 그대는 과연 직접 전화를 걸어본 적이 있는가. 그렇지 않다면 지금 당장 미친 척하고 기획사 사장에게 전화를 한번 걸어보라.

"가수가 되고 싶어요. 꼭 그 회사에 들어가고 싶은데 어떻게 하면 좋을까요?"

"배우가 되고 싶어요. 제 소원이 사장님께 직접 오디션을 보는 거예요. 30분만 시간 내서 제 연기력을 한번 봐주시면 안 될까요?"

"개그맨이 되고 싶어요. 존경하는 OOO님, 1시간만 조언을 좀 해주시면 안 될까요?"

밑져봐야 본전이다. 혹시 모른다. 또 어떤 의외의 결과가 나올지 말이다.

'어린 용기'란 이런 것이다. 어리기 때문에 이런 카드를 쓸 수 있다. 신은 공평하게도 어린 청춘에게 사회적 인맥 대신에 이런 '어린 용기'를 선물로 주었다.

인맥은 이렇게 만들어가는 것이다. 이제 12살 밖에 안 된 스티브 잡스는 이렇게 전화 한 통화로 시작해 하늘같은 HP사의 CEO 빌 휴렛과 인맥을 만들었다. 휴렛이 봤을 때 잡스는 얼마나 가상했겠는가.

'이 다음에 뭐가 되어도 반드시 되겠구나.'

연예인으로 성공하기 위해서는 노력도 해야 하지만 운(運)도 따라야 한다고 했다. 운도 노력하는 자에게만 오는 법이다. 운을 잡고 싶다면 그 운을 잡기 위한 노력을 해야 한다.

연예인이 되기 위한 이런 노력 중에 하나가 바로 오디션을 보는 것이다.

지망생이라면 내가 꼭 묻는 질문이 여기에 관한 것이다.

"배우가 되고 싶다고? 그래, 오디션은 좀 봤니?"

"네, 나름대로 보긴 했어요. 근데 자꾸 떨어져서 이제는 겁나요."

"몇 번 정도 봤는데?"

"작년부터 지금까지 서너 번 정도 봤어요."

"서너 번? 어디 어디 봤는데?"

"기획사 두 번? 우연히 알게 된 영화 오디션 두 번인가, 봤어요."

일반 회사에 취직하자면 시험을 치거나 면접을 봐야 한다. 그런 입사시험이 연예계에서는 오디션이다. 그렇다면 오디션을 합격하지 않으면 연예인이 될 수 없다는 소리가 된다.

오디션은 크게 두 가지가 있다. 첫째는 기획사 오디션이고, 둘째는 배역 오디션이다.

기획사 오디션이란 기획사에 들어가기 위한 오디션이고, 배역 오디션이란 영화, 드라마, 광고, 아이돌그룹 가수처럼 맡을 배역에 대한 캐스팅을 따기 위한 오디션이다.

지망생이라면 어쨌든 이 두 종류의 오디션을 봐야 한다.

내가 계속 지망생에게 묻는다.

"근데. 지금까지 오디션을 겨우 서너 번만 봤다고?"

"네, 어디서 어떻게 봐야 할지 정보를 구하기도 어렵고, 또 떨어지다 보니까 자꾸 겁도 나고 해서 더 이상 보기가……."

연예인이 되려면 오디션을 몇 번 보아야 할까?

여러분은 이미 슬쩍 들어서 안다. 100번은 봐야 한다. 겨우 서너 번 오디션 본 정도로 오디션을 봤다고 할 수 없다.

TV를 보면 이런 스타가 있다.

"저는 오디션을 100번도 넘게 봤을 거예요. 정말 그때는 실망도 크고 괴로웠어요. 그래도 깡으로 버텼죠. 차라리 즐기기로 했어요. 이왕 하는 거라면 기네스북에 도전하는 셈 치자, 대한민국 오디션 최고 기록 보유자가 되자, 이렇게 맘먹으니까 오히려 즐겁더라구요. 기획사에서는 미치려고 했어요. 자꾸 오디션에서 떨어지니까 나중엔 포기하더라구요. 그래도 매니저 실장님께 졸랐죠. 오디션 보게 해달라고. 저 혼자 알고 가서 본 오디션도 많았어요. 그러다가 OOO 영화 오디션 때였어요. 오늘도 떨어졌구나, 실망하고 문을 나서 복도를 걸어 나오는데 감독님이 뒤에서 막 부르시는 거예요. 다음 오디션에 한 번 더 오라고요. 그래서 드디어 합격했죠. 정말 눈물이 펑펑 나더라구요."

결코 빈말이 아니다. 100번도 모자란다. 될 때까지 봐야 하는 것이 오디션이다.

왜 오디션을 100번은 봐야 할까? 이유는 의외로 간단하다.

무슨 오디션이든 간에 신인 한 명 뽑겠다고 하면 100명은 오기 때문이다. 바꿔 말해 100명 중에 한 명을 뽑는다면, 100군데를 보아야 드디어 내가 한 번 뽑힐 수 있다는 뜻이 된다.

만약 100번째 오디션에서 합격할 운이라면 그대는 99번째에서 멈추겠는가. 오디션은 될 때까지 보는 것이다.

오디션에서는 도대체 어떤 사람을 뽑고자 하길래 대관절 100번씩이나 보아야 하는 걸까?

오디션은 기획사 오디션과 배역 오디션이 있다고 했다. 이 두 오디션이 찾고자 하는 재목감은 따로 있다. 다르다.

먼저 배역 신인 오디션을 통해 찾고자 하는 사람은 어떤 재목감인지 살펴보자.

배역 오디션을 보고나서 이렇게 말하는 지망생이 있다.
"교수님, 며칠 전에 OOO 영화에서 신인 오디션을 본다고 해서 갔는데 그만 떨어졌어요. 제가 덜 이쁜가 봐요. 그날 오디션을 보러온 사람들을 보니까 전부 저보다 잘 생기고 이쁘더라구요. 아무래도 저는 외모가 딸려 배우로 성공하기는 어려운가 봐요. 어떡하죠?"

과연 이 지망생은 외모가 부족해서 떨어진 걸까?

영화를 한번 보자. 그 많은 출연자가 모두 잘 생기고 이쁜가? 그렇지 않다. 잘 생기고 이쁜 사람도 있지만 그렇지 않은 사람이 훨씬 많다. 주연이든, 조연이든 그 캐릭터는 매우 다양하다.

착한 사람, 못된 사람, 지적인 사람, 쾌활한 사람, 키 큰 사람, 키 작은 사람, 뚱뚱한 사람, 마른 사람, 바보 같은 사람, 똑똑한 사람, 당찬 사람, 못 생긴 사람, 나이 많은 사람, 나이 적은 사람 등 매우 다양하다.

감독이 찾는 사람은 가장 이쁜 사람이 아니다. 그 배역에 가장 알맞은 사람이다.

감독의 입장을 한번 생각해 보자.

충무로 영화판에서 감독이 영화 한 편 만들 기회를 따낸다는 게 얼마나 어려운지를 생각해 본 적 있는가. 아무리 유명한 영화감독이라도 2년, 혹은 3년 만에 고작 한 편을 만들까말까 한다. 신인 감독이라면 더하다.

영화감독이라면 본인이 직접 대본을 쓰는 경우도 많다. 대본 한 편 정하고 쓰기가 얼마나 어렵고 오래 걸리는지 아는가. 몇 년을 이리 꼼지락 저리 꼼지락 다듬다가 드디어 제작사를 찾아 나선다. 그러다가 또 몇 년이 그냥 간다. 그렇게 드디어 제작사를 구해도 이번에는 투자사를 찾는 데 또 몇 개월이 그냥 간다. 그러다가 드디어 투자사도 만나고 유통사도 어느 정도 생기면 그 고대하고 고대하던 촬영을 할 수 있게 된다. 그러나 그렇게 어렵게 완성한 작품이라도 관객 동원에 실패하면 그 손해가 또 이만저만이 아니다.

신인 감독이라면 영화 두 편 정도 실패하면, 속된 말로 '말아 먹으면 이 바닥에서 매장이다.'

경우는 다르지만 드라마 PD도 이런 고충이 있기는 마찬가지다.

사정이 이런데 감독의 입장에서는 아무나 캐스팅을 할 수 있겠는가. 감독은 그동안 작품을 준비하면서, 대본을 갈고 다듬으면서 각 배역들에 대해 감독의 머리에 박힌 캐릭터가 분명하게 있다. "이런 인물이어야 하는데……"라는 자신도 꺾지 못할 고집으로 박힌 배역들이 나름대로 다 있기 마련이다. 비중 있는 배역이든, 비중 없는 배역이든.

인맥이 있다고, 친분이 있다고 맞지도 않는 인물을 캐스팅할 감독은 없다. 적어도 성공을 꿈꾸는 감독이라면 말이다. 자기 자식이라도 배역에 맞지 않으면 결코 캐스팅하지 못한다. 그게 한편 예술이라는 것이다.

등장하는 배역들을 캐스팅하려면 어디서 찾아야 할까?
주연급이나 주요 배역들은 시중에 이미 나와 있기 때문에 쉽게 찾을 수 있지만 나머지는 그렇지 않다. 그동안 눈 여겨 보아 온 영화나 드라마, 연극, 뮤지컬, 광고 등에서 그 나머지 배역들을 모두 찾을 수 있다면 그나마 다행이지만 그런 경우는 거의 없다. 찾을 길이 막막하다. 감독 또한 숲을 헤맬 수밖에 없다. 그렇게 찾고 찾아보다가 마지막 수단으로 선택하게 되는 것이 오디션이라고 생각하면 된다.

예를 들어 감독이 찾고자 하는 배역이 키는 작고 깡마르지만 얼굴은 대차게 생기고 말은 화통하면서도 똑 부러지는 독특한 사람이라고 하자. 그런데 오디션을 해보니 하나같이 조금이라도 더 잘 생기고 이뻐 보이려는 사람들로만 바글바글 하다면 그 감독의 심정은 어떻겠는가. 100명이 몰려와도 단 한 명도 건질 수가 없다. 그러다가 우연히 길거리에서 그런 사람을 발견하기라도 하면 감독이 박수를 치고 그 사람에게 달라붙는 것이 신인 캐스팅이라는 것이다.

한 명의 캐스팅이라도 함부로 하지 못하는 감독의 심정은 다음과 같은 말로도 잘 알 수 있다.

"제가 찾는 이 배역은 대본에서 보다시피 비중은 비록 적지만 나오는 장면들만큼은 이 영화에서 가장 중요한 것들이거든요. 그래서 이 배역만큼은 이 이미지에 딱 맞는 사람이라야 해요. 근데 기성 배우 중에는 아직 없어요. 신인이라도 좋아요. 연기를 못해도 좋아요. 이미지만 맞는 사람이라면 연기는 제가 독하게 가르치면 되니까 꼭 좀 구해주세요."

배역 오디션에서 찾고자 하는 원석은 바로 이런 것이다. 딱 맞는 캐릭터다. 연예인으로 성공하기 위해서는 운도 따라야 한다는 게 바로 이런 발탁의 운을 두고 하는 말이기도 하다. 어느 날 자신도 모르는 사이에 누군가에게 꼭 필요한 인물이 되는 운.

인간의 성격이라는 것은 이 지구상에 있는 인간의 수만큼이나 다양하다. 그 다양한 성격 중에 하나를 감독은 찾고자 한다. 그렇다면 이 지구상에 존재하는 인간의 수만큼 그대는 오디션을 보아야 한다.

오디션 100번을 떨어져도 절대 기죽을 필요가 없다. 외모나 재능이 부족해서 떨어진 게 아니다. 단지 배역에 맞지 않기 때문이다. 적어도 본인이 준비된 지망생이라면.

둘째, 기획사 신인 오디션에서 찾고자 하는 것은 어떤 인물일까?

배역 오디션이 정해진 인물을 찾는다면, 기획사 오디션은 일반적으로 무한하게 성장해나갈 수 있는 스타급을 찾는다. 즉 무한한 가능성이 있는 원석을 찾는다.

앞장에서 기획사의 입장에 대해 살펴보았다. 몇 명 되지도 않는 소속 연예인을 두면서 또 한 명의 신인을 새로 영입하기란 여간 어려운 게 아니라고 했다. 그렇다면 자명하다. 스타로 성장해서 이왕이면 회사를 살릴 수 있는 재목감을 찾고자 한다. 스타급으로서의 외모도 가진 원석이면 더욱 좋고 말이다. 어디 한 작품의 한 배역에 맞는 특수한 신인을 찾는 게 아니다.

상품은 '생산—유통—소비' 된다고 했다. 기획사는 '생산'을 하는 곳이다. 그러자면 다양하게 '유통' 될 수 있는 원석을 찾을 수밖에 없다. '유통' 은 감독이 시킨다고 했다. 그래서 이미 유통시킬 정해진 상품을 찾는 것이 배역 오디션이기도 하다.

앞서 배우가 되고자 한다면 대체로 여자는 만 23세, 남자는 만 26세 이전에 기획사를 구하는 게 좋지 않을까 했다. 이는 바로 기획사 오디션을 두고 한 말이다. 만약 23세에 신인 배우를 계약했다 하더라도 제대로 배우가 되기 위해서는 또 몇 년이 흐를지 모른다. 기획사 입장에서는 주연급 스타로 키우자면 공들여야 할 시간을 미리 계산 안 할 수가 없다.

배역 오디션에서 찾고자 하는 인물이 이미 영글어서 색깔이 분명한 꽃이라면, 기획사 오디션에서 찾고자 하는 인물은 무한히 성장해나갈 수 있는 새싹이다. 꽃과 새싹.

그렇다고 모든 기획사가 신인을 찾을 때 이렇게 외모가 출중한 스타급의 가능성만 보고 찾는다고 말할 수만은 없다. 정말 연기 잘 하는 독특한 신인의 가능성을 높이 평가해 계약하는 기획사도 얼마든지 있다. 기획사를 보라. 외모가 아닌 연기파 배우들도 많이 소속되어 있다. 다만 스타상품론적인 관점에서 봤을 때 일반적으로 그렇다는 것이다.

연예인을 꿈꾸는 그대여,
오디션은 기획사 오디션과 배역 오디션이 있다.
연예인이 되는 길도 두 가지가 있다.
하나는 먼저 기획사 오디션을 통해 매니저에게 발탁되어 계약하는 경우다. 그러고 나서 배역 오디션으로 발탁되는 길이다.
다른 하나는 먼저 배역 오디션을 통해 감독에게 발탁되어 출연하는 경우다. 그러고 나서 작품으로 눈에 띄어 기획사에 발탁되는 길이다.
그대는 새싹인가? 꽃인가?

각 오디션에서 찾는 인물은 어떤 것이라고 지금까지 말했다. 어느 오디션을 먼저 통하는 게 자신에게 유리할지 한번 잘 생각해보기 바란다.

인맥을 만들고 싶은가? 그렇다면 오디션이 그 시작이다.

4

신인의 성공비법 :

훌륭한 상품이 되고 싶다면
먼저 인간이 되어라

싹수는
싸가지에서 보인다

가수든, 배우든, 개그맨이든 지망생은 넘치고 넘친다. 이런 수요를 소화하기 위해 자사 홈페이지를 통해 매주, 혹은 격주로 요일과 시간을 정해두고 정기적으로 신인 발굴 오디션을 보는 기획사가 많다.

가수 기획사라면 가수가 되고자 하는 지망생들로 오디션 현장에는 매주 수십 명이 몰린다.

배우 기획사도 마찬가지다. 거의 한 주도 빠짐없이 지망생들이 지원서를 낸다.

개그맨도 마찬가지다. 방송사에서 공개채용 공고를 내면 수백 명이 몰린다. 개그맨 기획사에도 수시로 지망생들이 찾아온다.

이런 지망생들에게서 기획사가 가장 먼저 보고자 하는 것은 무엇일까?

혹은 이런 신인들에게서 감독들이 가장 먼저 보고자 하는 면모는 무엇일까?

앞서 연예인에게 필요한 자질을 한마디로 말해보라고 한다면 그것은 '끼'라고 했다.

그렇다면 볼 것 없다. 감독이든, 매니저든 간에 지망생, 혹은 신인에게서 가장 먼저 보고 싶은 면모는 '끼'다.

하지만 끼는 타고나기에 사실 누구나 하나씩은 가지고 있다고 했다. 활발하면 활발한 대로, 조용하면 조용한 대로 지구상에 존재하는 인류의 수만큼 존재하는 게 끼라고 했다.

감독이나 매니저는 이런 끼 중에 어떤 끼를 지망생에게서 보고 싶어 할까?

그래서 앞서 강조한 것이 또 있다. 아무리 좋은 끼라도 연예인의 끼로 길러지지 않으면 그냥 평범한 일반인의 끼로 멈춰질 뿐이라고. 연예인으로서의 상품 가치가 있는 끼로 길러져야 연예인이 될 수 있다고.

즉, '타고난 끼'를 '길러진 끼'로 바꿔야 비로소 연예인이 될 수 있다고 했다.

감독이나 매니저가 지망생에게서 찾고자 하는 것은 이런 끼다. 그렇다면 끼는 끼되 두 가지라고 할 수 있다.

'타고난 끼' 와 더불어 '길러질 끼' 라는 것.

이 두 가지의 끼란 대체 무엇일까?

끼란 '언젠가는 뜰 싹수가 보이는 매력' 이라고 했다.

바로 이 '싹수' 라는 말에서 '타고난 끼' 와 '길러질 끼' 가 무엇을 의미하는지 구체적으로 알 수 있다. '싹수' 에는 이 두 의미가 모두 들어있다. 신기하게도 그것은 사전에 잘 나와 있다.

먼저 '타고난 끼' 를 뜻하는 '싹수' 다.

사전을 보면 '싹수' 란 '어떤 일이나 사람이 앞으로 잘될 것 같은 낌새나 징조' 라고 되어 있다.

'타고난 끼' 란 바로 이런 '싹수' 를 두고 하는 말이다. 즉 감독이나 매니저는 지망생에게서 '어떤 일이나 사람이 앞으로 잘될 것 같은 낌새나 징조' 를 보고 싶어 한다는 것이다.

타고난다는 것은 새싹을 의미한다고 할 수 있다. 새싹은 파래야 한다. 그래야 앞으로 잘 자랄 수 있다. 그 반대일 때는 '싹수가 노랗다' 고 한다. 파래야 할 새싹이 벌써 노라니 앞으로 피지 못하고 지게 된다는 소리다.

지망생에게서 보고 싶은 면모는 이런 새파란 싹수다.

두 번째 '길러질 끼'를 뜻하는 '싹수'다. 재미있게도 이것 또한 역시 사전에 나와 있다.

사전을 좀 더 보면 '싹수'와 같은 뜻으로 쓰이는 강원도와 전라도 사투리가 하나 더 있다고 되어 있다. 그것은 바로 '싸가지'다.

신기하지 않은가. '싸가지'가 '싹수'와 같은 뜻이라는 게.

지금 당장 인터넷으로 '싸가지'를 검색해보라. 분명 이렇게 나와 있을 것이다. '어떤 일이나 사람이 앞으로 잘될 것 같은 낌새나 징조'라고. 그리고 '싹수'와 같은 뜻이라고.

하지만 우리는 일상생활에서 싸가지를 무슨 뜻으로 사용하는가? '예의범절'아닌가. "쟤는 싸가지가 없어"라는 말은 "쟤는 예의가 없어." 혹은 "쟤는 에티켓이 없어." 혹은 "쟤는 매너가 없어."라는 뜻으로 사용한다.

감독이나 매니저가 지망생에게서 찾고자 하는 '길러질 끼'란 바로 이런 예의범절과 같은 의미의 '싸가지'다.

"될 성싶은 나무는 떡잎부터 안다"는 속담이 있다.

아무리 타고난 끼가 넘치더라도 그것을 길러낼 수 있는 재목감이 아니라면 말짱 도루묵이다. 그런 재목감인지 아닌지는, 즉 싹수가 있는지 없는지는 싸가지가 있고 없고로 알 수 있다. '예의' 라고 할 수 있는 '인간됨됨이로서의 싸가지' 말이다.

왜? 타고난 싹수는 싸가지가 있어야 길러지기 때문이다.

다시 한 번 말하지만 싹수는 곧 싸가지다. 사전에도 그렇게 나와 있다.

정리하면 이렇다.

감독이나 매니저가 지망생에게서 보고 싶어 하는 것은 '싹수' 다. 그것은 '타고난 끼' 로서의 '싹수' 와 '길러질 끼' 로서의 '싸가지' 다.

즉 '언젠가는 뜰 싹수가 보이는 매력' 과 '언젠가는 뜰 싸가지가 보이는 매력' 이다.

타고난 싹수와 길러질 싸가지.

누구나 타고난 끼는 있다. 중요한 것은 연예인의 끼로 길러야 한다는 것.

그렇다면 해답이 나왔다. 연예인이 되고자 한다면 먼저 무엇이 있어야 되겠는가?

싸가지다. 예의다. 길러져야 하니까.

감독이나 매니저는 지망생에게서 가장 먼저 이것부터 보고 싶어 한다.

가수 지망생들이 밤낮없이 땀을 흘리는 기획사의 연습실을 한번 가보라. 보는 사람마다 지망생들이 "안녕하세요?", "수고하셨어요." 허리 굽혀 인사한다. 개그맨이나 연기 연습실도 마찬가지다. 귀가 따가울 정도다.

연예인의 세계에서는 특히 이런 예의, 이런 싸가지를 매우 중요시한다.

왜 그럴까?

싸가지는 한편 '남을 배려하는 마음'이라고 할 수 있다. 연예인이란 바로 이런 배려심이 매우 필요한 직업이기 때문이다.

지금부터 여기에 대해 찬찬히 살펴보겠다.

이런 배우 지망생이 있다.

"교수님, 배우가 되고 싶어요."

"그래, 오디션은 좀 봤니?"

"몇 번 봤는데 번번이 떨어져서 작년부터 안 보고 있어요."

"몇 번 봤는데?"

"뭐, 서너 번 정도요."

"단편영화나 연극은 해봤니?"

"아직 제 실력도 어느 정도인지 모르는데 감히 거기까지는……."

"기획사는 좀 구해봤니?"

"아뇨. 아직 시간 여유도 없고, 제가 준비도 안 된 것 같아서……."

"그러면 배우가 되기 위해 무슨 노력을 하고 있니?"

"그래서 일단 연기력부터 쌓으려고 두 달 전부터 연기 과외지도를 일주일에 세 번 정도 받고 있어요. 엄마가 형편이 어렵지만 제가 졸랐더니 수강료를 주셨어요."

"그 외에 다른 노력은?"

"그 외에 다른 노력이라뇨?"

배우가 되기 위해서는 연기를 잘 해야 한다. 그래서 많은 지망생들이 가장 먼저 손쉽게 떠올리는 방법이 연기지도를 받는 것이다. 개인 과외교습도 그 중에 하나다.

그러나 이런 개인 과외지도가 과연 능사일까? 과연 혼자 연기지도를 받는다고 해서 연기란 무엇인지 진정 깨달을 수 있을까?

싸가지를 말하다가 뜬금없이 이건 또 무슨 말이냐고 할 수 있을 것이다. 그렇지 않다.

연기란 축구와 같다.

스포츠는 누구와 함께 하느냐에 따라 두 종류로 나눌 수 있다. 하나는 혼자 하는 종목이고, 다른 하나는 여러 사람이 함께 하는 종목이다.

혼자 하는 스포츠는 김연아의 피겨스케이팅이 그 예다. 이런 종목은 혼자 잘 하면 된다.

하지만 여러 사람이 함께 잘 해야 하는 스포츠가 있다. 예를 들면 축구다. 축구는 혼자 잘 한다고 되는 게 아니다. 한 팀을 이루는 11명이 모두 잘 해야 한다. 만약 내가 못하면 같은 팀의 다른 선수도 페이스를 잃게 된다. 공을 패스해 줄 때는 패스해 주며 서로 도와야 한다. 축구에서 가장 중요한 것이 이처럼 서로 간의 호흡이 척척 맞는 화합과 조화다.

연기라는 게 이처럼 축구와 같다. 여러 출연자와 함께 한다. 혼자 잘 한다고 되는 게 아니다. 대사를 주고받는 서로가 모두 잘해야 한다. 호흡이 척척 맞는 화합과 조화가 중요하다.(물론 모노드라마라고 해서 혼자 하는 연기도 있지만 예외다.)

축구를 잘하기 위해서 개인 과외지도를 따로 받을 수도 있다. 그래서 실력이 향상될 수도 있다. 그러나 이것은 어디까지나 혼자만의 기능적인 기술일 뿐이다. 아무리 혼자 공 놀리는 기술이 뛰어나면 뭐하는가, 정작 축구경기에서는 11명의 공동 호흡이 중요한데 말이다.

　개인 발재주가 뛰어난 사람을 보고 싶은가. 그러면 장기자랑 대회를 보면 된다. 프로 축구선수들은 그런 재주를 부릴 줄 모른다. 그들은 축구장에서 팀이 하나로 조화를 이룰 수 있도록 각자 맡은 포지션에서 최선을 다할 뿐이다.

　함께 뛰는 축구는 함께 뛰는 연습이라야 효과적이다. 함께 줄 서서 뛰며 몸 풀고, 함께 패스를 주고받으며 호흡을 맞추어야 한다. 그러다보면 함께 뛰는 사람들의 장단점도 서로 알고 이해하게 되고 그만큼 공도 잘 주고받을 수 있게 된다. 각자 맡은 포지션에서 제 역할을 소화해내는 훈련이 무엇보다 중요하다. 혼자 연습한다고 되는 게 아니다.

　연기 연습도 마찬가지다. 함께 해야 한다. 축구공처럼 서로 대사를 주고받으면서 상대의 호흡에 맞추는 연습을 해야 한다.

　연기력이라는 건 단순히 하나의 기술인 게 아니다. 다양한 능력들이 하나로 응집되어 나오는 매우 독특한 능력이다.

　예를 들어 개인이 아무리 기능적으로 뛰어난 연기기술을 가졌다 하더라도 막상 무대나 카메라 앞에 섰을 때 다른 출연자들과 호흡도 맞추지 못하고, 또 담력이 약해 벌벌 떨기만 한다면 그까짓 연기기술이 무슨 소용이겠는가. 받을 줄 알아야 줄 수도 있는 것이 대사다.

연기라는 것은 감정곡선을 살려나가는 일이다. 그 감정이란 처음에 잡기도 어렵지만, 일단 한번 잡았다면 끊어지지 않게 연속적으로 끌고 나가는 게 중요하다. 이런 감정곡선은 혼자만 잡는다고 되는 게 아니다. 함께 출연하는 모든 배우가 동시에 잡고, 끊어지지 않도록 서로 배려하며 함께 유지해 나가야 한다. 만약에 누구라도 NG가 나게 되면 함께 하는 모든 배우들의 감정곡선도 동시에 끊어지게 된다.

연기감정이란 게 그렇다. 10초짜리 연기를 하더라도 그 10초의 감정을 잡기 위해서는 사전에 10분 이상의 워밍업이 필요하다. 우는 연기를 하든, 웃는 연기를 하든, 기쁜 연기를 하든, 슬픈 연기를 하든, 화난 연기를 하든 그 감정을 잡기 위해서는 그 전에 미리 감정을 잡아야 한다. 화내는 연기라고 해서 금방 화를 낼 수 있는 게 아니다.

그런데 NG가 났다고 생각해보라. 배우뿐만 아니라 그때까지 긴장하고 있던 감독, 음향, 조명, 카메라 등 다른 모든 스태프까지 NG가 나게 된다. 한순간에 맥이 풀리고 다시 촬영을 하기 위해서는 또 그만큼의 워밍업 시간이 필요하게 된다.

연기란 것은 순간순간의 감정들을 잡아서 이어나가며 발산하는 것인데 그 맥이 끊긴다고 생각해보라. 감정을 다시 잡자면 또 처음부터 다시 시작해야 한다.

이처럼 연기에서 중요한 게 팀워크이다. 여러 사람과의 조화다.

앞서 연기란 무당의 작두타기와 같다고 했다. 한번 작두를 타기 시작했으면 끝까지 잘 타야 한다. 만약에 도중에 페이스를 잃게 되거나 그래서 한 번이라도 삐끗하는 실수를 하게 되면 어떻게 되는가. 칼에 베이게 된다. 피가 나게 된다.

연기란 이런 공동의 호흡이다.

그런데 혼자 과외지도를 받으며 이런 연기력을 쌓아나가겠다고? 함께하는 상대도 없이 말이다. 만약에 연기계통 대학입시를 준비하기 위한 것이라면 모르겠다. 왜냐, 입시 실기시험은 혼자 보는 것이기 때문이다.

축구가 함께 뛰는 종목이기 때문에 함께 연습을 해야 하듯이, 연기도 함께 하는 종목이기 때문에 함께 연습을 해야 한다.

그래서 연기에 있어 최고의 연습장은 실전이다. 공연이나 상영이라는 목표를 두고 다함께 준비하는 과정에 참여하는 것이다.

중고등학생이라면 학교에서 하는 동아리 연극에 참여하는 게 그 예다. 학예발표회도 상관없다. 단편영화에 출연해보는 것도 좋은 연기연습이 된다. 단역이라도 영화나 드라마에 출연하는 것도 좋다. 이런 실전경험을 통해 알게 모르게 터득하게 되는 것이 연기력이다.

연기의 감정곡선이란 것은 촬영장의 분위기에 따라 때로 바뀌기도 한다. 그래서 연기란 주변 분위기를 잘 타는 능력이기도 하다. 이런 분위기를 타는 연습을 어디서 한단 말인가. 촬영장 외에는 없다. 공연장 외에는 없다.

연기력도 연기력이지만 긴장하지 않는 뚝심도 중요하다. 그래야 연기가 나와도 나온다. 그래서 지망생이라면 오디션을 많이 보는 것도 좋다. 사람 앞에서 떨지 않는 배포를 기르는 데 이 이상 좋은 연습장도 없다. 게다가 다른 경쟁자들의 실력을 보다보면 나 자신에게 부족한 점이 무엇인지 스스로 깨닫게 되기도 한다. 그래서 기획사에서는 이런 목적으로 신인을 오디션에 한 번이라도 더 내보내기도 한다.

배우가 되겠다면 이런 실전경험을 쌓아가는 것이 곧 연기력을 향상시키는 지름길이다. 이 모든 것을 뒤로 미루고 먼저 개인 과외지도부터 받겠다는 발상은 진정 연기란 무엇인지를 깨닫는 것과는 거리가 멀다.

물론 개인 과외지도도 필요하다. 그러나 어디까지나 실전을 경험하다가 절감하게 되는 자신의 한계가 있을 때 말이다. 그런 자신의 부족한 부분을 고치고자 보조적으로 과외지도를 받고자 할 때 말이다. 그런 경우라면 얼마든지 권한다. 그러나 자신에게 부족한 게 무엇인지도 모르고 대뜸 연기지도부터 받겠다는 것은 주객이 전도된 꼴이다.

앞서 나는 배우 지망생에게 이렇게 이어서 말해주었다.

"배우가 되기 위해 개인 연기지도를 받는 것도 좋다. 그러나 연기란 혼자 하는 게 아니란다. 여러 사람과 함께 해나가는 공동작업이란다. 서로 함께 호흡을 맞추는 게 무엇보다 중요하단다. 사람은 혼자 일하는 게 체질에 맞는 사람이 있고, 공동으로 일하는 게 체질에 맞는 사람이 있단다. 너는 어느 쪽이니? 혼자 잘해야 하는 일은 개인레슨이 효과적이겠지. 그러나 공동으로 잘해야 하는 일이라면 먼저 네 자신이 그런 일에 체질이 맞는지부터 점검해볼 필요가 있지 않을까 한다. 내가 볼 때 네가 배우가 되고 싶다면 먼저 연극이나 단편영화에도 출연해보고 또 오디션도 많이 보는 게 어떨까 한다. 그래서 여러 사람과 함께 일하는 게 무엇인지, 그래서 필요한 자질이 무엇인지 깨닫는 게 우선 필요하지 않을까 한다. 개인레슨은 그 다음이고 말이다. 내가 말하는 배우로서의 노력은 이런 거란다."

공동작업이기에 서로 간의 호흡이 중요한 것은 비단 배우에게만 해당되는 것이 아니다. 가수나 개그맨도 마찬가지다.

일반적으로 연극이나 뮤지컬, 영화, 드라마, 쇼, 코미디 등과 같은 대중예술을 종합예술이라고 한다. 출연자뿐만 아니라 수많은 스태프가 함께 공동으로 작업해 하나의 작품을 완성하기 때문이다.

이런 공동작업에서 필요한 것이 팀워크이다. 함께 하는 사람들과 호흡해 나가는 것.

그래서 중요한 것이 '남을 배려하는 마음'이다. 이런 마음이 바로 '싸가지'다.

연예인의 세계에서 싸가지를 중시하는 이유가 바로 여기에 있다. 공동작업의 세계이기 때문이다.

음악이든, 연극이든, 무용이든, 국악이든 공연을 목적으로 하는 예술계나 경기를 목적으로 하는 체육계는 공동체의식이 매우 중요하다. 그래서 단원들 간에는 나름대로 이어져 내려오는 훌륭한 팀 전통이 있다. 공연이나 경기를 함께 하는 단원들이 서로를 배려하는 전통.

선배가 있으니까 후배가 있다. 후배가 있으니까 선배가 있다. 그리고 함께 울고 웃는 동기가 있다. 서로 배우고 맞춰나가는 게 공동작업이고 종합예술이다.

한 배를 타고 가자면 그에 걸 맞는 규율이 필요하기 마련이다. 그걸 지키는 예의가 싸가지다.

예를 들어, 오케스트라 공연에서 트럼펫 연주자가 혼자만 돋보이겠다고 욕심을 부린다면 어떻게 되겠는가?

또, 개그 공연을 하는데 상대 개그맨의 호흡은 무시하고 혼자만 대사를 튀게 한다면 좋은 공연이 될 수 있겠는가?

또, 음악밴드 연습시간에 맞춰 모두 왔는데 키보드 악기를 맡은 한 명이 아직 안 왔다면 어떻게 되겠는가? 연습을 시작할 수 있겠는가?

또, 그동안 함께 고생하며 준비해온 뮤지컬 공연이 드디어 내일로 닥쳤는데 배우 중에 한 명이 심경이 변했다며 무책임하게 자신은 공연에서 빠지겠다고 하면 어떻게 되겠는가?

또, 영화 촬영을 배우가 수시로 펑크 낸다면 그 팀의 분위기는 어떻게 되겠는가?

또, 아이돌그룹 가수 멤버 중에 한 명이 수시로 연습을 빠진다면 어떻게 되겠는가? 또 동고동락해야 할 멤버들과 잘 어울리지 못하면 팀은 어떻게 되겠는가?

공동작업에서 개인에게는 그만큼 맡은 역할에 대한 책임감이 중시된다. 그 책무를 다하고자 하는 마음, 그것이 싸가지다. 연예인이 되겠다면 이런 싸가지가 먼저다.

일단 어울릴 줄 알아야 뭘 해도 할 수 있기 때문이다.

감독이나 매니저가 지망생이나 신인에게서 가장 먼저 보고 싶은 것이 바로 이것이다. 그래야 싹수가 보이기 때문이다.

연예인을 꿈꾸는 그대여,

연예인이란 물론 자신만의 독특한 재주가 중요하다. 하지만 이런 재주는 혼자 키워나갈 수 있는 게 아니다. 여러 사람의 도움을 받아야 한다.

그대가 아무리 '타고난 싹수'가 있다고 해도 '길러질 싸가지'가 없으면 열매를 맺을 수가 없다. '길러질 싸가지'란 '남들의 도움을 받을 수 있는 싸가지'를 말한다. '여러 사람들과 함께 해나갈 수 있는 겸손한 의지'를 말한다. 그러자면 일단 예의를 갖추고 볼 일이다.

그대를 발탁하고자 하는 사람들이 가장 먼저 보고자 하는 것이 이런 예의다. 함께 어울릴 수 있는 싸가지다. 재주가 있고 없고는 그 다음이다.

싹수와 싸가지는 다르지 않다. 같은 것이다.

어떤 일이나 사람이 앞으로 잘될 것 같은 낌새나 징조.

특히 첫인상은 예의가 결정한다.

훌륭한 상품이 되고 싶다면
먼저 인간이 되어라

내가 방송사 PD를 그만 두고 대학 교수로 옮긴 어느 날, 알고 지내던 배우 매니저로부터 전화가 왔다.

"그동안 잘 계셨습니까? 학교는 재미있으십니까?"

"네, 반갑네요. 웬일이세요?"

"다름이 아니라 제가 알고 있는 지망생들이 좀 있는데 그중 한 명이 마침 거기 학과에 다닌다고 해서 겸사겸사 전화했습니다."

"그래요? 누군데요?"

"OOO라고, 거기 학생 맞나요?"

"네, 맞아요. 그 학생 제가 알아요. 지금 3학년인데?"

"네, 그 학생이 안 그래도 3학년이래요. 거기 다니는 학생 맞구나. 그래서 이 학생에 대해 좀 물어보려고요. 그 학생 어때요? 성적은 좋은가요? 걔 말로는 교양과목 성적은 그저 그렇지만 전공과목은 전부 A학점 이상이라는데 맞나요? 학교는 성실히 잘 다녀요? 평소 생활도 어떤지 좀 궁금하고요."

"근데 뭣 때문에 그러시죠?"

"사실 오늘 제가 전화 드린 건 이 학생한테는 비밀로 좀 해주세요. 이번에 저희 회사에서 신인을 한 명 계약하려고 하거든요. 그동안 지켜본 애들 중에 이 학생이 제일 괜찮은 것 같아서 좀 여쭤보려고요. 마침 교수님이 거기 계셔서."

세상에는 사람이 저리 많다 싶지만 막상 필요한 사람을 구하려고 하면 이게 또 그리 쉽지가 않다. 사람 한 명 고른다는 게 참 어렵다. 이것저것 재지 않을 수 없고 그렇게 하다보면 점점 더 어려워지는 게 선택의 문제다.

연예인이 되고자 하는 지망생이 좋은 기획사를 구하고 싶듯이, 연예인을 길러내고자 하는 기획사도 좋은 신인을 구하고 싶기는 매한가지다. 막상 신인 한 명을 선택하자면 위의 매니저처럼 주저하게 되고 이것저것 더 알아보게 되는 것이 인지상정이다.

기획사가 키울 신인 한 명을 이리 고민 저리 고민하는 동안 한편, 반대편의 지망생은 이런 하소연을 하게 된다.

"교수님, 작년부터 8개월째 어떤 배우 기획사에 연습생으로 있거든요. 소속 배우도 많고 사장님도 평이 좋아서 그 기획사에 꼭 들어가고 싶은데 아직 계약을 안 해줘요. 그 기획사에서 알선해주는 오디선도 보고 연기 연습도 시키는 대로 하고 있는데 말이죠. 저와 같이 연습생을 시작한 다른 애는 지난달에 계약했는데 말이죠. 어떡해야 될지 모르겠어요. 계속 이 회사에서 연습생을 해야 할지……."

기획사나 지망생이나 결정 난 게 없으면 답답하기는 마찬가지다.

연예인이 되고자 한다면 당연히 연예인으로서의 재능이 중요하다. 기획사에서 연습생을 지켜보면서 아직 계약을 하지 못하고 있다면 이런 재능에 대한 확신이 안 섰기 때문일 공산이크다.

그러나 지망생 본인은 재능이 충분하다고 생각하는데 기획사가 여전히 연습생으로만 지켜보고 있다면 그것은 또 무엇 때문일까?

혹시 이런 이유는 아닌지 한번 냉철하게 자신을 되돌아 볼 필요도 있다. 그것은 위의 매니저가 나에게 물어보고자 한 것이다. 바로 인간성이다.

앞서 기획사와의 계약은 결혼과 같다고 했다. 결혼을 하기 위해 정말 중요한 것은 무엇인가?

흔히 결혼을 하기 전에 연애를 한다. 연애단계에서 필요한 것은 상대의 이성적인 매력이다. 그러다가 결혼을 결심하게 만드는 결정요인은 따로 있다. 바로 인간성이다. 이성적인 매력에 끌려 연애를 하다가 어느덧 인간적인 매력이 보이게 되면 결혼을 생각하게 된다.

연습생으로 기획사에서 지망생을 받아들였다는 것은 이성적인 매력이 보여 연애를 하려는 것과 같다. 그러나 계약까지 가자면, 즉 결혼까지 가자면 그때부터 중요해지는 것은 인간성이다.

연애는 쉽게 할 수 있을지 모르지만, 결혼은 쉽게 하질 못한다. 이성적인 매력에 끌리는 데는 대개 긴 시간이 필요하지 않다. 한순간에 반하기도 한다. 그러나 인간성에 끌리는 데는 긴 시간이 필요하다.

열 길 물속은 알아도 한 길 사람 속은 모른다는 말이 있다. 막상 결혼을 하자면 그때부터 궁금해지는 것이 한 길 사람 속이다. 기획사가 막상 계약을 하고자 마음먹으면 그때부터 확인해보고 싶어지는 것이 감춰진 한 길 사람 속이다.

앞서 배우 매니저가 계약하고자 하는 학생에 대해 내게 전화로 물어본 것도 이런 심정에서다. 정말 계약은 결혼과 같기 때문이다.

다음 사례를 보면 또 금방 이해된다.

내가 현직 PD시절에 고등학교 친구로부터 전화를 받았다.

"잘 지내니? PD생활은 재미있고?"

"그래, 반갑다. 웬일이니? 네가 전화를 다 주고."

"네가 마침 SBS에 근무한다고 해서 좀 물어볼 것도 있고 해서 겸사겸사 전화했다."

"그래?"

"내가 알게 된 사람 중에 000가 있는데 알고 봤더니 거기 SBS PD로 근무했다네? 그런 사람 있니? 3년 전까지 거기 근무하다가 그만 두고 지금은 무슨 외주제작 PD인가, 뭐 그런 걸 한다는데. 프로그램도 000와 0000를 했다는데 맞니?"

"근데 뭣 때문에 그러지?"

"응, 좀 이상하게 들리겠지만 오늘 내가 전화한 건 비밀로 해주라. 사실 이번에 내 여동생이 결혼하거든. 그래서 지난주에 남자를 집에 데리고 왔는데 지금 네게 묻는 이 남자란다. 마침 네가 거기 근무한다는 게 생각나서 이 남자에 대해 좀 물어보려고."

어떤가? 앞서 배우 매니저나 고등학교 친구나 뭐가 다른가? 결혼이나 계약이나 그 마음은 같다.

연예계는 소개로 시작해서 소개로 끝난다. 늘 새로운 일과 새로운 사람들이 모였다가 흩어진다. 수많은 사람들과 그물처럼 복잡하게 얽힌 네트워크의 세계다. 일이든, 사람이든 끊임없이 서로 소개 받고 서로 소개해준다.

내가 모르는 틈에 나에 대해 다른 사람들의 입에 쉴 새 없이 오르내린다. 지금 이 순간에도 나에 대해 무슨 말이 오갈지 모른다. 실력이 있고 없고도 물론 오르내리겠지만 그와 더불어 인간성이 좋고 나쁘고도 함께 오르내린다.

연예인이 되고자 한다면 인간성이 중요하다. 그 이유는 뭘까?

여러 가지가 있지만 예를 들면 이런 것도 있다.

배우 기획사의 입장을 한번 생각해보자.

기획사가 신인을 새로 계약했다고 해서 실전에 바로 투입할 수 있는 건 아니다. 처음에는 신인의 역량을 키워야 한다. 그래서 오디션에도 자꾸 내보내고, 단역이라도 출연 기회를 잡으려 이리 뛰고 저리 뛴다. 연기력이 부족하면 연기지도를 따로 시키고, 성형할 부분이 있으면 성형수술도 따로 시킨다. 뿐만 아니라 예의범절이나 촬영장의 메커니즘, 사람들을 만날 때의 표정관리 등 연예인으로서 필요한 소양도 가르친다.

한편 방송, 영화, 광고 등 관계자들에게 신인을 또 소개시키며 알리기도 한다. 신인을 관계자와 직접 대면시켜 소개할 수도 있고, 프로필 사진을 보여주며 간접적으로 소개할 수도 있다.

소개시킨다는 것도 그렇다. 기획사 매니저가 이렇게 관계자를 만나 신인을 소개할 수 있는 것도 사실 그냥 되는 게 아니다. 매니저가 그동안 지금 이 자리에 올라오기까지 관계자들과 부단히 노력해 쌓은 친분이 있기에 가능한 것이다. 그런 인맥 네트워크의 힘을 활용하는 것이다. 알고 보면 노력의 결실이고 매니저의 재산이다.

키우는 신인을 친분 있는 관계자들에게 새로 소개한다는 것은 한편 매니저로서의 자존심이 걸린 문제이기도 하다. 감독에게 당연히 이런 말이 듣고 싶어서다.

"역시 000 사장님의 눈은 살아있네요. 어디서 이런 보물을 건졌어요?"

적어도 야심을 가진 매니저라면 '스타 제조의 마이다스'라는 소리를 듣고 싶어 한다.

다시 한 번 말하지만 사정이 이런 데 신인을 함부로 뽑을 수 있겠는가.

그렇게 온갖 공을 들이다보면 2~3년이 금방 지나간다. 그러다가 어느 날 한 영화에 조연으로 출연했는데 이게 운명적으로 대박을 쳐 드디어 신예스타로 떠오른다. 소위 걸린 것이다. 그와 더불어 기획사도 그동안 몇 년에 걸쳐 공들인 모든 노력과 투자를 보상받을 기회를 잡게 된다.

그런데 여기서 또 묘한 일이 생긴다. 연예계는 소개로 시작해서 소개로 끝난다고 했다. 신인이 뜨자마자 갑자기 다른 기획사들이 이 신인에게 수많은 러브콜을 몰래 보내는 게 아닌가. 그러다가 어느 날 기획사에게는 날벼락이 떨어진다. 이 신인이 다른 기획사로 소속을 옮기겠다는 것이다.

자, 이럴 경우 그동안 이 신인을 키운 기획사 입장에서는 어떻게 되겠는가? 망연자실할 수밖에 없다.

기획사가 신인을 계약하면서 가장 두려워하는 것이 이런 배신이다.

기획사 사장이라면 이 자리에 올라오기까지 온갖 산전수전을 겪을 만큼 겪은 사람이다. 그동안 내상도 숱하게 입은 사람이다. 인간이란 존재가 무엇인지 나름대로 터득한 게 있는 사람이다.

그래서 똑똑한 기획사는 아무리 지망생의 재능이 좋다고 해도 그것 하나만 보고 선뜻 계약을 하지 않는다. 이 세상에는 연예인의 끼와 재능을 가진 사람은 많다. 그중에 최종 한 명을 선택하도록 만드는 그 무엇 하나가 분명하게 보일 때까지 재고 또 잰다. 바로 인간성이다.

이것은 비단 배우 기획사뿐만 아니라 가수나 개그맨도 마찬가지다. 실컷 키워놓고 남 좋은 일 할 수는 없다.

지망생을 계약하고자 할 때 기획사에서 따지는 것은 두 가지다.
첫째는 상품성이고, 둘째는 인간성이다.
연예인은 상품이다. 그러나 상품으로 거래되는 것은 대중에게만 해당되는 것이다. 함께 일하는 기획사 사람들에게는 상품 이전에 인간이다.
연예계는 내일을 점치기 어려운 숲과 같은 세계다. 이런 불확실한 숲의 세계일수록 중요한 것이 그 어떤 난관에 부딪쳐도 흔들리지 않고 서로 이해하고 함께 헤쳐 나갈 수 있는 인간적 믿음과 의리다.
방송사의 시상식이나 영화제에서 하는 연예인들의 수상소감을 들어보라. 소속 기획사 사람들을 뭐라고 부르는가. 눈물을 펑펑 흘리며 '가족'이나 '식구'라고 부르며 감사하다고 말한다.
어려운 환경일수록 절실한 가치가 인간성이다.

연예인을 꿈꾸는 그대여,

그대는 상품성이 탁월한가? 그렇다면 그것을 키울 수 있는 것은 그대의 인간성이다. 키운 상품성에 대해 보상을 받을 수 있다는 그대의 인간성이 보여야 남들은 그대를 선택한다.

좋은 인간성만큼 좋은 무기도 없다.

지금까지 연예인을 '배우(俳優)'라는 한자를 통해 알아보았다. 이제 연예인이란 무엇인지 '배우(俳優)'라는 한자를 통해 마지막으로 정리해보겠다.

'배(俳)'자는 '사람 인(人)'변에 '아닐 비(非)'로 구성되어 있다고 했다. 사람이 아니라는 소리다. 그러면 무엇인가? 그것은 '배(俳)'자의 뜻으로 알 수 있다고 했다. '어정거리다', '배회하다', '방황하다', '노닐다' 등이다. 즉 배회하고 노니는 상품이라고 했다. 이것이 첫째 연예인의 상품성이다.

그런데 '우(優)'자를 보면 배우가 또 무엇인지 마지막으로 알 수 있다. '우(優)'자는 '넉넉할 우(優)', '도타울 우(優)', '품위 있을 우(優)', '후덕할 우(優)', '부드러울 우(優)'……이런 많은 뜻이 있다.

그런데 신기하게도 이런 '우(優)'자에 없는 뜻이 하나 있다.

그것은 '아름답다', '예쁘다', '외모가 출중하다' 처럼 외모에 관한 것은 없다. 만약에 아름다워야 배우가 될 수 있다면, '배우(俳優)'가 아니라 '배미(俳美)'라고 했을 것이다. 그런데 그렇지 않다. 왜? 연예인은 외모가 중요한 게 아니기 때문이다.

그런데 더욱 재미있는 것이 있다. 사실 이 '우(優)'자는 학교 성적을 매길 때 사용하던 '수(秀) 우(優) 미(美) 양(良) 가(可)'의 '우(優)'와 같은 한문이다. 여기서 '수(秀)'는 '빼어날 수(秀)', '뛰어날 수(秀)'다. 최고라는 뜻이다. 만약에 최고로 빼어나거나 뛰어나야 배우가 될 수 있다면, '배우(俳優)'가 아니라 '배수(秀)'라고 해야 했을 것이다. 그런데 그렇지 않다. 제일 좋은 '빼어날 수(秀)'가 아니라 두 번째로 좋은 '후덕할 우(優)'를 굳이 쓴다. 1등(秀)보다 하나 낮은 '우(優)'자를 쓴다. 왜 그럴까? 배우는 최고로 빼어나거나 뛰어난 재주가 또 중요한 게 아니기 때문이다. 남들보다 뛰어나거나 빼어난 사람이 하는 게 배우가 아니라는 것이다.

'수(秀) 우(優) 미(美) 양(良) 가(可)' 중에 빼어날 '수(秀)'와 아름다울 '미(美)'가 아니라 '우(優)'자를 쓰는 것은 그저 남들보다 최고로 뛰어나고, 또 잘 생기고 예쁘다고 해서 배우가 될 수 있는 게 아니라는 소리다.

그러면 배우에게 필요한 것은 무엇인가? 그것은 이미 말했다. '우(優)'의 뜻에 모두 있다. 넉넉하고, 도탑고, 품위 있고, 후덕하고, 부드러운 사람이라야 배우가 될 수 있다는 것이다. 노닐고 배회하는 직업이지만 넉넉한 교양과 도타운 품위를 가져야 배우이고 곧 연예인이라는 것이다. 바로 인간성이다.

참으로 신기하지 않은가. 인간이 아니라고 하면서(俳) 또 인간이 되어야 한다(優)는 게 배우(俳優)라는 단어의 뜻이라는 게 말이다.

연예인을 꿈꾸는 그대여,
지금 이 시간에도 그대가 모르는 등 뒤에서 누군가 그대에 대해 말하고 있을지 모른다.

다른 건 몰라도 인간성에 대한 평판만큼은 잘 가꾸어야 한다. 평판은 목숨을 팔아서라도 지켜야 할 재산이다. 아무리 재능이 산처럼 커도 인간성이 받쳐주지 못하면 더 이상 재능이 아니다.

사람은 산에 걸려 넘어지는 게 아니라 돌부리에 걸려 넘어진다. 사소한 인간성의 결함이 전체 재능을 키울 기회를 망치게 할 수도 있다.

제대로 스타를 만들고자 하는 제대로 된 기획사는 인간성을 가장 중시한다.

제대로 된 기획사를 만나고 싶은가? 그렇다면 상품성 이전에 인간성이다.

방송, 영화, 광고든
제작시스템을 미리
알아두는 센스

흔히 배우 지망생이라면 이런 생각을 하기 쉽다.

'연기만 잘하면 되지 않는가? 그래서 감독에게만 잘 보이면 되는 것 아닌가.'

그렇지 않다.

지금부터 그 이유를 살펴보겠다.

앞서 '신인이라면 재능이 아니라 싸가지가 무기'라고 했다.

신인의 입장에서 아무리 재능이 있다고 해도 싸가지가 없으면 그 재능을 보여줄 기회가 막상 왔을 때 잘못하면 망칠 수도 있다.

신인 배우가 드디어 처음으로 드라마 촬영을 하게 된 현장이라고 한번 생각해보자.

신인 배우에게 첫 촬영장이라는 곳은 매우 긴장되고 떨리는 곳이다. 그래서 아무리 연기 재능이 뛰어나더라도 잔뼈가 굵은 기성배우들의 연기력을 따라가기란 역부족이다.

또한 신인의 역할이란 대부분 단역이기 마련이다. 많은 씬들 중에 한 두 씬에 불과하기 마련이다.

그리고 촬영은 늘 시간에 쫓긴다. 스태프든, 출연자든 고된 촬영장에 있는 수십 명은 한 씬이라도 촬영이 빨리 끝나길 바라는 마음이 간절하다. 그래서 대개는 서두른다.

자, 이런 분위기에서 신인이 첫 촬영장에서 자신의 재능을 보여준다고 한들 과연 얼마나 보여줄 수 있겠는가? 풍운의 꿈을 안고 드디어 첫 촬영의 기회를 잡았지만 신인으로서 보여줄 재능이란 건 한계가 있을 수밖에 없다.

이런 때 다른 것 없다. 스태프나 기성 배우들에게 신인으로서 첫 눈에 보여줄 수 있는 것은 내가 얼마나 연기를 잘 하느냐라기보다 얼마나 예의가 바르냐다.

방송제작 현장은 늘 고되다. 그 고된 사람들에게 신인으로서 보여줄 수 있는 것은 재능보다 싸가지다. 내 몸이 피곤한데 신인에게까지 마음을 써줄 여력이 있는 사람은 드물다. 만약 그들이 첫인상에서 싸가지가 없는 신인의 모습을 보게 되면 그 사람에 대해 더 이상 알고 싶지 않은 것이 고된 방송제작 현장의 생리이다. 모두 고되고 힘들어 하는 방송제작 현장에서 신인이 보여줄 수 있는 것은 인간으로서의 어떤 싸가지다. 그 싸가지가 없어서, 또는 싸가지를 몰라서 재능을 미처 보여줄 기회를 망치는 신인들이 의외로 많다.

싹수라는 게 타고난다면 싸가지라는 것은 길러질 수 있다. '싸가지가 없다'는 소리를 듣게 되는 것은 대부분 몰라서 범하는 실수로 인해 그런 경우가 많다. 그래서 가르치고 배울 수 있는 것이 한편 싸가지다.

싸가지 실수를 범하지 않는 방법이 하나 있다. 그것은 바로 방송이든, 영화든, 광고든 제작시스템을 어느 정도 미리 알아두는 것이다.

신인이 실수하게 되는 이유 중 하나가 제작시스템을 몰라서 그런 경우가 알고 보면 의외로 많다. 연예인을 지망한다면 방송 제작과정이 어떻게 되는지 알아두는 센스는 기본이다.

촬영장이 어떻게 돌아가는지, 촬영은 어떻게 이루어지는지, 조명은 어떻게 비추고, 음향은 어떻게 녹음이 되는지 그 시스템을 알 필요가 있다. 스태프들만큼 전문적인 수준은 아니더라도 대강이라도 알면 적어도 싸가지가 없다는 소리는 안 들을 수 있다.

제작시스템을 알아야 하는 것은 연예인으로서 당연한 말이라고 할지 모르겠지만 지망생인 그대여, 과연 그대가 여기에 대해 얼마나 알고 있는지 한번 되짚어보길 바란다. 제작시스템을 몰라 범하게 되는 실수가 신인에게는 얼마나 큰 영향을 미치게 되는지 한번 생각해보았는가.

나는 현직 PD시절에 제작현장에서 이런 실수를 범하는 신인들을 참 많이 보았다. 안 그래도 얕잡아 보이는 신인인데 제작시스템을 몰라 촬영장에서 "저 철딱서니 없는 것", "저 어린 것" 하고 촬영장에서 스태프들로부터 비아냥거림을 받는 신인들을 나는 적잖게 보았다.

이런 경우가 있었다. 어느 드라마 야외촬영장이었다.

날씨는 춥고 해서 빨리 촬영을 끝내고 다른 장소로 이동해야 하는 급박한 촬영장이었다. 조명, 음향이 모두 스탠바이 한 상태에서 한창 주인공이 감정을 잡고 연기하고 있는데 갑자기 "빵빵" 하는 자동차 경적소리가 났다. 그 순간 NG가 났다.

촬영이란 슈팅이 들어가면 출연자의 대사를 녹음해야 하기 때문에 출연자가 말하는 것 외에는 주변이 모두 조용해야 하는데 갑자기 "빵빵" 하고 경적이 울렸으니 음향 NG가 안 날 수 없었던 것이다.

돌아보니 한 신인 배우가 늦게 도착해서는 "안녕하세요?" 하고 큰소리로 인사를 하는 게 아닌가. 순간, 촬영장은 일시에 분위기가 가라앉으면서 "쟤 누구야?" 하는 감독의 큰소리가 터져 나왔다.

만약 이 신인 배우가 제작시스템을 알고 있었더라면 조용히 들어왔을 것이다. 촬영장에 조명이 켜져 있다면 당연히 촬영이 진행 중이라는 걸 알았을 테고, 행여나 방해가 되지 않을까 조용히 들어왔을 것이다. 그런데 이 신인은 제작시스템을 몰라 자동차 경적을 울리면서 들어오는 실수를 범하고 만 것이다. 거기다 제 딴에는 인사를 한답시고 또 큰 소리로 "안녕하세요?" 했으니 촬영 팀은 어이가 없었던 것이다. 게다가 엎친 데 덮친 격으로 함께 온 매니저도 제작시스템을 잘 모르는 신참이었고.

이 실수 하나로 이 신인의 인상은 완전히 구겨지고 말았다. 나중에 이 신인이 맡은 장면을 촬영하긴 했지만 이런 분위기에서 어디 그 연기가 제대로 나왔겠는가. 또 그것을 지켜보는 촬영 팀의 시선은 얼마나 아니꼬웠겠는가.

스태프들 사이에서는 이런 핀잔이 터져 나왔다.

"한심하기는, 벌써 지가 무슨 스타라도 된 듯하네. 싸가지 하고는."

몰라서 범하는 실수가 한편 싸가지다. 사람은 산에 걸려 넘어지는 게 아니라 돌부리에 걸려 넘어진다. 배우가 되겠다는 신인이 제작시스템도 모른다는 건 막연히 스타가 되겠다는 허황된 꿈만 좇는 사람이라는 인상을 주기에 충분하고도 남음이 있다.

방송제작시스템은 '기획―촬영―편집―방송' 의 4단계로 이루어진다.

기획이란 간단하게 말하면 대본을 작성하는 단계이고, 그 대본에 맞춰 촬영을 하고, 촬영된 원본을 갖고 편집을 하고, 그리고 마지막으로 편집본을 최종 방송으로 내보낸다.

방송이 종합예술이란 것은 이런 단계마다 수많은 사람들이 각자의 역할에 맞게 참여하기 때문이다.

기획단계에서는 제작자, PD, 작가, 세트디자이너, 음악감독 등이 참여한다.

촬영단계에서는 PD, 작가, 카메라, 음향, 조명, 세트, 분장, 의상 등 헤아릴 수 없을 정도로 많은 스태프들이 참여한다.

편집단계에서는 주로 편집감독이 가편집을 하고 그밖에 PD, 자막요원, 음악, 음향 등이 최종 종합편집을 한다.

방송단계에서는 방송국의 마스터 디렉터(Master Director)라고 해서 MD들이 시청자들에게 방송을 내보낸다.

이렇듯 방송은 기획, 촬영, 편집, 방송 그 단계별로 수많은 사람들이 참여해서 만드는 작품이다.

혼히 "PD는 전체를 본다."고 말한다. 이 모든 제작과정에 PD는 모두 참여하기 때문이다.

연기자는 이 4단계 중에 주로 촬영단계에 참여한다. 그래서 연기자라면 촬영장의 메커니즘 정도는 알아둘 필요가 있다. 예를 들면, 촬영이 진행되는 동안에는 출연자들의 대사를 녹음해야 하기 때문에 출연자를 제외한 다른 모든 사람들은 조용히 해야 한다는 것이다.

그렇다면 이쯤에서 다시 한 번 물어보자. 앞서 배우 지망생이라면 흔히 생각할 수 있는 질문이다.
"배우는 연기만 잘하면 되지 않는가? 그래서 감독에게만 잘 보이면 되는 것 아닌가?"
"배우가 기획이나 편집을 하는 스태프도 아니고 촬영만 잘하면 되는 것 아닌가?"
그렇지 않다.

그 이유를 깨닫게 해주는 한 여배우의 성공사례가 있다.
이 여배우는 방송제작시스템을 잘 알고 있었다. 제작단계 별로 누가 어떤 일을 하는지, 그래서 그들의 필요성과 중요성이 무엇인지도 꿰뚫고 있었다. 이런 덕분에 그녀는 배우로 성공할 수 있었다.

이 여배우는 원래 아이돌 걸그룹의 가수였다. 사실 걸그룹 시절에는 다른 멤버들보다 그렇게 돋보이지는 못했다. 그러나 연기자로 전직하면서 신기하게도 주연급 톱스타 반열에 오르게 되었다.

이 배우가 연기자로 전직하면서 처음부터 주연급이었던 것은 아니었다. 당연히 별 비중 없는 조연으로 출발했다. 그러나 그녀는 늘 밝고 상냥했다. 특히 걸그룹을 하면서 스태프나 연예인을 대하는 싸가지도 잘 배워 다들 그녀를 좋아했다.

그런 그녀였기에 연기자로서의 노력도 남달랐다. 그 중의 한 일화가 다음과 같다.

드라마는 감독이 촬영을 하지만 편집은 편집감독이 따로 한다. 편집도 두 단계로 이루어진다. 우선 촬영이 끝나면 촬영테이프 원본을 그 날 그 날 급히 편집감독에게 넘긴다. 이때 하는 편집이 가편집이란 것이다. 가편집이란 수많은 촬영원본 중에 오케이 컷을 고르는 작업이다. 가편집이 끝나면 감독이 자막요원과 CG, 음악감독 등과 함께 하루 날 잡아서 최종 종합편집을 한다.

그런데 가편집이란 게 그렇다. 하나의 드라마가 제작에 들어가면 한 명의 편집감독이 선임되는데 드라마 제작에서 가편집은 매우 중요하기 때문에 보통 유능한 사람이 맡는다. 수많은 촬영원본 중에 하나의 오케이 컷을 골라내려면 감각이 탁월해야 하기 때문이다. 가편집은 작업량도 많다. 편집감독은 한 평이 될까 말까한 좁은 편집실에서 혼자서 밤을 새기 일쑤다. 드라마가 제작되는 동안만큼은 오로지 가편집만 하며 집에 잘 들어가지도 못한다.

그런데 아무도 찾지 않는 이 고독한 편집감독에게 매주 새벽에 찾아오는 배우가 한 명 있었다. 바로 그녀였다. 그녀는 항상 손에 음료수와 빵을 들고 와서 "감독님, 고생하십니다." 하고 편집실 문을 두드린 것이다.

생각해보라. 오늘도 홀로 밤을 새며 촬영원본을 이리 돌리고 저리 돌리며 고독하게 씨름하는 편집감독에게 촬영원본으로나 볼 수 있는 그녀가 직접 이 야심한 밤에 찾아와주니 얼마나 반갑고 기쁘고 힘이 나겠는가. 그것도 더없이 귀엽고 상냥하게 말이다.

그녀는 편집은 어떻게 이루어지고 또 편집감독은 어떻게 일을 하는지 잘 알고 있었던 것이다.

편집감독은 이런 그녀를 보고 가만히 있을 수 없었다. 뭐라도 당연히 고마움을 표시하고 싶었다. 그래서 그녀가 찾아올 때마다 그녀를 옆에 앉혀놓고 함께 음료수를 마시며 편집하고 있는 그림을 보여주며 이런 말들을 해주었다.

"네가 어제 찍은 여러 장면 중에 내가 이걸 오케이 컷으로 골랐거든. 왜냐하면 네가 이 부분의 대사를 칠 때 감정이 가장 잘 살아나더구나. 넌 이런 감정을 특히 잘 잡아내더라."

"이 그림을 봐. 네가 정면 샷은 얼굴이 잘 받는데 왼쪽 얼굴 샷은 왠지 약하지 않니? 왜 그런지 내가 고민해봤거든. 그건 네 어금니 때문인 것 같애. 네가 대사를 칠 때 보면 어금니가 약간 왼쪽으로 기울더라. 그럴 땐 차라리 어금니를 좀 더 깨물고 대사를 해봐. 그러면 한결 자연스러워질 거야."

"네가 화내는 연기는 매우 좋더구나. 여길 봐. 표정이 독하면서도 전혀 밉지 않는 매력이 있어. 넌 이런 장면에는 자신감을 갖고 목소리 톤을 높이는 게 좋을 거야."

"이걸 봐. 넌 이런 원피스가 안 어울리더라. 너무 화려한 것보다 차라리 심플한 옷이 더 낫지 않을까 해. 그건 내가 생각해보니 네 얼굴이 다른 출연자들보다 피부가 하얗고 더 깨끗해서 그런 것 같애. 앞으로 무슨 옷을 입든 가급적 심플한 의상을 입으면 네 얼굴이 다른 출연자들보다 오히려 돋보일 거야."

"넌 눈이 맑아. 특히 클로즈업된 네 눈은 너무 멋져. 이 그림을 한번 봐. 어때? 강렬하면서도 더 맑지? 이게 넌 장점이야. 그래서 내가 지난주에 감독에게 전화했단다. 가급적 네 눈을 많이 클로즈업 해주라고."

어떤가? 그녀가 비록 걸그룹으로 가수 활동을 하긴 했지만 배우로서는 신인이다. 촬영장은 바쁘게 돌아간다. 감독이 연기자들에게 일일이 지적하며 가르칠 여유가 없다. 그녀는 편집감독을 통해 자신의 연기부터 이미지, 분장, 의상에 이르기까지 그 어디서도 배울 수 없는 소중한 것들을 배울 수 있었던 것이다.

이것이 가능하게 된 이유가 무엇인가? 방송제작은 어떤 시스템으로 돌아가고 그 시스템마다 스태프들은 또 어떤 일들을 하는지 알았기에 가능한 일 아닌가.

대부분의 배우들은 촬영이 끝나면 촬영장을 떠나기 바쁘다. 촬영 이후에도 이렇게 홀로 묵묵히 누군가는 일하고 있다는 걸 생각하지 않는다. 하지만 그녀는 달랐다. 뒤에서 묵묵히 일하는 사람들을 찾아가 인사할 줄 알았다. 비록 자신이 비중 약한 조연일지언정 프로그램에 대한 주인정신도 있었던 것이다.

편집감독이 그녀에게 왜 이런 친절을 베풀었겠는가? 무엇보다 싸가지를 보았기 때문이다. 그래서 싹수를 보았기 때문이다.

편집감독은 여기서 머물지 않고 나중에는 그녀에게 이런 친절까지 베풀어 주었다.

"어제 주연 배우랑, 너랑 둘이 찍은 이 장면 있지? 중요한 장면이라 감독이 여러 각도에서 여섯 번이나 찍고 또 찍었더구나. 그 중에 내가 이 장면을 채택해서 편집으로 붙였거든. 왜 그런 줄 아니? 나머지 장면들은 모두 너보다 주연 배우가 더 잘 나왔더라. 근데 이 장면만큼은 네가 더 잘 나왔더라구. 한번 봐. 네가 더 잘 나왔지? 그래서 내가 이걸 오케이 샷으로 채택했지. 이왕이면 네가 잘 되라고 말이다. 요건 비밀이다."

남들로부터 도움을 받는다는 게 이런 것이다. 싸가지가 있는 만큼 도움을 받고 커나갈 수 있다.

편집감독은 이렇게 그녀에게 조언과 친절을 아끼지 않았을 뿐만 아니라, 나중에는 보는 사람들마다 장래 크게 될 배우라고 그녀를 칭찬해주기까지 했다.

이런 평소의 싸가지 덕분에 그녀가 스태프로부터 도움을 받은 일화가 하나 더 있다.

막바지 드라마 야외촬영을 하던 날이었다. 그녀가 다른 출연자들과 열심히 연기를 하고 있는데 갑자기 음향감독이 NG를 외쳤다. 그러자 감독이 음향감독에게 화를 냈다. 음향감독 왈,

"감독님, 죄송합니다. 녹음을 하는데 기계가 잘 받아주질 못하고 치직거려서 부득불 NG를 냈습니다. 죄송하지만 감정에 큰 지장이 없다면 출연자 분들의 목소리 톤을 조금만 낮춰서

다시 한 번 가시면 안 되겠습니까? 음성 톤이 너무 높아 녹음기가 잘 읽지를 못하는 것 같아서요."

감독이 음향감독의 요구를 받아들여 촬영은 다시 이루어졌다.

그날 모든 촬영이 끝나고 짐을 싸는데 음향감독이 그녀에게 다가와 조용히 이렇게 말하는 것이 아닌가.

"사실 아까 내가 NG를 낸 건 녹음기계 때문이 아니었어. 기계는 아무 문제없었단다. 너 때문이었어. 그동안 널 지켜보니 다른 출연자들이 목소리 톤을 높이면 네 목소리 연기는 이상하게 기가 죽더라. 그래서 네 목소리를 살려주려고 일부러 NG를 내서 다른 출연자들의 목소리 톤을 낮춰달라고 한 거야. 그랬더니 역시나 네 연기가 잘 살더라. 요건 비밀이다."

평소 그녀의 싸가지가 얼마나 좋았으면 스태프들이 이렇게나 도와주었겠는가. 그녀가 주연급 배우로 성공한 이유를 이제 알겠는가?

연예인을 꿈꾸는 그대여,

훌륭한 연기자가 되고 싶다면 뭐든지 배우려는 싸가지를 길러야 한다. 그대의 주변에는 많은 사람들이 있다. 감독만 있는 게 아니다. 카메라, 음향, 조명, 코디네이터 등 많은 사람들이 있다. 그들에게 물어야 한다. 그들에게 도움을 받을 줄 알아야 한다.

촬영감독에게는 내 얼굴이 어떻게 비춰지는지, 음향감독에게는 내 목소리 톤이 어떠한지, 조명감독에게는 내가 어떤 부분이 조명을 잘 받는지, 코디네이터에게는 내가 어떤 옷이 어울리는지, 선배 연기자에게는 내 연기가 어떤지…… 그러다보면 어느 날 그들이 그대의 편에 서있다는 것을 알게 될 것이다.

이렇게 하면 자신의 역량을 쌓아가는 효과도 있지만, 다른 한편으로는 그렇게 묻는 그대의 열정을 보고, 즉 싸가지를 보고 그들은 당신이 언젠가는 스타가 될 것이라는 믿음을 갖게 될 것이다.

그러자면 방송이든, 영화든, 광고든 그 제작시스템을 우선 알아둘 필요가 있다.

내가 류시화의 『인생수업』에서 본 4L을 연예인의 4L로 볼 수 있다고 했다. 그 4L이란 살고(Live), 사랑하고(Love), 웃고(Laugh), 그리고 배우라는(Learn) 것이다. 바로 이 배우는(Learn) 자세가 신인에게는 중요하다. 싸가지는 끊임없이 배우려는 자세를 통해서 키워진다.

싸가지, 그것을 보여줄 때 연예계에 있는 사람들은 기꺼이 그대를 이 세계에 발을 들여놓도록 할 것이다.

만약 그대가 성공한 선배가 된다면, 나는 장담한다. 그대가 가장 먼저 신인 후배에게 이 싸가지를 가르치리라는 것을.

착각하지 마라,
신인과 지망생은 같은 말이다

방송국 사무실에서 PD가 책상에 앉아 있으면 매니저들이 소속연예인들의 프로필 파일을 보여주며 인사를 하곤 한다.

"감독님, 안녕하세요? 저희 회사의 신인들입니다. 틈날 때 프로필 꼭 한번 봐주세요. 잘 부탁드리겠습니다."

프로필 파일에는 신인의 나이, 신장, 출연경력, 수상경력 등 각종 활동경력이 간략하게 적혀 있다.

여기서 한번 생각해보자.

신인이라고 하긴 하는데 대체 어디서부터가 신인일까? 지망생은 또 뭔가?

신인과 지망생은 뭐가 같고 뭐가 다를까?

신인이라 함은 보통 그 업계에 발을 들여놓고 새로 시작하는 사람을 말한다.

연예계에서는 어디서부터가 신인일까?

기획사와 계약하면 그때부터 신인일까? 아니면 소속되어 활동하기 시작하면 그때부터 신인일까?

예를 들어, 배우라면 기획사와 계약하고 오디션을 보기 시작하면 그때부터 신인일까, 아니면 TV에 첫 출연하면 신인일까?

가수라면 기획사와 계약하고 연습생을 시작하면 신인일까, 아니면 첫 음반을 출시하면 그때부터 신인일까?

개그맨이라면 방송사 공채시험에 합격하면 신인일까, 아니면 프로그램에 첫 출연하면 신인일까?

이것도 저것도 아니고 만약에 연예기사에 처음 오르내리면 그때부터 신인일까?

그러면 이런 경우는 어떤가? 기획사에 소속이 안 되어있는 경우 말이다.

기획사 소속이 없는 상태에서 감독의 눈에 우연히 띄어 비중이 크든 작든 광고나 영화, 드라마 등에 출연하게 되면 이런 경우는 뭔가? 신인일까, 지망생일까?

연예인은 일종의 상품이라고 했다.

상품이란 '생산―유통―소비' 된다. 대개는 소비자를 만나기 위해 시장에 처음 출시되면 신상품이라고 한다. 여기서 중요한 것은 소비자를 처음 만날 때라는 것이다.

그렇다면 연예계에서 신인이란?

소비자를 처음 만날 때, 즉 대중의 눈에 처음 띄었을 때, 그때부터가 비로소 신인이라 할 수 있지 않을까 한다.

왜 그럴까?

상품은 '생산—유통—소비' 된다.

연예인을 '생산' 하는 것은 기획사라고 할 수 있다. 기획사와 소속계약을 하면 신인인가? 그렇지 않다. 일반기업에서는 이런 경우 신상품개발단계라고 한다. 아직 상품이 아니다. 개발 중일 뿐이다. 마찬가지로 기획사와 계약했다고 해서 신인이 아니다. 아직 아무 것도 아니다.

연예인을 '유통' 시키는 것은 TV, 영화, 광고 등이다. 그렇다면 이들 매체에 출연하면 신인인가? 달리 부를 말이 없으니 '신인' 이라고 할 수 있을지는 모르겠지만 엄밀히 말해 아직 신인이 아니다. 출연했을 뿐 아직 뭘 제대로 한 것도 없지 않은가.

그렇다면?

연예인을 '소비' 하는 것은 대중이다. 결국 대중이 알아보아야 비로소 신인이라 부를 수 있다는 것이다. 백 번 TV에 출연하면 뭐 하는가? 대중이 알아보지 못하면 실상 아무 것도 아니다. 대중이 알아보아야 비로소 뭐가 되어도 되는 것이다. 그것이 신인이든, 스타든.

TV, 영화, 광고, 가요 등을 왜 대중예술이라 부르는가? 대중
이 주인이기 때문이다. 대중예술은 대중의 손에 달렸다. 어떤
한 연예인을 신인으로 주목하든, 스타로 주목하든 무엇으로 주
목하든지 간에 대중의 손에 달렸다. 기획사가 결정하는 게 아
니다. 감독이 결정하는 게 아니다. 연예기자가 결정하는 게 아
니다.

연예계란 스타냐, 스타가 아니냐, 둘 중에 하나밖에 없다고
했다. 왜냐하면, 대중의 눈에는 스타냐, 스타가 아니냐, 둘 중에
하나밖에 없기 때문이다.

그래서 연예계는 스타의 땅과 지망생의 땅이 분명하게 구분
되어 있다고 했다. 스타의 땅을 밟았다는 것은 대중의 눈에 띄
었다는 것을 의미한다.

대중의 눈에 띈다는 게 그렇다. 따지고 보면 기획사에 소속
되어 있고, 없고와 상관없다. 대중의 눈에 띈 연예인 중에는 기
획사에 소속되어 있는 사람도 있지만 소속되어 있지 않은 사람
도 있다. 기획사 소속 없이 TV든, 영화든, 광고든 출연해 대중
의 주목을 한 몸에 받는 사람도 얼마나 많은가.

그래서 나는 대중의 눈에 띄기 전까지는 지망생이냐, 신인이냐
구분할 수 없다고 본다. 즉 지망생이나 신인이나 같은 말이라는 것

이다.

왜? 누구나 지망생이고, 누구나 신인일 수 있기 때문이다. 대중의 눈에 띄기 전까지는.

그래도 굳이 어디서부터가 신인인지를 정의 내리라고 한다면 나는 이런 기준은 어떨까 한다.

방송사에는 가요대상이나, 연기대상이나, 연예대상 같은 시상식이 있다. 영화도 각종 영화제가 있다. 여기에는 신인상이라는 게 있다. 그래서 나는 적어도 이 신인상을 받으면 그때부터 제대로 된 신인이 아닐까 한다. 신인상은 대중에게 주목받았기 때문에 주는 상이니까 말이다.

그렇다고 반드시 신인상을 받은 사람이라야 신인이라는 뜻은 물론 아니다. 단지 대중의 주목이 중요하다는 것을 강조하기 위해서 하는 말이다.

사실 신인과 지망생을 구분한다는 건 무의미하다. 내가 지금껏 신인과 지망생에 대해 말했지만 정작 하고자 하는 말은 이게 아니다. 따로 있다.

'신인이라고 해도 늘 지망생이라는 마음을 견지해야 한다.'
바로 이 말을 강조하고자 위함이다. 대중의 눈에 반짝 띄었다고 스타가 된 것처럼 자만하지 말고 여전히 나는 지망생이라는 마음을 가져야 한다는 것을 강조하기 위해서다.

대중의 눈에 띄기 전까지는 아무 것도 아니다. 누구나 지망생이라면 지망생이고, 누구나 신인이라면 신인이다. 신인과 지망생을 구분한다는 것 자체가 무의미하다.

다시 한 번 이것을 강조하고자 한다.

싸가지다.

싸가지란 어디서 나오는지 아는가? 두 가지에서 나온다.

첫째, '나는 지망생이다' 라는 마음가짐에서 나온다. '나는 아직 아무것도 아니다. 아직 아무것도 모른다.' 는 자세에서 나온다. 바로 겸손이다.

둘째, 역설적이지만 비록 지망생이더라도 한편 '나는 신인이다' 라는 마음가짐에서 나온다. '지금부터가 출발이지만 제대로 해나갈 수 있다' 는 자세에서 나온다. 바로 자신감이다.

싸가지는 겸손과 자신감이라는 이 두 무기에서 나온다. 창과 방패다.

아직 아무것도 아니라는 겸손, 그러면서도 나는 지금부터가 시작이기 때문에 무엇이든 할 수 있다는 자신감, 이 두 가지를 합친 것이 바로 싸가지다.

연예인을 꿈꾸는 그대여,

스스로를 비울 줄 알아야 한다. 그대는 그릇이다. 겸손이란 자신의 그릇을 비워둘 줄 아는 미덕이다.

상품은 내가 만드는 것이 아니다. 남이 만든다. 남이 너를 채우는 것이다. 그러자면 자신의 그릇을 비워둘 줄 알아야 한다. 자신이 꽉 차 있다고 자만하면 남이 그대를 채워줄 수가 없다.

기획사와 계약을 하면 마치 자신이 연예인이 된 것처럼 순간 어깨가 으쓱할 수는 있다. 하지만 아직 아무 것도 아니다. 신인도 아니다. 여전히 지망생일 뿐이다.

TV 토크쇼에 출연했던 한 스타가 이런 말을 했다.

"신인 때는 순진해서 뭘 몰랐죠. 10대 후반에 기획사와 계약을 했는데 뭘 알았겠어요. 아무것도 몰랐어요. 그래서 기획사에서 시키는 대로 했죠. 근데 그러다보니 이렇게 뜨더라고요. 지금 생각해보니 그게 제 노력이었던 것 같아요. 정말 이거다 싶으면 이게 다인 줄 알고 그것만 죽자고 했어요. 그땐 정말 뭘 몰랐어요. 몰랐으니 열심히 할 수 있었던 거예요."

자신을 비우고 겸손하라. 그러면 그때부터 하나하나 채워져 나가는 자신을 발견하게 될 것이다. 성장은 그렇게 하는 것이다.

TV 토크쇼에 출연했던 그 스타는 또 이런 말을 했다.

"신인 땐 뭘 몰랐으니 그렇게 노력할 수 있었지만, 한편 이렇게만 하면 된다는 확신이 있었기 때문에 또 죽자고 그렇게 노력할 수 있었던 것 같아요. 안 된다고 생각해 본 적은 없어요. 순진하게도 그렇게만 하면 되는 걸로 또 생각했어요. 지금 생각해보니 자신감이 있었던 거예요. 뭘 몰랐으니까."

연예인을 꿈꾸는 그대여,

그릇은 그릇이되, 큰 그릇이어야 한다. 자신의 그릇을 비우되, 큰 그릇이라는 자신감을 가져야 한다. 남으로 부터든, 자신으로 부터든 큰 그릇이라는 확신이 선다면 그때부터 그대는 더 이상 지망생이 아니다. 이미 업계에 발을 디딘 신인이다.

알고 보면 겸손이나 자신감이나 같은 말이다.

책 읽는 습관의 힘

'스탠바이(stand-by)' 라는 말이 있다. 감독이 촬영을 시작하기 직전에 모든 스태프와 출연자들에게 준비하자고 외치는 콜사인(call sign)이다. '준비하라', '대기하라', '기다리라' 는 의미다.

그래서 연예계에서는 스탠바이를 빗대어 '연예인은 기다리는 직업' 이라 하기도 한다.

이유는 크게 두 가지가 있다.

첫째, 일거리를 위해 섭외 제의가 들어오기를 평소 늘 기다리는 직업이라서 그렇다. 밤낮없이 항상 스탠바이 하는 직업이라 그렇다.

일반인은 보통 정시에 출근해서 정시에 퇴근할 때까지 일정하게 일을 한다. 하지만 연예인은 일정하지 않고 매우 불규칙적이다.

일반인이 정해진 일을 한다면, 연예인은 들어오는 대로 일을 한다. 들어오는 일을 이상 없이 받기 위해 평소 연예인이 할 수 있는 일이란 기다리는 것이다. 대기하는 것이다.

둘째, 막상 일을 하더라도 연예인은 기다리는 시간이 많기 때문이다. 촬영장이든, 공연장이든 연예인은 일을 할 때도 매번 기다림의 연속이다. 대기시간.

가수든, 배우든, 개그맨이든, 모델이든 무대에 서기 위해, 혹은 카메라 앞에 서기 위해서는 대기해야 하는 시간이 많다. 왜? 공동 작업이기 때문이다. 공동 작업이란 스태프나 출연자나 각자 맡은 역할에 따라 일을 분담해서 하는 일이다. 그러자면 자기 순서라는 게 있다. 같은 장소, 같은 시간에 촬영하더라도 자기 순서가 있다. 그러다보면 기다리는 시간들이 있다.

예를 들어, 배우는 자기 촬영 씬의 순서가 돌아올 때까지 분장실에서 대기해야 한다. 촬영시간보다 대기하는 시간이 몇 곱절 많은 게 다반사다.

가수도 마찬가지다. 무대 뒤에서 대기하는 시간이 많다. 또, 음반작업을 할 때도 기다리는 시간이 많다. 녹음실에서 노래를 녹음할 때도 한번으로 끝나지 않는다. 가수가 노래 불러 녹음하면 스태프가 그 상태를 확인하고, 다시 가수가 노래 부르고, 스태프가 다시 확인하고, 또 노래 부르고, 스태프가 다시 확인하고…… 스태프가 확인할 때마다 가수는 기다려야 한다.

개그맨이나 모델도 마찬가지다. 촬영장이든, 행사장이든 대기하는 시간이 많다. 자기 순서가 돌아올 때까지.

그밖에도 무수히 많다. 차량으로 이동하는 시간이 많은 것도 그 중에 하나다. 가만히 앉아서 말이다.

이렇듯 연예인은 평소에도 기다리지만, 일을 할 때도 기다리는 직업이다. 즉, 이래저래 빈 시간들이 많다.

이런 면에서 한편 연예인의 일이란 기다림과의 싸움이라고 할 수 있다.

평소 잘 나갈 때는 일이 많이 들어온다. 그러나 오르막이 있으면 내리막이 있다. 못 나갈 때는 또 한없이 일이 안 들어온다. 언제 어디서 어떻게 들어올지 모를 일을 기다리는 것만큼 초조하고 불안한 것도 없다.

그래서 연예인은 외로운 직업이다. 기다림과 싸워야 하기 때문이다. 연예인 병이라는 것도 이런 이유 때문에 생기기도 하는 것이다.

사정이 이렇다보니 기다리는 걸 싫어하는 연예인도 많다. 기획사는 소속 연예인에 대해 이런 부분까지 신경 쓰고 관리하기도 한다.

예를 들어 행사 요청을 받으면 매니저는 이런 조건을 주최

측에 요구하기도 한다.

"요청하신 그 행사 전에 우리가 이미 잡힌 스케줄이 있거든요. 하지만 우리가 미리 모든 준비를 해갈 수 있으니 만약 대기하는 시간 없이 바로 행사무대로 올라갈 수 있도록 해주면 그 행사 우리가 할 게요."

여기서 이미 잡힌 스케줄이란 사실 없다. 행사 요청을 한 상대가 기분 안 나쁘도록 하기 위해 매니저가 단지 좋게 말한 핑계일 뿐이다. 실상은 소속 연예인이 기다리는 걸 평소 매우 싫어하기 때문에 대기시간이 안 생기도록 요구하기 위한 말이다.

방송사 스튜디오에는 딸려 있는 분장실이 여러 개 있다. 녹화가 있는 날, 분장실 문들을 한번 보라. 문마다 출연자의 이름이 붙어 있다. 유심히 보면 연륜이 많거나 인기 있는 출연자에게 우선적으로 좋은 분장실이 배정되어 있다는 걸 알아챌 수 있다. 녹화도 녹화지만 방송사에서 분장실 배정만큼 신경 쓰는 것도 없다. 혹 배정을 잘못하기라도 하면 출연자에게는 큰 결례가 되기 때문이다. 대기하는 지루함, 기다리는 불편함을 연예인들이 정말 싫어하기 때문이다.

연예인이 되고자 한다면 기다림과의 싸움에서 이길 줄 알아야 한다. 길면 긴 대로, 짧으면 짧은 대로 부지불식간에 있는 빈 대기시간을 이겨낼 줄 알아야 한다.

그런데 방법이 있다. 기다림에 지지 않는 방법이 있다.

그것은 바로 독서다. 책 읽는 습관이다.

인문교양서적이든, 사회과학서적이든, 소설책이든, 잡지든 그 어떤 책이라도 상관없다. 빈 시간을 채우기에 독서만큼 좋은 것도 없다. 독서만큼 외로운 직업을 버텨낼 수 있는 힘이 되는 것도 없다.

녹화장의 분장실에 가보면 대개는 분주하다. 그런데 게 중에는 놀랍게도 한쪽에서 조용히 책을 읽고 있는 연예인을 볼 때가 있다.

또 연예인이 타고 다니는 밴(van) 차량에서 몇 권의 책을 발견할 때가 있다.

누가 봐도 이런 감탄이 안 나올 수 없다.

"야, 저러니까 스타구나."

"역시 저러니까 저 사람은 되는구나."

연예인은 자기감정을 다스리는 직업이라 할 수 있다. 노래든, 연기든 자기 기분에 따라 기복이 생긴다면 좋은 연예인이 될 수 없다. 자신의 감정 상태에 따라 맡은 일에 잘하고 못하고 기복이 생긴다면 곤란하다. 언제 어디서 어떻게 들어올지 모를 일을 그때그때 소화해내기 위해서는 자신의 감정을 잘 다스릴 줄 알아야 한다. 평정심을 잃으면 안 된다.

평정심을 잃지 않는 방법 중에 하나가 빈 시간을 잘 관리하는 것이다. 불안감은 빈 시간에 찾아오는 손님이다. 이 불청객이 점점 쌓이다보면 자신의 감정을 다스리는 통제력도 서서히 잃게 된다. 자신도 어쩌지 못하는 병이 생기게 된다.

빈 시간들을 이겨내야 한다. 다른 것 없다. 독서가 최고다. 책 읽는 습관은 빈 시간의 불청객을 쫓아내는 최고의 무기다.

독서 습관이 연예인에게 좋은 이유는 또 있다. 좋은 정도가 아니라 이 경우엔 필수다.

드라마든 영화든 상영 전에 작품발표회를 한다. 발표회 현장에서 주인공인 스타들은 수많은 기자들의 사진 플래시를 받으며 인터뷰를 한다. 그때 현장에서 기자들이 종종 하는 말이 있다.

"역시 스타는 스타다. 얼굴에서 빛이 나네, 아우라가 넘치네."

끼가 넘치면 아우라(aura)가 나온다. 아우라란 흉내 낼 수 없는 독특한 기운이나 분위기를 뜻한다. 스타는 아우라가 있다.

어떻게 하면 아우라가 발산될 수 있을까?

아우라의 출발은 캐릭터라고 할 수 있다.

가수라면 무대 위에서 노래를 하며 춤을 출 때 그만의 캐릭터가 있다.

개그맨이라면 바보역할이든 똑똑한 역할이든 그 무대에 선 출연자로서 그만의 캐릭터가 있다.

배우라면 맡은 다양한 역할 속에서 뿜어져 나오는 그만의 캐릭터가 있다.

아우라는 이렇게 맡은 캐릭터를 얼마나 소화해내느냐에 달려있다. 즉 캐릭터를 잘 소화해내면 아우라도 그만큼 발산되게 된다. 범접할 수 없는 그들만의 캐릭터, 그들만의 이미지로 말이다. 미친 존재감.

스타들은 단지 TV 토크쇼에 출연해 자연스럽게 말할 뿐인데도 이상하게도 일반인과 다른 어떤 아우라를 느끼게 한다.

사람은 말하는 것을 보면 그 사람의 깊이, 즉 내공을 알 수 있다. 내공의 힘이란 무섭다. 연예인의 내공은 소화해내는 캐릭터와도 직결된다. 내공이 깊으면 그만큼 소화해내는 캐릭터도 다양하게 되고, 또 맡은 캐릭터마다 아우라도 더불어 발산하게 된다. 연예인들이 아우라를 발산하는 모습에는 보통 사람을 넘어서는 어떤 깊고 강렬한 매력이 있다.

스타가 발산하는 아우라를 통해 우리는 두 가지를 느끼게 된다.

첫째, 스타의 내적인 깊이다. 세상에 대해 뭔가 자신만이 분명하게 터득한 게 있는 듯한 어떤 내공이다.

둘째, 외적인 빛이다. 속에 가득한 내공이 바깥으로 넘쳐 나오는 어떤 강렬한 기운이다. 한마디로 별빛이다.

연예인이 되고자 한다면 이런 아우라가 있어야 한다.

아우라는 타고날 수도 있지만 길러질 수가 있다.

타고난 아우라야 어떻게 할 수 없겠지만 길러질 수가 있다면 그 방법은 어디 없을까?

있다. 여러 가지가 있다. 놀라지 말라.

그 중에 하나가 또 독서다. 책을 읽는 것이다.

연예인으로서 책 읽는 습관을 갖는 것만큼 내공을 쌓을 수 있는 비결 또한 없다.

아우라는 연예인으로서 맡게 되는 캐릭터를 소화해내는 힘에서 출발한다.

배우나 개그맨이라면 어린 연기, 젊은 연기, 장년 연기, 노년 연기 등 다양한 캐릭터를 소화해낼 수 있어야 한다. 뿐만 아니라 표독한 연기, 우울한 연기, 웃기는 연기, 착한 연기, 악한 연기, 쾌활한 연기 등 다양한 감정을 소화해낼 수 있어야 한다.

가수라면 슬픈 노래, 신나는 노래, 조용한 노래, 축하의 노래, 사랑의 노래, 화합의 노래, 아픔의 노래 등 다양한 감정과 음정을 소화해낼 수 있어야 한다. 춤도 마찬가지다.

캐릭터를 소화해내는 만큼 스타로서의 아우라가 생긴다. 미친 존재감이 있다.

이런 소화력이 어디서 나오는가? 내공이다.

내공이 깊은 만큼 외적으로 아우라가 나온다.

내공은 무엇으로 길러지는가? 책이다.

TV 토크쇼에 출연하면 열심히 말을 해야 한다. 퀴즈쇼에서는 문제도 잘 맞추어야 한다. 예능 프로그램에서는 MC와 대화도 되어야 한다. 라디오 DJ라면 수많은 말을 해야 한다. 리포터라면 다양한 질문을 던질 줄 알아야 한다. 각종 인터뷰도 능수능란하게 대처할 줄 알아야 한다.

연예인 그냥 하는 것 아니다.

다양한 경험이 많은 만큼 내공도 깊어지고 아우라도 분출된다.

경험에는 직접경험이 있고 간접경험이 있다. 세상을 살면서 모든 걸 다 직접 경험할 수는 없다. 부족한 경험은 간접경험으로 메꾸어야 한다. 간접경험이 독서다.

한번 연예인이 되었다고 끝이 아니다. 일취월장해야 한다. 지금 당장 책부터 끼고 살아보라. 진화하는 그대를 발견할 것이다.

연예인을 꿈꾸는 그대여,
바다에 떠있는 빙산을 보라.
그대는 빙산이다.

물 위에 보이는 빙산이 전부가 아니다. 물 아래 그 열배가 넘는 크기의 빙산이 감춰져 있다. 물 아래 빙산이 크면 클수록 물위로 빙산이 떠오를 수 있다. 대중은 물 위의 빙산 밖에 볼 수 없다.

물 아래의 빙산이 내공이다. 물 위의 빙산이 아우라다.

대중에게 빙산을 조금이라도 더 보여주고 싶다면 그 열배의 빙산을 물 아래에서 만들어야 한다.

10분 동안 TV에서 말 잘하고 싶으면 100분 동안 책을 읽어라.

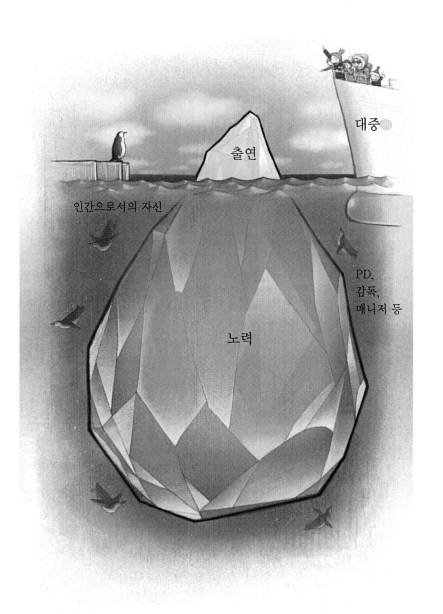

출연

대중

인간으로서의 자신

PD,
감독,
매니저 등

노력

책 읽는 습관은 그대의 내공을 길러줄 뿐만 아니라 기다림에 지치기 쉬운 그대의 초조함도 이겨내게 한다.

명심하라,
신인이 성공하기 위한
3가지 생활수칙

신인이란 첫인상이다.(지망생이나 신인이나 똑같다고 했다.)

순간으로 결정 나는 게 신인의 입장이다. 소개받는 사람들에게 신인은 언제나 새로운 사람이다. 신인이란 어디를 가든 늘 새로운 사람이다.

신인은 기본적으로 자신을 알릴 기회를 하나라도 더 잡아야 하는 입장이다. 소개를 받는 자리든, 일을 하는 촬영장이든 신인은 모든 순간들이 자신을 알리는 자리다.

1년은 365일이다. 하루에 한 명을 만난다면 365명을 만날 수 있다. 그 중에 자신에게 기회를 줄 사람을 어디서, 어떻게 만날지 모른다. 그 많은 사람들 중에 오랜 동안 만나는 사람도 있겠지만, 신인의 입장에서는 대부분 짧은 만남들이기 마련이다. 자신의 면모를 조금이라도 더 보여주고 싶은 게 신인의 입장이지만, 그러기엔 만남들의 시간이 턱없이 짧고 부족하기 마련이다.

비록 짧은 순간, 짧은 만남이지만 신인은 좋은 인상으로 어필할 줄 알아야 한다. 상대방의 기억에 남도록 할 남다른 재주라면 재주가 있는 게 좋다. 언젠가는 도움을 줄지도 모를 주변 사람들에게.

"첫인상은 5초 만에 결정 난다"는 말이 있다.
신인에게 중요한 것이 첫인상이다.
누구를 만나든, 무슨 일을 하든 짧은 순간이라도 강렬하고도 좋은 인상을 심어줘야 한다. 기회는 언제, 어디서, 어떻게 올지 모른다.

세상은 혼자 사는 게 아니다. 다른 사람들과 함께 살아가야 한다. 함께 산다는 것은 만남들이 있다는 의미다. 기회도 만남들 속에서 온다. 기회를 잡고자 하는 신인이라면 그 어떤 만남이라도 결코 소홀히 해서는 안 된다. 그 어떤 만남이더라도 자신에 대한 믿음을 줄 수 있도록 해야 한다. 믿음을 주면 언젠가는 기회가 온다.

지금부터 사람들에게 믿음을 주는 비결을 소개하고자 한다. 사람들과의 만남을 승리로 이끄는 비결을 소개하고자 한다.

이름하여 '신인의 3가지 생활수칙' 이다. 만약 이 3가지 생활 수칙을 꾸준히 지킨다면 장담하건대 언젠가는 성공한다.

다음과 같다.

1. 시간약속에 있어서는 바보가 돼라.
2. 그 어떤 메시지에도 응답하라.
3. 작은 선물을 활용하라.

첫째, 시간약속에 있어서는 바보가 돼라.

단순히 '시간약속을 지키라' 는 것이 아니다. '바보가 돼라' 는 것이다.

성공한 사람들을 보면 시간약속의 중요성을 강조한다. 그들이 괜히 하는 말이 아니다. 성공의 자리에 오르기까지 온갖 고초를 겪으며 뼈저리게 깨달았기 때문이다.

연예계가 자유로운 세계라고 하지만 그럴수록 중요한 것이 시간약속 준수다. 연예인이 되고자 한다면 시간약속을 목숨처럼 지킬 줄 알아야 한다.

이유는 3가지가 있다.

첫째, 대중을 상대로 일을 하기 때문이다.

대중예술은 대중과 약속하며 작업하는 세계다. 방송은 시청자와 수많은 약속들을 하고, 영화나 연극은 관객들과 수많은 약속들을 하고, 가수나 배우, 개그맨 등은 팬들과 수많은 약속들을 한다.

언제 방송이 시작되고, 언제 영화가 개봉되고, 언제 음반이 출시되고, 언제 콘서트를 하고, 언제 팬미팅을 하고……, 대중예술은 대중과 끊임없이 약속하고, 끊임없이 약속을 지켜나가는, 약속의 연속 작업이다.

연예인이 되고자 한다면 대중과의 약속을 지킬 줄 아는 기본이 되어 있어야 한다.

대중과의 약속을 지키자면 매우 고되고 힘들다. 대중은 개인이 아니기 때문이다. 예를 들어 언제 출연하기로 했으면 출연해야 한다. 출연이란 대중과의 만남이다. 자신에게 피치 못할 사정이 생겨도 출연약속을 했으면 지켜야 한다.

개인은 설명해서 양해를 구할 수 있지만 대중은 그럴 수 없다.

대중과의 약속을 지키는 직업이 연예인이다. 고되고 힘들다. 그 직업을 그대는 하겠다는 것이다.

둘째, 연예계는 수많은 사람을 만나는 소개의 바닥이기 때문이다.

방송이든, 광고든 간에 크리에이티브 업계의 사람들은 의외로 시간약속 준수를 매우 중요시한다. 늘 새로운 일을 중심으로 새로운 사람들이 모였다가 흩어지기 때문이다.

예를 들면 이렇다. 새로운 사람들과 일을 한다는 것은 늘 새로운 만남이 있다는 것이다. 첫 만남에서 그 사람에 대해 가늠할 수 있게 하는 척도가 시간 준수다. 함께 일을 해나가려면 믿음을 주어야 한다. 믿을 수 있는 사람인지, 아닌지 첫 척도가 시간약속 준수여부다.

셋째, 종합예술이기 때문이다. 여러 사람과 함께 공유해서 일을 해나가는 공동 작업이기 때문이다. 혼자 하는 일이 아니다.

더불어 함께 하는 일은 시간준수가 기본이다.

연예인이 되고자 한다면 이런 기본이 되어있다는 걸 보여줘야 한다. 그래야 그들이 그대를 받아들여도 받아들인다.

이런 3가지 이유 때문에 신인은 시간약속을 잘 지키는 사람이라는 인상을 주어야 한다.

시간약속을 잘 지키는 비법이 있다. 그것은 매 약속시간마다 30분 전에 가는 것이다. 그래서 바보가 되는 것이다. 그러면 그 어떤 만남에서도 승리할 확률이 높다.

정말 약속시간 30분 전에 한번 가보라. 만약에 1시에 만나자고 하면 12시 30분에 가라. 3시에 만나자고 하면 2시 30분에 가라. 그러면 상대방에게 이미 절반은 이겼다.

오디션 보는 날을 생각해보자.

그대만 오디션을 보는 게 아니다. 다른 경쟁자들도 많다. 그들을 이겨야 한다. 출발선상에 경쟁자들보다 앞서 있어야 유리하다. 그 유리한 출발선상이 뭔지 아는가. 약속시간보다 30분 전에 가는 것이다.

오디션을 2시에 본다고 치자. 그러면 1시 30분에 가라. 오디션 현장에 있는 감독이나 스태프들은 당황할 것이다. 미처 준비되지도 않았는데 왔으니 말이다.

"아직 시간이 많이 남았는데 일찍 오셨네요."

"아, 죄송합니다. 제가 긴장을 해서 그런지 오다 보니까 30분 일찍 왔네요. 저는 괜찮습니다. 30분 동안 여기서 조용히 기다리고 있을 테니 준비하시던 일 계속 하세요."

이 말을 했다면 그대는 이미 감독에게 절반은 이긴 것이나 마찬가지다. 일찍 가서 생소한 현장의 분위기에 적응을 해도 더 해서 여유가 생길 것이고, 감독도 괜히 미안한 마음에 그대를 한결 좋은 인상으로 마음의 문을 열어도 열 것이다. 이미 그대는 감독의 기억에 뭔가를 남겼다. 이래저래 절반은 성공이다.

상대방이 괜히 미안하도록 그 기회를 만들었다면 이미 절반은 이긴 것이다.

상대방이 미안해하게 할 기회를 만들어라.

반대의 경우가 실제로 있었다.

내가 평소에 알던 엔터테인먼트 기획사 사장에게 제자 한 명을 소개시켜 주기로 했다. 그래서 4시에 기획사 사장실에서 만나기로 했다.

나는 20분 전에 사장실에 먼저 가서 대화를 나누고 있었다. 그런데 4시가 넘도록 제자가 아직 오지 않았다. 제자에게 전화를 했더니 이렇게 말하는 게 아닌가.

"죄송합니다. 제가 지금 지하철을 타고 가고 있습니다. 30분 정도 후면 도착할 것 같습니다. 죄송합니다."

나는 사장에게 좋게 설명했다.

"애가 사장님 만난다고 긴장해서 그런지 화장도 하고 옷도 갈아입느라 좀 늦나 보네요."

약속시간보다 1시간가량 늦게 제자가 도착했다. 그때 기획사 사장이 했던 첫마디를 나는 아직도 잊을 수 없다.

"지망생이 벌써부터 늦어가지고 쯧쯧쯧, 자세가 영…… 이래가지고 연예인 하겠어?"

결국 제자는 그 기획사와 계약하지 못했다. 계약은커녕 첫 만남으로 끝났다. 소개해 준 나도 여간 부끄럽지 않았다. 사전에 그렇게나 늦지 말라고 신신당부도 했건만.

신인은 알려져 있지 않다. 첫인상이 승부수다. 시간약속 하나로 첫인상을 구기지 마라.

연예인을 꿈꾸는 그대여,
시간약속에 있어서는 바보가 돼라.
30분 전에 가라. 약속시간이 2시라면 그대는 1시 30분으로 받아들이고, 5시라면 4시 30분으로 받아들여라.
이렇게 꾸준히 생활하다 보면 그대는 이런 사람이라는 믿음을 주게 된다.
첫째, 대중을 상대로 약속을 지키는 고되고 힘든 일을 잘 해나갈 수 있겠구나.
둘째, 다른 사람들을 만나고 소개할 일이 많은데 소개해줘도 전혀 부끄럽지 않은 인성을 가졌구나.
셋째, 공동 작업을 하는 다른 사람들과도 잘 어울릴 수 있겠구나.

둘째, 그 어떤 메시지에도 응답하라.

기획사에서 신인을 처음 계약하자마자 단단히 교육시키는

것이 하나 있다. 그것은 항상 핸드폰을 켜놓으라는 것이다. 전화를 하면 무조건 받으라는 것이다.

연예인은 기다리는 직업이라고 했다. 일을 기다리는 직업이라고 했다. 언제, 어디서, 어떤 일이 들어올지 모른다.

신기하게도 정말 중요하고 필요한 일은 어느 날 갑자기 들어온다. 게 중에는 급하게 결정하고 처리해야 하는 일도 많다. 만약 갑자기 들어온 기회를 빨리 결정하고 처리하지 못하면 그 기회는 다른 사람에게 넘어가 버린다. 연예계는 특히 이런 일들이 많다.

기획사에서 소속 연예인에게 핸드폰을 항상 켜놓으라는 것도 이런 이유에서다.

연예인을 꿈꾸는 그대여,

기다리는 직업을 가질 자세가 되어 있어야 한다. 그러자면 평소 그 어떤 메시지에도 꼭 응답하는 매너를 보여주어야 한다.

전화든, 메일이든, SNS든 그 어떤 메시지도 바로 앞사람과 하는 대화라고 생각하라. 그대가 카페에 앉아 상대와 대화하면서 아무 반응도 안 하면 안 되듯이 말이다.

모든 메시지는 대화다. 예스(yes)든, 노(no)든 상관없다. 짧게 한 글자만 보내더라도 안 보내는 것보다는 100배 낫다.

평소 연락이 안 되는 사람이나 메시지를 남겨도 응답이 없는 사람은 연예인이 될 확률은 제로(zero)다.

메시지에 응답하는 매너는 상대방에 대한 배려심이 깊다는 것도 보여준다. 함께 공동 작업을 해도 되겠다는 믿음도 준다.

셋째, 작은 선물을 활용하라.

연예계는 불확실하고 거친 숲이다. 신인으로서 혼자 헤쳐 나가기는 어렵다. 하지만 혼자 헤쳐 나가기 어렵기는 매니저도 마찬가지다. 연예인과 매니저가 함께 헤쳐 나가야 한다. 그 어떤 난관에 부딪치더라도 서로 이해하고 도와야 한다.

기획사와의 계약은 결혼과 같다고 했다.

계약을 해서 기획사가 열심히 했는데 어느 날 신인이 뜨고 나니까 다른 기획사로 옮기겠다면 어떻게 되겠는가. 결혼하고 가장 두려운 것이 이혼이다.

기획사가 신인을 두려워하는 것 중에 하나가 소위 이런 배신이다. 알고 보면 기획사도 신인을 두려워한다.

연예인이 되려면 인형뽑기 게임의 갈고리 손을 만나야 된다고 했다. 갈고리 손은 매니저, 감독 등이다. 상품은 남이 만든다. 훌륭한 상품으로 만들어지기 위해서는 갈고리 손이 그대에게 최선을 다할 수 있도록 해야 한다.

최선을 다하게 하려면 그대에게 있어야 할 덕목이 하나 있다. 그것은 은혜를 안다는 믿음이다. 고마움을 안다는 마음이다. 보은을 아는 사람이라는 믿음을 그대가 보여주어야 기획사도 그대에게 최선을 다할 수 있다. 숲속에서 그 어떤 어려움을 만나더라도 그대의 손을 잡고 헤쳐 나간다.

갈고리 손들이 신인을 두려워하는 것 중에 하나가 배신이고, 그래서 바라는 것 중에 하나가 의리다.

고마움을 아는 사람이라는 믿음을 보여줄 수 있는 비결이 하나 있다. 그것은 평소 작은 선물을 잘 활용하는 것이다. 작은 선물을 할 줄 알면 신뢰, 보은, 의리가 있는 사람이라는 믿음을 주게 된다.

두 명의 신인이 소속되어 있는 기획사가 있다고 하자.
매니저가 두 신인을 위해 열심히 뛰어다닌 지 두 달이 지난 어느 날 이런 말을 들었다.
먼저 A라는 신인이다.

"실장님, 저 두 달 동안 오디션을 9번 밖에 못 봤어요. 왜 이 것밖에 못 해주시는 거예요? 또 작품들은 왜 이런 것밖에 못 잡아주세요? 배역은 좀 큰 거 없어요? 너무 단역이잖아요. 뭐 하시는 거예요?"

하지만 또 다른 신인 B는 이렇게 말한다.

"실장님, 바쁘실 텐데 9번씩이나 오디션 기회를 주시고 너무 고마워요. 제가 좀 잘해야 되는데 번번이 떨어져서 죄송해요. 또 회사도 어려운데 지난번에 미니시리즈 드라마 배역을 따내 주셔서 너무 감사해요. 비록 몇 장면 안 나왔지만 제가 잘하면 좋았을 텐데 제대로 못해 죄송해요. 그래도 그 배역하면서 저도 배운 게 많아요. 시시해도 좋으니 앞으로도 배역 많이 잡아주세요. 더 노력할게요. 늘 감사드려요. 아참, 아까 오다가 아몬드 초콜릿 하나 샀어요. 실장님이 좋아하시잖아요. 지난 번 배역 잡아주신 거 감사해서요."

어떤가?

어느 신인이 이쁜가? 어느 신인을 위해 더 열심히 뛰고 싶은가?

매니저가 열심히 뛰고, 안 뛰고는 중요하지 않다. 중요한 것은 그것을 받아들이는 사람이다. 매니저가 같은 일을 했지만 같은 일이 아니었다. A신인은 매니저가 '당연히 할 일'이라고 받아들이지만, B신인은 '도움'으로 받아들였다. 두 신인 중에 앞으로 누구에게 더 열심히 뛸 마음이 드는가? '당연히 할 일'이라고 받아들이는 사람인가? '도움'이라고 받아들이는 사람인가?

작은 선물이라는 게 이런 것이다.

자신에게 베풀어주는 일을 '도움'이라고 생각하는 마음을 말한다. 감사할 줄 아는 마음을 말한다.

작은 선물을 활용하라는 것은 이런 마음을 표현할 줄 알아야 한다는 것이다. 비싼 걸 뜻하는 게 아니다. 작은 것을 말한다. 고맙다는 말도 좋다. 껌, 초콜릿, 사탕, 열쇠고리 등도 좋다. 무슨 도움을 받든 매번 잊지 않고 표현하라는 것이다. 매번 고마움을 잊지 않는 사람이라는 인상을 심어주는 그 자체가 중요하다는 것이다.

그러면 상대는 믿음을 갖게 된다.

'아, 이 친구는 고마움을 아는구나.'

'아, 인간이 되었구나. 의리가 있구나.'

'아, 언젠가는 잊지 않고 내게도 도움을 줄 수 있겠구나.'

내게 베푸는 다른 사람의 정을 당연하게 생각하고 고마워할 줄 모르는 사람을 연예계 현장에서는 흔히 '밑 빠진 독'이라고 한다. 밑 빠진 독에 물을 부을 사람은 없다.

연예인을 꿈꾸는 그대여,

그 어떤 도움이라도 감사할 줄 아는 사람이 돼라. 그래서 감사의 표시로 작은 선물을 그때그때 잊지 말고 하라. 그러면 상대는 일이 성사가 되든, 안 되든 그 어떤 일이라도 그대에게 우선적으로 도움을 주려고 애쓸 것이다.

보은을 아는 사람이라는 믿음, 이것을 획득했다면 그대는 이미 절반은 스타가 되었다고 생각해도 좋다. 연예계에서 보은만큼 높은 덕목으로 꼽는 것도 없다.

보은을 아는 사람이라는 믿음을 주는 비결, 그것은 평소 작은 선물을 활용하는 것이다.

연예계를 꿈꾸는 그대여,

연예계는 스타의 땅과 지망생의 땅으로 분명히 나뉜 세계다. 그래서 "야, 스타가 되더니 사람 변했네."라는 소리 듣기 딱 좋은 세계다.

연예계에서는 은혜를 모르는 사람이라는 평판처럼 나쁜 것도 없다.

'저 사람은 다시 안 보면 되지' 라고 함부로 대하지 마라. 언젠가는 그 사람이 그대에게 돌부리가 될 것이다. 사람은 산에 걸려 넘어지는 것이 아니라 돌부리에 걸려 넘어진다.

그대가 어떤 사람이라는 걸 그대의 입으로 백번 말한다 한들 들어줄 사람은 없다. 평소 생활로 보여줘야 한다.

3가지 생활수칙을 묵묵히 지켜보라. 습관화해 보라. 언젠가는 좋은 소식이 올 것이다.

첫째, 시간약속에 있어서는 바보가 돼라. 그러면 다른 사람에게 소개해줘도 되겠다는 믿음을 준다.

둘째, 그 어떤 메시지에도 응답하라. 그러면 함께 공동 작업을 해도 되겠다는 믿음을 준다.

셋째, 작은 선물을 활용하라. 그러면 보은을 아는 사람이라는 믿음을 준다.

처음에는 내가 습관을 만들지만 나중에는 습관이 나를 바꾼다.

5

왜 운(運)인가? :

타고난 재능을
성공시키는 방법

타고난 재능을
성공시키는 방법

꿈은 인생을 살아가게 하는 동력이다.

꿈이 없는 것만큼 불행한 것도 없다. 인생을 살아갈 동력이 없기 때문이다. 동력이 없는데 무슨 힘으로 살아간단 말인가. 살아있어도 살아있는 게 아니다.

대부분은 꿈이 있다. 젊은이는 특히 꿈을 먹고 산다. 커가면서 꿈은 수없이 바뀐다. 꿈이 바뀌는 맛에 살아가는 게 또 인생이 아닐까 한다.

뭔가 이루고자 하는 것이 꿈이다. 연예인이 되고자 하는 꿈도 그 중에 하나다. 꿈이 실현된다면 그 인생을 성공이라 불러도 좋을 것이다.

어떻게 하면 인생에서 성공할 수 있을까?

지금부터 살펴보고자 한다.

성공하자면 일단 뭔가 이루고자 하는 꿈이 있어야 한다.

꿈을 실현하기 위해 반드시 필요한 3가지가 있다.

첫째, 열정이다.

열정은 그냥 생기는 게 아니다. 뭔가 '좋아하는 것'이 있을 때 생긴다. 좋아하는 만큼 열정이 생긴다.

지망생이라면 내가 으레 묻는 것이 있다.

"열정이 있느냐?"

그러면 대부분 "그렇습니다." 한다. 그러나 좀 더 대화를 해보면 열정이 없는 경우가 의외로 많다. 열정도 아닌 열정을 본인 스스로 열정이라 착각하고 있는 경우가 많다는 것이다.

열정이 있고, 없고를 아는 방법이 있다. 그것은 자신이 노력을 하고 있느냐다.

열정이 있다면 노력을 하게 된다. 노력을 하지 않으면서 열정을 갖고 있다는 것은 어불성설이다. 이런 지망생들이 의외로 많다. 본인은 미처 자각하지 못하고.

이런 지망생은 열정을 갖고 있는 게 아니라 단지 좋아하고 있을 뿐이다. '좋아하는 것'과 열정은 다르다.

열정이 있고, 없고는 입으로, 말로서 나타나는 것이 아니라 행동하고 실천하는 노력으로 나타난다. 내가 열정이 있는지 알고 싶으면 내가 노력을 하고 있는지 되돌아보면 안다.

꿈을 실현하기 위해 필요한 두 번째 요소가 바로 노력이다.

노력을 하면 우선 남들이 안다.

"야, 저 사람은 열정이 있구나."

열정은 보이지 않지만, 노력을 하면 열정이 보인다. 열정을 보여주고 싶으면 노력을 보여주면 된다.

또 노력을 하다 보면 자신이 스스로 알게 되는 것이 있다.

"아, 내가 그동안 원했던 것은 단지 '좋아하는 것' 이었을 뿐, '할 수 있는 것' 은 아니었구나."

혹은, "아, 내가 '좋아하는 것' 이 결국 잘 '할 수 있는 것' 이었구나."

노력을 해보면 내가 '좋아하는 것' 과 '할 수 있는 것' 을 비로소 구분할 줄 알게 된다. 그전까지는 모른다. '좋아하는 것' 인지, 열정인지. '할 수 있는 것' 도 무엇인지.

노력도 하지 않으면서 내가 열정이 있다는 것은 단지 '좋아하는' 수준일 뿐이다.

'할 수 있는 것' 이란 재능을 말한다.

노력을 하다 보면 알게 되는 것이 바로 이것이다. 내가 재능이 있나, 없나이다. 내가 재능이 있는지 알고 싶으면 노력을 해 보면 된다.

꿈을 실현하기 위해 필요한 세 번째 요소가 바로 재능이다.

성공하기 위해 반드시 필요한 3가지란 이처럼 열정, 노력, 재능이다. 이 3박자가 맞아야 한다.

열정으로 노력해서 재능을 가꾸어야 성공할 수 있다. 연예인으로 성공하는 것도 마찬가지다.

하지만 이 3가지만 있으면 반드시 성공할까?

죄송하지만 마지막으로 하나 더 필요한 게 있다.

이미 많이 들어보았을 것이다. 운(運)이다.

노력과 결과가 일치하면 수학의 세계다. 그러나 인간의 세계에선 운을 빼면 논리가 안 선다.

이런 개그맨이 있었다. 다른 동기들은 승승장구하는데 홀로 몇 년째 무명이었다. 아무리 노력을 해도 좀체 뜨지 않았다.

어느 날 술을 마시면서 이렇게 외쳤다.

"오, 신이시여, 저에게 왜 재능은 안 주시고 열정만 주셨나이까!"

개그계에선 유명한 일화다.

사실 재능이 없는 개그맨이 아니었다. 다만 운이 안 따랐을 뿐이었다. 나중에 결국 그는 스타로 떴다.

운이란 것은 기회다. 기회를 만나야 성공할 수 있다. 하지만 중요한 것이 있다. 열정, 노력, 재능이 있어야 기회를 만날 수 있다는 것이다.

열정, 노력, 재능이 없으면 기회가 와도 기회가 안 된다. 준비되지 않은 자에게 기회는 그냥 스쳐지나가는 바람일 뿐이다.

세상은 인간의 영역과 신의 영역이 공존한다. 인간의 영역에서 최선을 다할 수 있는 것이 열정, 노력, 재능이다. 나머지는 신의 영역이다. 그것이 운이다. 기회는 신이 준다.

기도는 하되, 양손으로는 끊임없이 노를 저어야 배는 나아간다.

타고난 재능을 성공시키는 방법이 있다.

타고난다는 것은 신이 주었다는 뜻이다. 타고난 재능이지만 인간의 영역에서 열정, 노력, 재능이라는 3박자를 맞춰 최선을 다해야 한다. 그러면 신이 나머지를 책임진다. 그것이 기회고, 운이다.

신을 만나고 싶은가? 그러면 열정, 노력, 재능을 갖고 문을 두드려야 한다.

타고난 재능을 성공시키는 방법은 다른 것 없다. 역시 열정, 노력, 재능이 있어야 한다는 것이다.

타고난 재능은 신의 것이다. 신의 것을 내 것으로 만들어야 한다. 그러자면 열정을 갖고 노력해야 된다. 그러면 내 것이 된다. 내 것을 들고 신의 문을 두드려야 한다. 그래야 신은 무슨 기회를 줄지 판단할 수 있다.

운보다 노력이 먼저다.

하지만 이런 반문을 하는 지망생을 보았다.

"운을 잡기 위해 꼭 열정, 노력, 재능이 있어야 하는 건 아니던데요? 최고로 인기를 누리는 00 걸그룹 멤버 중에 000 있잖아요. 그 가수는 13살에 우연히 기획사에 발탁되어 18살에 대스타가 되었잖아요. 노력한 것도 없이 발탁되었잖아요. 이건 순전히 운빨 아닌가요?"

스타 중에는 어린 나이에 발탁된 경우가 있다. 그래서 흔히 운 때문이라고 쉽게 생각해버리기도 한다. 과연 운이기만 한 걸까?

성공한 사람과 성공하지 못한 사람은 하나 차이가 있다.

성공한 사람은 성공한 다른 사람의 노력을 볼 줄 알지만, 성공하지 못한 사람은 성공한 사람의 노력을 보지 못한다는 것이다. 운밖에 볼 줄 모른다.

성공한 사람은 분명 노력을 했다. 바꿔 말해 노력해본 사람은 성공한 사람의 숨겨진 노력을 볼 줄 알지만, 노력해보지 않은 사람은 성공한 사람의 숨겨진 노력을 볼 줄 모른다는 것이다. 왜? 노력해보지 않았으니 노력이 뭔지 알 턱이 없기 때문이다.

성공했든, 성공 못했든 노력해본 사람은 안다. 노력이 뭔지를.

타고난 재능이라는 것은 발견하기 쉽지 않다. 내가 과연 재능이 있는지, 없는지 알기란 정말 어렵다. 신의 속뜻을 인간이 어떻게 쉽게 알겠는가. 스스로 테스트해 보기 전까지는 모른다. 테스트라는 노력을.

13살에 기획사 눈에 띄어 18살에 성공한 이 걸그룹 가수는 단지 운이 좋아서였을까? 여기서 운이란 무엇인가? 13세 어린 나이에 기획사 눈에 남들보다 먼저 띄었다는 것?

그녀가 가수로 성공할 수 있었던 것은 어린 나이에 눈에 띈 운 덕분이라는 것?

아니다. 그녀의 운은 다른 데 있었다.

타고난 재능이 발견되는 경우는 두 가지가 있다.

하나는 스스로 각고의 노력 끝에 자신이 발견하는 경우다.

다른 하나는 스스로 미처 모르던 재능을 남이 먼저 발견하는 경우다.

남이 발견하든, 자신이 발견하든 공통적인 것은 어쨌든 자신이 노력하지 않으면 안 된다는 것이다.

재능이 발견됐다고 다 되는 것은 아니다. 열정과 노력이 없으면 재능도 없다.

다시 한 번 되새겨보라. 열정 없이는 노력을 하지 못한다. 노력 없이는 재능을 만들지 못한다. 재능이 없으면 운을 만나지 못한다. '열정→노력→재능→운'의 순서로 오는데 그녀가 운부터 만났다고?

그녀의 입장에서 한번 생각해보자.

그녀는 13세 어린 나이에 발탁되었다. 하지만 발탁되었다는 표현이 좀 그렇다. 당시에 매니저는 아마 이렇게 말하지 않았을까.

"끼가 있어 보이는데 가수 한번 해보는 게 어떻겠니?" 정도의 수준이었을 것이다. 아무리 전문가라도 그 어린 초등학생한테 딱 부러지게 "넌 가수를 해. 무조건 된다. 그러니 지금부터 다른 것 다 때려치워."라고 할 배짱은 없다. 신의 뜻을 인간이 감히 어떻게 쉽게 단정할 수 있단 말인가.

입장 바꿔 생각해 보라. 만약에 그대가 지금 초등학교 6학년 인데 어떤 매니저가 명함을 내밀며 "가수 한번 해보지 않을 래?"라고 제의를 한다면 그대는 과연 선뜻 "네"라고 하겠는가?

가수 되기 쉬운가? 얼마나 멀고 험한가. 중학교도 가야 하는 데 공부도 포기하고, 친구도 포기하고, 모든 것을 포기하고 오로지 연습실에서 몇 년이 걸릴지 기약 없는 인고의 세월을 보내야 한다. 다른 것 다 때려치워야 한다. 그렇다고 가수로 성공한다는 보장도 없다. 기획사 연습실을 가보라. 나이 어린 연습생들 수십, 수백 명이 언제나 땀을 뻘뻘 흘리고 있다. 이들 모두 가수가 되는가?

13세 어린 초등학생이 기획사로부터 제의를 받았을 때 얼마나 많은 고민을 했겠는가. 또 부모는 어땠겠는가.

'가요를 좋아하긴 하지만 정말 가수 재능은 있는 걸까? 있다고 해도 버텨낼 수는 있을까? 버텨냈다고 해도 가수가 될 수는 있을까? 가수가 됐다고 해도 성공할 수는 있을까?'

아무리 기획사 제의를 받았다 해도 내가 선뜻 확신할 수 없는 게 나의 재능이다.

그녀는 이 모든 고민 끝에 결국 결심했다. 가수 연습생을 어렵게 선택했다. 모든 것을 포기하고 연습실에만 살았다. 다른 연습생들에 섞여 살아남고자 열정을 불태웠다. 기약 없는 몇 년이 고통스럽게 흘렀다. 그러다가 그녀의 재능은 완성되었고, 드디어 다른 연습생들을 제치고 멤버로 최종 발탁되었다. 그렇다고 멤버가 되어 음반을 출시했다고 모두 가수로 성공하는 것도 아니다. 하지만 이 모든 우려를 극복하고 그녀는 결국 성공했다.

과연 운빨인가? 열정, 노력, 재능이 없었는가?

어린 나이에 시작해 성공한 사람이 있다. 피겨스케이트의 여왕 김연아다. 감히 운빨이라고 할 수 있는가?

어린 나이에 기획사 눈에 띈 것이 그녀에게 운이었던 게 아니다.

진짜 운 좋은 것은 열정, 노력, 재능이라는 3박자에 대해 결국 성공이라는 보상을 받았다는 것이다. 열정으로 노력해서 재능을 가꾼 끝에 결국 운 좋게 성공했다는 것이다.

그녀와 함께 연습실에서 땀을 흘린 지망생들도 많았다. 이들도 그녀처럼 기획사로부터 제의를 받았을 것이다. 하지만 대부분 가수가 되지 못했다. 아까운 청춘을 연습생으로 보냈다. 어릴 때 기획사에서 제의를 받은 게 운이라면 이 지망생들의 운은 또 무엇이란 말인가.

그녀의 성공을 단지 기획사로부터 첫 제의를 받은 운빨로 치부하지 마라. 그녀의 운은 거기에 있지 않다. 노력 끝에 있었다.

연예인을 꿈꾸는 그대여,

신은 누구에게나 재능을 준다. 신의 것을 내 것으로 만들어야 한다. 그 방법은 열정, 노력, 재능이다.

또한 신은 누구에게나 기회를 준다. 신이 준 재능을 내 것으로 만들지 못하면 기회라는 테이블에 내가 올릴 게 없다.

결국 자신이 가꾸지 않으면 안 되는 재능을, 단지 남이 그 가능성에 대해 자신보다 먼저 봐주었을 뿐인 것을 운이라고만 치부하는 것은, 자신의 재능을 자신의 재능으로 만들지 못한 사람들이 흔히 갖는 질투일 뿐이다.

운칠기삼(運七技三)이라는 말이 있다. 운이 70%이고, 기가 30%라는 뜻이다. 운이란 기회이고, 기란 노력을 말한다. 현혹되지 마라. 노력보다 운이 더 중요하다고. 그런 뜻이 아니다.

노력을 하면 기회가 많다는 뜻이다. 3이라는 노력을 하면, 무려 7이라는 기회가 온다는 뜻이다.

왜 운(運)인가? 그 속에는 노력이 있기 때문이다.

신은 그렇게 호락호락하지 않다. 신은 공평하다.

신을 믿고 한번 노력해보라. 좋은 일이 생길 것이다.

옷을 함부로 입지 마라.
정말 중요한 기회는
어느 날 갑자기 온다

TV 토크쇼에 출연한 스타들 중에는 "어떻게 데뷔하게 되었느냐?"는 질문에 이렇게 대답하는 경우를 종종 보게 된다.

"원래 다른 배우가 캐스팅되어 있었는데 그 배우가 갑자기 펑크 나서 제가 그 전날 밤에 전화를 받고 급하게 대타로 들어가게 되었어요. 근데 그게 대박이 나 제 인생을 바꾸었죠."

이런 경우는 연예계에서 흔하다.

PD나 감독이 프로그램이나 영화나 광고를 제작할 때 가장 어려운 고충이 출연자 섭외다. 마음먹은 대로 섭외가 잘 되지 않는다. 묘하게도 꼭 원하는 출연자는 이미 다른 스케줄이 잡혀있기 일쑤다. 그러다 간신히 섭외가 되었다 해도 출연 직전에 또 뭔가 꼬여 출연을 못하게 되는 일도 비일비재하다. 사고가 나기도 하고, 피치 못할 스캔들이 터지기도 하고 세상에 이런 일도 다 있나 싶은 별 일이 다 생긴다.

왜 이렇게 연예계는 섭외와 출연이 꼬이는 걸까?

TV, 영화, 공연, 콘서트, 광고, 행사 등 대중문화사업은 계획대로 잘 안 되는 경우가 부지기수다. 왜 그럴까?

연예인은 상품은 상품이긴 하지만 공산품이 아니기 때문이다. 사람이기 때문이다. 공산품은 늘 그대로다. 하지만 사람은 아프기도 하고, 누구 상을 당하기도 하고, 자식이 아프기도 하고, 교통이 막히기도 하고, 사고가 터지기도 하고, 스캔들이 터지기도 하고, 오해가 생기기도 하고, 실수가 생기기도 하고 온갖 일이 다 생긴다.

갑자기 꼬인 캐스팅을 급하게 메우기 위해 주변에 되는 대로 연락해서 섭외하는 일이 비일비재하다. 오죽하면 방송현장에서 PD의 최고 능력을 섭외력이라 하겠는가.

사람의 마음이나 일은 럭비공과 같다. 언제, 어디서, 어떻게 튈지 모른다.

연예인을 지망한다면 가급적 많은 사람들을 만나라는 이유도 여기에 있다. 만나는 사람마다 눈도장이라도 잘 찍어놓으면 어느 날, 어떻게 기회가 올지 모르기 때문이다.

특히 신인들 중에는 어느 날 갑자기 섭외 제의를 받는 경우가 많다. 당장 내일 모레 촬영을 해야 하는데 출연 펑크가 난다면 어떻게 해야 할까? 갑자기 어디서 기성 연예인을 대신 구한단 말인가? 이럴 땐 다른 대안 없다. 항상 대기하고 있는 신인이다.

연예인은 기다리는 직업이라는 걸 다시 한 번 상기하기 바란다.

그래서 연예인에게 중요한 덕목이 자기관리다. 일을 맡게 된이상, 그 외의 일은 생기면 안 된다.

가수가 콘서트가 잡혔다거나, 개그맨이 공연이 잡혔다거나, 배우가 영화에 새로 캐스팅되었다거나 하면 그 일이 끝날 때까지 최적의 컨디션을 유지해야 한다. 그저 몸조심해야 한다. 아플 권리조차도 없다고 생각해야 한다. 교통사고를 당해도 웬만하면 끝까지 촬영을 해야 한다.

이런 자기관리에 실패하면 기회는 다른 사람에게 넘어가 버린다.

앞서 TV 저녁뉴스 앵커의 자기관리란 어떤 것인지 말했다.

매일 정시에 이상 없이 시청자와 만나는 약속을 지키기 위해서는 아파서도 안 되고, 눈 다래끼가 나서도 안 되고, 목소리가 변해도 안 되고, 사소한 스캔들이 터져서도 안 되고, 사적인 대소사가 생겨도 참아야 된다고 했다.

안 그러면 기회는 다른 사람에게 넘어간다.

연예인은 대중과의 약속을 지키는 직업이다. 개인이라면 양해를 구할 수 있지만 대중은 그렇지 않다. 출연은 대중과의 약속이다. 만약 출연하기로 한 연예인이 약속을 지키지 못할 사정이 생기면 다른 사람이라도 대신 지켜야 하는 것이 대중과의 약속이다. 그래서 본인이 약속을 못 지키면 다른 사람으로 기회가 넘어가게 된다.

약속을 지키는 것만큼 어려운 일도 없다.

연예인의 생명은 자기관리다. 대중에게 늘 사랑받을 수 있도록 항상 최적의 상태를 유지해야 한다.
언제든지 대중과의 약속을 지킬 채비를 갖추고 있어야 한다. 참 어려운 직업이다.

연예계는 고정되어 있지 않다. 럭비공처럼 역동적이고 살아 있다. 그래서 불확실하다. 숲이다. 신인으로서 그렇게 학수고대해도 오지 않던 기회가 또 올 때는 갑자기 믿기지 않을 정도로 쉽게 온다.

신기하게도 인생에서 정말 좋은 기회는 어느 날 갑자기 온다. 인생의 터닝포인트는 갑자기 생긴다. 내가 계획한대로, 예상한대로 오지 않는다.

그래서 연예인으로 성공하기 위해 평소 생활수칙으로 삼으라고 한 것이 "그 어떤 메시지에도 반드시 응답하라"다. 기획사도 신인에게 특히 강조하며 교육하는 것이 "항상 핸드폰을 열어두라"다.

연예인을 꿈꾸는 그대여,
패션디자이너의 직업적 자존심이 뭔지 아는가?

"누가 옷을 함부로 입는가? 오늘 언제, 어디서 당신의 인생을 바꿔줄 사람을 만날지 모르는데."

연예인은 기다리는 직업이라고 했다.
연예계는 소개로 시작해서 소개로 끝난다고 했다.
기회는 갑자기 온다. 신인에게는 작은 영화 단역 하나도 기회다. 누구를 만나든 그 자리는 하나의 기회다.

기회를 잡기 위해서는 준비되어 있어야 한다. 옷을 함부로 입지 마라는 것은 늘 준비되어 있어야 한다는 뜻이다. 연예인으로서의 품성과 외모와 예의와 가치를 보여주라. 최적의 컨디션을 항상 잘 지키고 있다는 것을 보여주라. 그러면 운을 만난다.

사람은 낙관론자와 비관론자가 있다.

낙관론자는 어려움을 기회로 받아들이지만, 비관론자는 기회를 어려움으로 받아들인다.

적어도 꿈이 있다면 세상에는 감당하지 못할 어려움은 없다.

당당하게 맞서라. 나머지는 신에 맡겨라.

기다릴 줄 아는 독사가
먹이를 잡는다

TV는 편성표대로 늘 일정하게 방송이 나간다. 영화는 상영표대로 늘 일정하게 상영된다. 하지만 방송사나 영화관에 콘텐츠를 정작 공급하는 제작 종사자들은 일이 들쭉날쭉이다. 일정하지 않다. 순리대로 풀리는 일은 잘 없다. 바람 잘 날 없다.

대중문화사업은 늘 새로운 일, 새로운 사람들이 모였다가 흩어지는 매우 복잡한 일이다. 잘 되기도 하고, 못 되기도 한다. 굴곡이 심하다.

연예인만큼 수입이 불안정한 직업도 없다. 수입이 불안정하다는 것은 미래가 불안하고 설계가 안 된다는 뜻이다. 인생에는 오르막이 있고 내리막이 있다고 하지만 연예계만큼 오르막과 내리막이 수시로 뒤바뀌는 곳도 없을 것이다.

그래서 뜨는 스타도 있고 지는 스타도 있다. 많은 연예인들이 어느 순간 대중의 눈앞에 나타났다가 어느 순간 소리 없이 사라지기도 한다. 불안정한 수입을 못 버텨 연예계의 숲을 떠나는 연예인이 한 둘이 아니다.

연예인이 되고자 한다면 이런 연예계의 생리를 이겨낼 줄 알아야 한다. 그래서 두 가지를 강조하고 싶다.

첫째, 조급해하지 마라.

둘째, 인내를 가져라.

첫째, 조급해하지 마라.

연예인이라면 가장 경계해야 할 병이 조급증이 아닐까 한다. 일이 들어올 때는 한없이 들어오다가도 일이 안 들어올 때는 또 한없이 안 들어온다. 바쁠 때는 모르다가 한가해지면 생기는 게 여유다. 그러나 뭐든지 지나친 건 좋지 않다. 여유도 늘어나면 불안이 생기게 된다. 불안이 늘어나면 조급증이 생기게 된다. 조급증이 늘어나면 페이스를 잃게 된다. 페이스를 잃게 되면 판단력을 잃게 된다.

방황은 하되 페이스를 잃으면 안 된다.

피할 수 없는 방황이라면 차라리 즐길 줄도 알아야 한다.

지망생들 중에도 조급해하는 사람을 적잖게 본다. 기획사를 구하지 못하거나, 오디션에 자꾸 떨어지거나 해서 행여 이러다 기회를 잡지 못하지는 않을까 초조해하는 것이다.

조급증은 보통 성격이 너무 예민해서 그런 경우가 많다.
예를 들면 이런 지망생들이다.

오디션을 보고나서 결과를 차분히 기다릴 줄 모르는 지망생이다. 결과 발표에 얼마나 예민한지 하루도 못 참고 묻고 또 묻는다. 앞으로 오디션 볼 일 많다. 결과를 일일이 신경 쓰다가는 오디션 더 이상 못 본다. 합격하면 그쪽이 어련히 알아서 연락한다.

또 그냥 무시해도 될 남들의 한 마디, 한 마디를 혼자 탑을 쌓으며 이리 고민 저리 고민하는 지망생이다. 이런 지망생은 상처도 잘 받는다. 누구로부터 들은 작은 말 한 마디에 상처를 받고 혼자 더 크게 번민하고 괴로워하기도 한다. 무슨 말을 못 해준다.

감수성이 풍부한 건 좋지만 매사에 너무 지나치게 예민하면 연예인으로 성장하기 어렵다.
유명해져 보라. 앞으로 시달릴 일 많다. 대중이란 천사만 있는 게 아니다. 연예인들을 괴롭히는 인터넷 글들이 어디 한둘인가. 누리꾼은 누리꾼대로, 기자는 기자대로 세상 사람들은 잠시도 가만 놔두질 않는다. 그 하나 하나에 일희일비하다가는 자신만 지칠 뿐이다.

무시할 건 무시할 줄 알아야 한다. 대범해야 된다.

이런 매니저가 있었다.

"이번에 신인 한 명을 저희 회사에서 계약해지 했어요. 도저히 안 되겠더라구요. 애가 뭘 참지를 못해요. 사사건건 얼마나 예민한지 뭔 일을 못하겠어요. 지난번에 촬영 끝난 드라마감독이 좀 성격이 거칠긴 했어요. 하지만 촬영하면서 별 신경 안 써도 될 감독의 말들인데도 애는 너무 민감하게 받아들이고 잠을 못 자는 거예요. 그러니 연기가 제대로 나올 리 있겠어요? 또 출연 의상이 안 좋다고 인터넷 댓글 겨우 몇 개 올라온 것 가지고 또 코디를 얼마나 득달하고 울려대는지 가까이서 지켜보기가 민망할 정도예요. 저도 뭔 말을 못해 줘요. 한 마디 하면 열 마디를 들어야 해요. 그 다음 날 또 말해요. 뭔 말을 하면 잠을 안자는 거죠."

연예인은 한 명을 상대로 하는 직업이 아니다. 대중을 상대로 한다. 또 주변에는 새로운 사람들, 새로운 일들을 상대로 한다. 직업적으로 당연히 긴장되고 그만큼 날카로워질 수밖에 없다.

잘 이겨낼 줄 알아야 한다. 그래야 가수라면 노래에 매진할 수 있을 것이고, 배우라면 연기에 매진할 수 있다.

연예인의 일은 안 그래도 들쭉날쭉 굴곡이 심하다. 일일이 예민하게 대하면 자신만 지치고 초조해진다.

이해할 건 이해하는 대범함이 필요하다. 그래야 성장할 수 있다. 함께 일하는 사람들도 보조를 맞출 수 있다.

둘째, 인내를 가져라.

느긋해야 한다. 그물을 던졌다면 고기가 걸릴 때까지 기다릴 줄 알아야 한다.

어차피 일은 들어올 땐 들어오고, 안 들어올 땐 안 들어온다. 들어오면 최선을 다하면 되고 끝나면 그냥 기다려라. 어차피 들어올 일은 들어온다.

오디션을 많이 보라고 했다. 보고나면 잊어버려라. 합격하면 그쪽에서 알아서 연락한다. 연락 안 되면 답답한 건 그쪽이다. 결과를 궁금해 할 시간이 있거든 다른 오디션을 하나라도 더 찾아보라.

감독의 말 한 마디, 한 마디에 너무 신경 쓸 필요 없다. 감독의 속뜻을 일일이 알려고 하지 마라. 감독은 '기획—촬영—편집—방송' 전체를 본다. 배우는 '촬영'에만 참여한다. 전체 제작과정에서 어차피 일부분이다. 그런 배우의 입장으로는 감독의 속내를 다 알기 어렵다. 특히 신인이라면 찍는 장면도 몇 안된다. 최선만 다하면 된다.

기획사를 못 구했다고, 오디션에 떨어졌다고 너무 안달할 필요가 없다. 잡고자 안달하면 오히려 도망간다.

계약서를 보면 제작사나 방송사, 기획사가 '갑'이고, 연예인은 '을'이라고 되어 있다. 아니다. 인내심이 없는 쪽이 '을'이다. 인내심을 가진 자가 '갑'이 되고, 안달해서 못 견디는 자가 '을'이 된다. 인내심이 있으면 상대를 따라오게 만든다.

연예인을 꿈꾸는 그대여,

연예인이 되려면 준비되어 있어야 한다고 했다. 기다릴 줄 아는 사람이 준비된 사람이다.

기다려라. 인내심을 가져라.

그래서 책을 읽으라고 했다. 어쩌다 한두 번 책을 읽는 것이 아니라 늘 책 읽는 습관을 가지라고 했다.

책을 읽으면 자신의 소양이 쌓인다. 굴곡 심한 연예인 삶의 빈틈을 메워 준다. 어려운 일이든, 힘든 일이든 상처받은 일이 있을 때마다 책을 들어라. 촬영장이든, 이동하는 차 안이든, 어디서든 책을 들어라.

책 읽는 습관이 쌓이다 보면 어느 순간 놀랍도록 늘어난 자신의 인내심을 발견하게 될 것이다. 독서 습관은 인내심을 길러준다.

기다릴 줄 아는 독사가 먹이를 잡는 법이다.

사람은 믿되
약속은 믿지 마라

사람은 믿되 약속은 믿지 마라.

무슨 말인지 언뜻 이해가 안 될 것이다. 지금부터 살펴보자.

내가 현직 PD시절에 지인으로부터 이런 문의를 받은 적이 있다.

"내 친척의 아들이 하나 있는데 작년에 군복무를 마치고 지금 배우가 되려고 준비 중에 있어요. 이번에 어떤 기획사에서 계약을 하자고 하는데 어떡해야 될지 몰라서 찾아왔어요. 그 기획사에서 그러더라고요. 작년부터 드라마 제작도 같이 한대요. 그래서 올 가을에 SBS에다가 미니시리즈 드라마를 제작하기로 했대요. SBS에서 이미 편성하기로 결정했대요. 그래서 지금 주연급 캐스팅은 모두 끝났고, 조연과 신인급 캐스팅 막바지 작업을 하고 있대요. 이 드라마에 제 친척 아들을 출연시키고자 하니 그 기획사에서 계약을 하재요. 근데 좀 알아보고 하려구요. 제가 PD님을 찾아온 이유는 SBS 미니시리즈로 방송 나간다는데 정말 나가는 게 맞기는 맞는지 좀 알아봐 줄 수 없나 해서요."

방송계 현장에 있다 보면 이런 문의를 종종 받기도 한다. 외부 기획사나 제작사에서 하는 말들이 정말 맞긴 맞는 건지.

내가 현직 PD를 그만두고 방송연예과 교수로 왔지만 이런 문의는 여전히 받는다. 지망생이나 제자들로부터.

"교수님, 이번에 가수 기획사로부터 걸그룹 계약을 하자는 제의를 갑자기 받았어요. 전 아직 준비도 안 되어 있는데 얼른 계약하자고 재촉하니 어떡해야 될지 모르겠어요. 그 기획사는 급하대요. 원래 그동안 2년 정도 준비하고 있었는데 이번 10월에 드디어 첫 음반을 내게 되었대요. 이제 석 달도 안 남았잖아요. 5인조인데 이번에 멤버 한 명이 몸이 안 좋아 빠지게 되었대요. 근데 제가 지난주에 다른 기획사 오디션을 봤는데 그때 이 기획사 사장님이 거기 놀러오셨다가 우연히 저를 보고 마음에 든다며 이 5인조 걸그룹을 하자는 거예요. 2년이나 준비해 온 다른 멤버들에 비하면 저는 석 달 만에 데뷔할 수 있으니 정말 좋은 기회이긴 하죠. 기획사 사장님은 그러세요. 노래와 안무도 다 준비되어 있고, 음악방송 스케줄들도 이미 다 잡아놨대요. 뮤직비디오도 두 달 후 촬영해야 되니까 얼른 계약하재요. 근데 이 바닥은 모르잖아요. 정말 석 달 후에 음반을 출시하긴 하는 건지, 음악방송 스케줄들은 정말 잡아놓은 건지 좀 알아보고 확인하고 싶은데 마땅히 아는 사람도 없어서 교수님을 찾아왔어요. 정말일까요?"

지망생의 입장에서는 무슨 제의든 일단 받으면 반갑다. 하지만 그와 동시에 한편 불안한 마음도 드는 게 사실이다.

'정말일까?'

기획사든, 감독이든 "이거 한번 해보지 않을래? 우리가 이런 걸 준비하고 있는데."라는 제안을 해오면 정말 그 준비를 하고 있는 게 사실인지 확인해보고 싶은 마음이 굴뚝같이 든다. 드라마를 제작한다는데, 영화를 제작한다는데, 음반을 제작한다는데 정말 하긴 하는 건지 말이다.

이런 불안감이 드는 건 준비하거나 계획하는 일들이 실제 그렇게 잘 안 되는 경우가 비일비재하기 때문이다. 방송사에서 드라마를 방송하기로 결정났다고 해서 막상 알아보면 그렇지 않은 경우도 적잖게 있기 때문이다. 영화도 그렇고, 음반도 그렇고, 다른 것들도 그렇다.

대중문화사업이란 게 그렇다. 무슨 일을 준비하든 계획하는 대로 잘 안 되기 마련이다. 정말 불확실한 숲의 세계다.

왜 그럴까? 그것은 대중문화라는 데서 그 해답을 찾을 수 있다.

방송, 영화, 음반, 공연 등 대중문화는 대중이 즐기는 문화다. 대중이 주인이다. 앞서 이런 말을 했다.

"TV 프로그램은 시청자를 만나야 비로소 프로그램이 된다."

"영화는 관객을 만나야 비로소 영화작품이 된다."

"가요는 청취자를 만나야 비로소 가요가 된다."

대중문화는 대중을 만나야 비로소 대중작품이 되는 특성이 있다. 사전에 아무리 준비를 잘해서 완성시켰다 해도 최종 대중을 만나지 않으면 아무 것도 아니다.

아무리 촬영, 편집을 잘했다 하더라도 TV로 방송되지 않으면, 영화관에서 상영되지 않으면 프로그램도 아니고, 영화작품도 아니다. 아무리 음반을 잘 만들었다 해도 대중에게 공개되지 않으면 이 또한 아무 것도 아니다. 아무리 시나리오가 좋고, 연습을 잘하고, 무대도 잘 만들었다 해도 극장에 공연되지 않으면 이 또한 연극작품도, 뮤지컬작품도 아니다.

대중문화 작품은 대중을 최종 만남으로써 완성된다.

대중문화사업을 추진하는 데 있어 계획하는 대로 잘 안 되기 마련인 이유가 바로 여기에 있다. 불확실한 이유가 바로 여기에 있다.

그것은 대중문화 작품의 마지막 완성단계인 대중을 만나는 시점이 도대체 언제가 될지 불확실하기 때문이다. 시점은커녕 대중을 과연 만날 수 있을지, 없을지조차도 장담하기 어렵기 때문이다. 그 누구도 장담할 수 있는 일이 아니기 때문이다.

대중을 만나는 시점이란 TV라면 방송일이고, 영화라면 상영일이고, 가요라면 음반출시일이다. 방송일이나 상영일, 음반출시일이 사전에 결정된 상태에서 제작되는 것도 있지만 그렇지 않은 경우가 허다하다. 설령 사전에 방송일이나 상영일, 음반출시일이 결정되어 있다 하더라도 제작하다보면 그 시일이 또 바뀌기도 한다. 심지어 아예 번복되고 취소되기도 한다.

방송계에선 이런 말이 있다.

"방송 나가야 방송 나가는 것이지 그 전까지는 아무도 모른다."

아무리 어떤 새 프로그램을 편성하기로 결정났다고 해도 정말 그때 방송될지는 여전히 알 수 없다는 뜻이다. 방송되기 전까지는 아무도 장담할 수 없다는 것이다. 방송이 되고, 안 되고는 방송이 되고나서야 비로소 알 수 있는 것이지 그 전까지는 일이 어떻게 될지 그 누구도 모른다는 것이다. 그야말로 숲이다.

대중을 언제 만날지 가늠하기 어려운 게 대중문화사업이다.

언제 방송될지, 언제 상영될지 PD나 감독도 장담할 수 없는 불투명한 세계다. 그들도 정말 불확실한 숲속에 놓여있다. 그래서 방송사에서 방송하기로 결정했다고 해도 쉽게 믿어지지 않는 게 사실이다.

한 편의 드라마가 TV에 편성되기로 결정나기까지 그 과정을 한번 예로 들어보자.

방송제작시스템은 '기획—촬영—편집—방송'의 과정이라고 했다.

드라마는 외주제작이 대부분이다. 대박을 꿈꾸며 외주제작사에서 기획되고 있는 작품은 수도 없이 많다.

기획과정이란 게 그렇다. 무슨 드라마를 할지 작품 선정하는 데만 몇 년이 걸린다. 작품을 선정하자면 작가가 있어야 한다. 외주제작사에서는 작가와 계약을 하고 작품을 준비시키며 대본도 쓰게 한다. 주연급 배우도 미리 섭외해두기도 한다. 그밖에 협찬, 야외촬영세트, 투자자 등 사전에 준비하고 해결해야 할 과제가 한둘이 아니다. 돈과 인력, 시간이 든다. 그렇게 몇 년을 정성스럽게 준비해서 드디어 기획안이 완성되면 온갖 방송사에 보여주고 방송 가능여부를 타진한다.

각 방송사에서는 그것을 들고 이리 재고 저리 재며 성공여부를 검토한다. 그러다가 또 몇 달이 그냥 흘러간다. 심지어는 몇 년이 흘러가기도 한다. 어느 방송사도 선뜻 편성을 결정해주질 못 한다. 그 중 한 방송사에서 호의적인 반응을 보이더라도 또 수정요구사항이 많아 기획안을 이리 수정, 저리 수정하기도 한다. 그렇더라도 성사만 되면 다행이지만 또 최종 불가 통보를 받기도 한다.

한 편의 드라마가 편성되기까지, 즉 시청자를 만나기까지 넘어야 할 산들이 한둘이 아니다. 편성되기로 결정났다가도 취소되기도 하고, 또 취소되었다가도 다시 편성하자고 하기도 한다.

공급은 많은데 수요는 정해져 있다고 해야 할까. 기획되는 작품은 많은데 방송되는 드라마 편수는 정해져 있다 보니 기획하고 준비하는 입장에서는 앞길을 예측하기가 매우 어렵다. 서로 알 수 없는 곳에서 100개가 준비되고 있고, 서로 알 수 없는 사이에 5개가 결정되는 세계라서 그렇다고 해야 할까? 공급과 수요를 예측할 수도 없고, 맞아떨어지지도 않는다.

사정이 이러니 준비하는 입장에서는 언제 방송될지 뭐라고 쉽게 장담할 수가 없다. 특히 준비에 참여시키고자 하는 사람들에게.

준비하는 작품이 대중을 만날 수 있을지 없을지 그 누구도 장담할 수 없다. 방송사 직원으로 근무하는 PD조차도 자신이 기획하는 프로그램이 편성될지 안 될지 장담할 수 없다. 방송사 편성을 담당하는 직원도 알 수 없기는 마찬가지다. 방송사 직원 PD가 준비하는 프로그램을 방송사에서 편성하겠다고 했다가 번복하는 경우도 다반사다. 준비하는 사람이나 결정하는 사람이나 모두 이래저래 결과가 어떻게 될지 알 수 없는 세계가 대중문화산업계다.

기획되고 준비만 되다가 대중을 만날 기회도 못 얻고 그냥 사라지는 기획안들이 수도 없이 많다.

영화감독도 마찬가지다. 시나리오를 완성하는 데만 공을 몇 년간 들인다. 드디어 제작사를 만나 촬영을 하고 우여곡절 끝에 편집까지 무사히 마치고 시사회까지 했다. 그런데, 이게 무슨 낭패인가? 상영하겠다는 배급사가 갑자기 상영을 못하겠단다. 미칠 노릇이다.

대중을 최종 언제, 어떻게 만날지 가늠할 수 없는 상태에서 기획하고 준비하는 일이 대중문화사업이다. 그렇다고 대중을 만날 시점이 미정이라고 해서 또 준비는 안 할 수도 없는 노릇이다. 대본, 캐스팅, 스태프, 촬영세트, 협찬사 등 준비할 건 해야 대중을 만날 기회를 노려도 노려볼 수 있으니 말이다. 그것도 최선을 다해서 준비를 해야 방송사 편성을 따내도 따낼 수 있고, 영화관에 상영할 배급사를 잡아도 잡을 수 있다. 참 어려운 일이다. 기획단계란 게 이렇다.

사전에 준비하는 작업 중에 하나가 예를 들면 캐스팅이다. 게 중에는 신인이나 지망생을 캐스팅할 일도 있다. 그래서 지망생이 기획사나 제작사로부터 받는 제의가 이런 식이다.

"우리가 000작품을 준비하는데 00 배역을 해보지 않을래?"

그러나 이 정도로는 지망생의 마음을 잡기가 어렵다. 그래서 지망생을 꼭 잡고 싶을 때는 한마디 더 한다.

"우리가 제작하는 미니시리즈 000 드라마를 000 방송사가 올 연말에 방송하기로 이미 편성 확정했거든. 이제 캐스팅만 마무리하면 된다. 이 드라마에 넣어줄 테니 우리 회사와 계약하자."

그러면 제의를 받은 지망생은 앞서 예를 든 것처럼 드라마가 정말 편성되기로 확정된 것인지 정말 믿을 수 있는지 따로 이리저리 확인해보고 말이다.

기획사의 말대로 편성 확정되었다는 말이 맞을 수도 있고, 거짓일 수도 있다. 설령 맞다 해도 여전히 쉽게 믿어지진 않는다. 왜? 나중에 방송사에서 또 무슨 수가 뒤틀려 편성이 보류되거나 취소될지 모를 일이기 때문이다. 이래저래 준비하는 입장에서는 끌어들이고자 하는 주변 사람들에게 뭐라고 설득하기가 참 어렵다.

기획을 하자면 준비는 해야 되고, 그러자면 사람들을 모으기도 해야 되고, 그러나 대중을 언제 만날지 아직 장담할 수는 없고, 이래저래 진퇴양난이다. 그래서 준비하는 입장에서 끌어들이고자 하는 주변 사람들에게 편성이든, 상영이든 최종 결정이 난 상태라며 설득하는, 어쩔 수 없는 경우도 많다.

때로는 방송사에서 "적극 검토하겠다"는 호의를 표시만 했을 뿐인데도 준비하는 입장에서는 "편성하기로 했다"고 지레 받아들이고서는 주변 사람들에게 정말 결정되었다며 마구 말하기도 한다. 왜? 어쨌든 준비는 해야 하니까 말이다. 그래야 필요한 사람들을 참여시키고, 투자도 받을 수 있을 테니까 말이다. 캐스팅도 그 중에 하나고,

또 실제 성공할 수 있다고 보기 때문에 준비하는 것이고.

방송계든, 영화계든, 연예계든 앞길이 보이지 않는다. 대중을 만나기 위해서는 숲을 헤쳐 나가야 한다. 중간에 무슨 난관을 만날지 아무도 모른다. 최종 대중을 만나기가 이렇게 어렵다. 신인 가수를 만드는 일도 그렇고, 음반을 출시하는 일도 그렇다. 기약 없다.

뭔가를 하자면 준비는 해야 되고, 준비는 하지만 결과가 어떻게 될지 불확실하고, 그렇다고 준비를 안 하면 뭔가를 하겠다는 시도도 못하고.

그래서 방송계든, 영화계든, 연예계든 이 세계에서 일하는 사람들이라면 누구나 이해하는 말이 하나 있다.

"환경이 나쁜 것이지, 사람이 나쁜 것은 아니다."

그만큼 환경이 어렵다는 소리다. 사람의 힘으로 뭔가를 계획 짜서 해나가기엔 환경이 너무 어렵다는 것이다. 사람은 최선을 다하지만 환경이 호락호락하지 않다는 것이다. 그야말로 숲이라는 것이다.

대중문화산업의 세계에서는 시작부터 끝까지 일의 결과가 어떻게 될지 그 누구도 쉽게 장담할 수가 없다.

연예인을 꿈꾸는 그대여,
이제 이 말뜻을 알겠는가?

사람은 믿되 약속은 믿지 마라.

연예계는 숲이다. 숲은 불확실하고 어렵다.

숲에는 일 하는 사람이 있다. 아무리 잔뼈가 굵은 전문가라도 숲을 헤매기는 마찬가지다.

숲과 사람이 있다면 그래도 믿을 수 있는 것은 사람이다.

숲을 헤매다보면 상처를 입기도 한다. 게 중에는 약속에 대한 상처도 있다. 그럴수록 그 상처가 숲 때문인지, 사람 때문인지 구분할 줄 알아야 한다. 아무리 상처를 입더라도 사람에 대한 믿음마저 잃으면 안 된다. 그래도 좋은 사람은 있다. 사람을 믿으라는 것은 이런 뜻이다.

약속은 믿지 마라는 것은 환경이 참 어렵기 때문이다. 사람은 약속을 지키고자 하지만 숲이 호락호락하지 않기 때문이다. 그래서 연예계는 특히 운이라는 말을 많이 한다. 좋은 운이든, 나쁜 운이든.

약속은 믿지 마라는 것은 정말 약속을 믿지 마라는 뜻이 아니다. 숲속에서는 약속이 얼마든지 바뀔 수도 있으니 넓은 아량으로 이해할 줄도 알아야 한다는 것을 강조하고자 위함이다.

최선을 다하지만 환경이 따라주지 않는 건 어쩔 수가 없다.

사람이 죄라기보다 환경이 죄다. 연예계가 특히 그렇다.

들어오는 제의는 반가워하라. 반가워하되 약속이 지켜질 수 있을지 따질 건 따져라. 따지되 받아들이기로 결정했으면 확신을 가져라. 확신을 가지되 또 얼마든지 깨질 수도 있다는 것도 받아들여라. 미리 이해하고 대비하라.

그래야 숲에 지지 않는다.

그래야 나쁜 운은 떨쳐 버릴 수 있다.

6

스타를 위하여 :

대중스타는 군중심리와
공중도덕을 합쳐라

대중스타는 군중심리와
공중도덕을 합쳐라

'스타란 무엇인가?'에 대한 학문적 연구는 1930~1940년대 미국에서 할리우드를 중심으로 상업영화가 시작되면서 본격적으로 출발했다. 스타시스템, 스타이미지, 스타현상, 스타상품학 등 다양한 스타연구가 오늘날까지 이어져오고 있다.

대중문화산업이란 수요와 공급이 불일치하는 매우 불확실한 산업이다. 대중영화를 제작해서 공급하고 싶어도 과연 성공할지 그 여부를 미리 가늠하기란 매우 어렵다.

그래서 도대체 어떻게 하면 투자대비 안정적 수익을 올리는 영화를 만들 수 있을지에 대한 상업적 필요에 의해 연구되기 시작한 것이 스타학이다. 수요의 불확실성을 극복하고자 스타에 대한 연구가 시작되었다.

파우더메이커(Powdermaker)가 '스타는 수익의 보증수표'라고 말한 것처럼 안정적인 스타의 출연이 안정적인 성공으로 이어질 확률이 높다. 어떤 스타가 출연해야 작품이 성공할 수 있을까라는 스타성 연구도 그래서 이루어졌다.

스타산업은 대중을 상대로 투자대비 수익을 내는 산업이다. 그래서 스타를 발굴하는 기준도 이것 이상 중요한 게 없다.

'과연 대중이 좋아할 만한가?'

신인 발굴기준은 이것 이상 없다.

미국 애니메이션 제작사인 픽사(Pixa)도 영화를 성공시키기 위한 스토리텔링 기법으로 이런 것을 강조한다.

"작가로서가 아닌 관객의 입장에서 무엇을 더 재미있어 할지 생각하라."

예술에는 크게 두 가지가 있다. 하나는 순수예술이고, 다른 하나는 대중예술이다.

순수예술이란 모차르트, 빈센트 반 고흐, 로댕 등의 작품과 같이 그야말로 예술을 위한 예술이다. 예술가가 '자신'의 세계를 추구하는 예술이라고 할 수 있다.

이에 비해 대중예술은 '자신'의 세계를 추구하는 것이 아니라 '대중'의 취향을 추구하는 예술이다. 영화, TV, 라디오, 광고, 가요 등과 같이 소위 대중에게 팔리는 작품을 만드는 예술이다.

순수예술이 예술가 자신의 만족이 목적이라면, 대중예술은 대중의 만족이 목적이다. 따라서 대중예술은 대중의 구미에 맞도록 하는 것이 가장 중요하다.

대중을 만족시키는 예술수단 중의 하나가 연예인이고 스타다.

스타란 도대체 뭘까?

간단하게 말하면 '유명한 사람'이다. 그 중에 연예인은 '유명세로 먹고 사는 사람'이라 할 수 있다.

유명해지려면 유명하도록 만들어줄 수단이 필요하다.

유명하게 만드는 수단은 역사적으로 발달해왔다. 고대, 근대, 현대로 오면서 말이다.

스타도 이런 수단에 따라 역사적으로 변천해왔다. 스타란 무엇인지 알기 위해서는 스타가 역사적으로 어떻게 변천해왔는지 알아볼 필요가 있다.

지금부터 유명하게 만드는 수단에 따라 스타가 어떻게 변해왔는지 고대, 근대, 현대로 나누어 살펴보겠다.

먼저 고대다.

고대에 유명하게 만드는 수단은 말이었다. 인간의 언어였다. 고대에는 말 잘하는 사람이 스타가 될 수 있었다.

말이 발달하기 전의 원시시대에는 힘이 센 사람이 스타가 될 수 있었다. 동물을 잘 잡아서 식량을 조금이라도 더 많이 구해 오는 사람이 무리 중에 스타가 될 수 있었다. 하지만 고대로 넘어오면서 인간의 말이 발달하게 된다. 그래서 생긴 변화가 말 잘하는 사람이 스타가 되는 것이었다.

말이라는 게 그렇다. 듣는 것이다. 말을 듣기 위해서는 무리가 필요하다. 그래서 고대에는 말을 듣기 위해 자연스레 인간의 무리가 새로 생기게 되는데 그것이 '군중(群衆, mob)'이다. 고대의 스타는 바로 이 군중을 잘 설득할 수 있는 사람이 스타가 될 수 있었다.

고대 그리스를 보라. 광장에 사람들을 모아놓고 말을 하는 철학자나 정치가, 언변가가 스타가 될 수 있었다. 또한 군중 앞에서 노래를 부르는 가수나 연극을 하는 배우도 스타가 될 수 있었다.

군중 앞에서 뭔가를 보여주는 사람이 유명한 스타가 될 수 있었다. 군중스타.

광대라는 말도 이 당시에 생겼고 지금도 연예인을 광대라 하기도 한다.

다음은 근대다.

근대로 넘어오면서 사람을 유명하게 만드는 수단은 말 외에 하나 더 생기게 된다. 바로 문자다. 글이다. 특히 18세기 구텐베르그에 의해 인쇄술이 발달하면서 문자는 인간의 소통수단으로 널리 쓰이게 된다.

고대에 말 때문에 군중이 생겼다면, 근대에도 글 때문에 인간에겐 무리가 새로 하나 더 생기게 되는데 바로 '공중(公衆, public)'이다.

말은 들을 수 있는 범위 내에 있는 사람을 대상으로 한다. 사람 간에 직접적인 접촉이 가능해야 통용된다.

그러나 글은 직접적인 접촉을 안 해도 된다. 말이 들리지 않을 정도로 멀리 있어도 전달하고 통용될 수 있다. 간접적인 접촉으로도 의사소통이 가능하다. 이런 수단이 종이고, 종이에 의해 만들어진 게 책과 신문이다.

말을 듣는 군중은 보이는 존재다. 하지만 근대에는 보이지는 않지만 글로 소통하는 무리가 또 하나 생겼으니 이를 공중이라 부르게 된다.

그래서 고대에는 말 잘하는 사람이 스타가 될 수 있었지만, 근대에는 이들 외에 글 잘 쓰는 사람이 스타가 되게 된다. 책이나 신문을 통해 유명해지는 공중의 스타.

예를 들어 문학가, 비평가, 사상가, 과학자, 기자 등이다. 이

런 스타들 덕분에 18세기는 한편 이성의 시대, 합리주의 시대
라 불리기도 한다.

마지막으로 현대다.

고대에 말, 근대에 글이라면 현대에 와서도 유명해질 수 있
는 새로운 의사소통 수단이 등장하게 되는데 바로 미디어
(media)다. 우리말로 하면 매체다. 텔레비전, 영화, 라디오, 인
터넷 등이다.

미디어는 신기하게도 말과 글(그림)을 한꺼번에 전달해준
다.

말을 통해 출현한 인간의 무리가 '군중'이고, 글을 통해 출현한 무리
가 '공중'이라면, 미디어를 통해 출현한 새로운 무리가 '대중(大衆,
mass)'이다. '대중'은 미디어가 등장하면서 새롭게 생긴 용어다.

이에 발맞춰 스타도 새롭게 등장하게 된다. 말 잘하고, 글 잘
쓰는 스타 외에 미디어에 잘 맞는 소위 미디어스타다. 연예인
도 그 중 하나다. 영화스타, 텔레비전스타, 라디오스타 등.

과거에는 광대라 해서 천대받기도 했던 사람들이 미디어산
업이 급속도로 발전하면서 각광받는 연예인으로 그 지위가 바
뀌게 된다. 스타에 대한 연구도 이런 시대적 변화에 따른 것이

었다. 미디어가 등장하면서 새로운 미디어스타의 필요성도 생겨 스타연구도 본격적으로 하게 된 것이었다. 미디어는 그동안의 말과 글과는 전혀 다르고 큰 파급효과를 주기 때문이었다.

그와 더불어 스타에 대한 중요성에 있어서도 일대 인식의 변화가 생겼다. 그동안에는 말과 글을 통해 스타가 될 수 있었다. 하지만 현대에는 단순히 미디어를 통해 스타가 나오는 수준이 아니라 미디어가 스타를 만드는, 다시 말해 미디어가 아예 발벗고 나서서 스타를 만들어내야 미디어도 그 존재 의의를 가질 수 있는 수준으로 일대 변화가 생겼다는 것이다.

스타를 만들어내지 않으면 미디어도 살아남기 어려운 시대. MBC가 SBS보다 스타를 만들어내지 못하면 뒤처지는 시대.

과거와는 비교할 수도 없는 대중스타의 막강한 힘이 부상했다.

어떻게 하면 스타를 만들어낼 수 있을까?

스타가 가져야 할 면모가 스타성이다.

스타성이란 뭘까?

이 또한 고대, 근대, 현대의 역사적 변천과정에서 찾을 수 있다.

고대에는 말이 의사소통 수단이다. 그래서 등장한 무리가 군중이다.

군중은 말에 의해 쉽게 흥분되는 매우 감정적이고 감성적인 존재다. 그래서 '군중심리'라는 말이 생겼다.

고대에는 이런 군중심리를 잡을 수 있는 사람이 스타가 될 수 있었다. 연설을 잘하는 정치가, 논리를 잘 펴는 철학자, 감동을 주는 연극배우나 언변가 등 군중심리를 잘 자극할 수 있는 사람이 스타가 될 수 있었다.

근대에는 글이 의사소통 수단으로 등장했다.

글은 감정적이지 않고 이성적이다. 글을 통해 인간의 이성을 재발견한 시대가 근대다. 그래서 근대를 합리주의 이성의 시대라고도 한다. 이성과 합리에 근거한 무리가 공중이다. 공중은 인간의 윤리와 도덕을 강조한다. 그래서 이 시대에 생긴 말이 '공중도덕'이다.

근대에는 이런 인간의 이성과 도덕성을 강조하는 사람이 스타가 될 수 있었다. 비평가, 문학가, 과학자, 사상가 등 공중도덕의 중요성을 역설한 사람이 스타가 될 수 있었다.

현대에는 미디어가 의사소통 수단으로 등장했다. 미디어가 전달하는 것은 말과 글(그림)이다. 그래서 대중의 속성은 군중과 공중의 속성을 합친 것이 그 특징이다. 감성적이기도 하고 이성적이기도 하다.

그래서 현대에는 군중심리와 공중도덕을 모두 자극할 수 있는 사람이 스타가 될 수 있다. 특히 미디어스타가 그렇다. 즉 대중스타는 군중심리와 공중도덕을 합친 존재라야 한다는 것이다.

스타성이란 바로 군중심리를 자극하고 공중도덕을 보여줄 수 있는 매력이다.

그동안 연예인이 되려면 상품성과 인간성을 함께 가져야 한다고 누차 강조했다. 그 이유도 사실 지금까지 살펴본 스타성의 역사적 변천과정과도 맥락을 같이 한다.

현대의 미디어스타는 군중심리를 자극할 줄 알아야 한다. 군중은 감정적이고 감성적이다. 그렇다면 이런 군중을 자극할 수 있는 감성적인 매력이 있어야 한다. 이것이 상품성이다.

또한 공중도덕도 지킬 줄 아는 사람이어야 한다. 공중은 합리적이고 윤리적이다. 그렇다면 이런 공중을 자극할 수 있는 합리적이고 도덕적인 매력도 있어야 한다. 이것이 인간성이다.

스타성이란 바로 상품성과 인간성이다.

방송현장에는 이런 말이 있다.

"PD는 프로그램을 만들 때 두 마리 토끼를 잡아야 한다. 한 마리는 재미고, 다른 한 마리는 의미다."

프로그램은 재미가 있어야 하지만 의미도 있어야 한다는 것이다. 재미란 군중을 자극할 수 있는 재미를 말한다. 의미란 공중에 대한 윤리적 소임도 다함으로써 오는 감동을 말한다.

예를 들어 오락프로그램을 보자. 출연한 연예인들이 재미있게 놀기도 하지만 의미도 주기 위해 마지막 우승 상금이나 상품을 불우이웃을 돕는 데 쓰도록 한다. 군중에 대한 재미도 주지만, 공중으로서의 도덕적 소명도 다하기 위한 것이다.

스타를 꿈꾸는 그대여,

미디어가 발달하기 전, 과거의 스타들은 관객이 볼 수 있는 무대 위에서만 재주를 보여주면 되었다. 무대 밖의 인간적인 모습은 대중에 보여줄 수도 없었고, 굳이 그럴 필요도 없었다. 무대 위의 모습만으로도 충분히 스타가 되었다.

그러나 현대는 달라졌다. 무대 위뿐만 아니라 무대 밖의 모습도 함께 보여줘야 스타로서 커나가게 되었다. 특히 무대 밖의 인간적인 모습을 보여주는 프로그램도 많이 생겼다. 자신의 실생활을 민낯으로 고스란히 보여주는 리얼리티 프로그램이 그 예다. 토크쇼도 마찬가지다.

자신의 뛰어난 재주도 보여주어야 하지만, 그 외 인간적으로
도 좋은 모습을 보여주어야 한다.

스타들을 보라. 기아에 허덕이는 아프리카에서 구호활동을
하기도 한다. 구호단체나 공공기관의 홍보대사로 활동하면서
사회운동도 한다. 공익을 위해 각종 캠페인을 벌이기도 하고,
남몰래 선행을 하기도 한다.
공중의 일원으로서 맡은 바 도덕적 소임을 다한다.

좋은 인간성을 보여준다. 상품성이 전부가 아니다.

대중스타가 되고 싶은가?
그렇다면 군중심리와 공중도덕을 합쳐라.

스타는 그야말로 다양하다. 정치가, 문학인, 화가, 무용가, 조각가, 교수, 과학자, 스포츠선수, 가수, 개그맨, 배우, 비평가, 기자, 리포터, 기상캐스터, 아나운서……. 심지어 요즘엔 전문가 중에도 스타가 많다. 의사, 법률가, 심리상담사 등 일반인 중에도 스타가 많다. 전문가나 일반인들이 TV에 출연해서 유명해진 스타를 셀러브리티(celebrity)라고도 한다.

스타를 배출하는 대표적인 창구가 텔레비전이다. 텔레비전이 하는 많은 프로그램을 통해 수많은 스타들이 배출된다.

텔레비전 프로그램에는 5가지 장르가 있다고 했다. 보도, 교양, 예능, 드라마, 스포츠다.

보도는 뉴스나 시사프로그램이 있고, 교양은 다큐멘터리나 생활정보 프로그램 등이 있다. 예능은 가요쇼, 버라이어티, 코미디, 토크쇼, 퀴즈, 게임, 시트콤, 리얼리티 등이 있고, 드라마나 스포츠는 굳이 따로 설명이 필요 없을 것이다.

그래서 스타도 이들 장르에 따라 보도스타, 교양스타, 예능
스타, 드라마스타, 스포츠스타로 나눌 수 있다.

교양스타는 리포터가 대표적이고, 그밖에 다큐멘터리에 출
연하는 일반인이나 각종 생활정보 프로그램에 출연하는 의사,
변호사, 심리상담사 등 전문가가 있을 수 있다. 보도스타는 기
자, 앵커, 아나운서, 기상캐스터 등이 있고, 예능은 가수나 개그
맨이 대표적이다. 드라마는 배우, 스포츠는 스포츠 선수나 해
설가, 캐스터 등이 있다.

텔레비전 프로그램의 5대 장르라는 것도 다시 크게 2가지로
나눌 수 있다. 그것은 정보프로그램과 오락프로그램이다.

텔레비전이 시청자에게 전달하는 것이 무엇인지 딱 2가지로
줄여 말해보라고 한다면 정보와 오락이라고 할 수 있다. 정보
라는 것은 일반적인 의미의 정보인데 이를 전달하는 것이 보도
와 교양장르다. 오락을 전달하는 것은 예능, 드라마, 스포츠라
는 장르다.

그렇다면 스타도 2가지로 나눌 수 있게 된다. 바로 정보스타
와 오락스타다.

정보스타는 보도스타, 교양스타다. 기자, 앵커, 아나운서, 기상캐스
터, 리포터 등이 그 예다.

오락스타는 예능스타, 드라마스타, 스포츠스타다. 개그맨, 가수, 배우, 스포츠선수, 해설가 등이다.

이렇듯 스타도 정보스타와 오락스타로 구분할 수 있는데 요구되는 스타성도 서로 엄연히 다르다.

앞서 방송은 재미와 의미라는 두 마리 토끼를 담아야 한다고 했다. 보도나 교양과 같은 정보프로그램은 의미를 주는 게 주목적이라면, 예능, 드라마, 스포츠와 같은 오락프로그램은 재미를 주는 게 주목적이라 할 수 있다.

언론학자들은 '재미'를 '방송의 상업성'이라는 말로 표현하고, '의미'를 '방송의 공익성'이라고 표현한다.

방송의 상업성이라는 것은 방송이 오락을 통해 즐거움을 주는 기능을 하기 때문인데 그것이 상업적인 목적이 크다보니까 그렇게 부르는 것이다. 방송사도 수익이 있어야 방송을 할 수 있다. 방송사 수익의 원천은 주로 오락프로그램이다. 오락프로그램을 해야 광고수익도 올릴 수 있다. 방송의 상업성.

방송의 공익성이라는 것은 방송은 또한 공공기관으로서 공익적인 소임도 다해야 한다는 뜻에서 하는 말이다. 방송사가 수익에 급급해 너무 오락프로그램만 하지 말고 수익이 안 되더라도 뉴스나 재난방송, 사회 캠페인프로그램과 같은 공익적인 의무도 다하라는 것이다.

이처럼 정보프로그램은 방송의 공익성을 실현해서 의미를 주고, 오락프로그램은 방송의 상업성을 통해 재미를 준다.

정보스타와 오락스타의 스타성이 무엇인지도 이런 맥락에서 찾을 수 있다.

먼저 정보스타의 스타성이다. 앵커, 기자, 아나운서, 기상캐스터, 리포터 등은 어떤 덕목이 필요할까?

보도나 교양과 같은 정보프로그램들은 공익적인 프로그램이다. 그렇다면 정보스타에게 중요한 덕목은 바로 공익성이라 할 수 있다. 공익을 대변하는 이미지가 중요하다.

공익성을 실현하는 스타들은 상업적인 돈과는 별 관계가 없다. 상업적인 돈을 추구하는 것은 오락스타다.

정보스타를 보자. 앵커, 기자, 아나운서들은 방송사에 입사해서 대개 월급을 받는 직원이다. 그들은 뛰는 만큼 돈을 버는 직종이 아니다. 수입이 대부분 일정하다.

그러나 예능, 드라마, 스포츠와 같은 오락스타는 뛰는 만큼 돈을 버는 자유직이다. 정보스타가 대부분 정규직으로 안정된 월급을 받으며 공익을 실천한다면, 오락스타는 자유직으로 뛰는 만큼 돈을 버는 상업성을 추구한다.

연예인을 꿈꾸는 그대가 추구하는 것은 아마도 공익성을 추구하는 정보스타라기보다 상업성을 추구하는 오락스타일 것이다.

정보스타가 대중에게 의미를 준다면, 오락스타는 재미를 주어야 한다. 재미를 주기 위해서는 자유롭고 창의적인 끼가 중요한 스타성이다.

"얼마나 자유로운 캐릭터의 매력을 발산하는가?"

오락스타는 자유로운 만큼 돈을 번다.

하지만 정보스타는 공익을 대변하는 사람으로서 반듯하고 객관적인 전달력이 중요한 스타성이다.

"얼마나 객관적인 캐릭터의 매력을 발산하는가?"

정보스타는 중립을 반듯하게 잘 지키는 이미지를 항상 일정하게 유지하라고 해서랄까, 고정 월급을 준다.

오락스타의 스타성이 무한하게 발산되는 그 사람만의 주관적인 창의성이라면, 정보스타의 스타성은 누구에게도 신뢰를 주는 객관적인 전달력이다.

정보스타와 오락스타의 스타성은 이처럼 상반될 정도로 다르다.

그렇다면 이런 경우는 뭘 뜻하는 걸까?

방송사 직원으로 있던 아나운서가 어느 날 방송사에 사표를 내고 프리랜서 선언을 하는 경우다.

아나운서란 고정 월급을 받는 정보스타다. 프리랜서가 되겠다는 것은 이제 오락스타로 거듭나겠다는 뜻이다. 뛰는 만큼 돈을 버는 상업스타가 되겠다는 뜻이다.

예를 들어 기자, 아나운서와 같은 정보스타는 아무리 유명한 스타가 된다 하더라도 상업적인 광고모델로 출연할 수가 없다. 방송사 회사규정이 그렇게 되어 있다. 왜? 방송의 공익성이라는 의무를 실천하는 공적 인물이기 때문이다. 광고수입은 뛰는 만큼 돈을 버는 오락스타의 몫이다. 방송사를 그만두고 프리랜서 아나운서가 되겠다는 것은 광고활동도 하겠다는 뜻이다. 그래서 기획사와 계약을 맺고 활동하는 프리랜서 아나운서도 많다. 상업적 오락스타로 변신하는 것이다.

또 이런 경우도 생각해보자. 지망생들 중에는 이런 꿈을 말하는 사람이 있다.

"저는 MC(사회자)가 되고 싶어요."

"저는 앵커가 되고 싶어요."

그런데 이 말은 직종과 역할이라는 게 뭔지 구분할 줄 몰라서 하는 말이다.

앵커가 되고 싶은가? 그러면 먼저 기자가 되어야 한다.

MC(사회자)가 되고 싶은가? 그러면 먼저 연예인이 되어야 한다.

무슨 말이냐?

역할과 직종은 다르다.

직종이란 기자, 아나운서, 기상캐스터, 리포터, 탤런트, 가수, 개그맨, 쇼핑호스트 등과 같은 것이다. 내가 무엇이 되겠다는 직업이다.

이에 비해 역할이란 앵커, MC, 패널, 게스트와 같은 배역이다.

예를 들어 한 편의 드라마에 출연하는 사람들을 생각해보자. 여기에 출연하는 사람의 직종은 배우다. 이들 배우들이 맡는 역할, 즉 배역은 아버지도 있고, 어머니도 있고, 가게 점원도 있고, 의사도 있고, 군인도 있다.

마찬가지로 뉴스프로그램에 출연하는 사람들의 직종은 기자나 아나운서다. 그들이 맡는 역할, 즉 배역 중에 하나가 앵커다. 또 오락프로그램에 출연하는 직종은 가수, 개그맨 등과 같은 연예인이다. 그들이 맡는 역할, 즉 배역은 MC, 패널, 게스트 등이다.

"저는 앵커가 되고 싶어요."라는 것은 흡사 "저는 가게 점원

배역을 할 거예요."라는 것과 같다. 아직 배우도 안 된 지망생
이 말이다.

앵커가 되고 싶은가? 그러면 먼저 기자가 되어야 한다.

MC(사회자)가 되고 싶은가? 그러면 먼저 연예인이 되어야
한다.

이제 이 말뜻을 알 것이다.

한 분야의 직종에서 열심히 해나가다 보면 맡게 되는 것이
역할이다. 예를 들어, 기자나 아나운서로 성공하면 맡을 수 있
는 역할이 앵커이고, 배우, 가수, 개그맨 등과 같은 직종에서 성
공하면 맡게 되는 것이 MC(사회자)다.

또 이런 스타도 보았을 것이다. '방송인' 으로 소개하고 활동
하는 사람이다. '방송인' 이라는 것은 직종일까? 역할일까? '방
송인' 은 직종도 역할도 아니다.

방송에 활동하는 사람들 중에는 개그맨도 아니고, 기자도 아
니고, 가수나 탤런트, 기상캐스터 등의 그 어떤 직종도 아닌데
어느 순간 출연하다보니 유명해지고 또 잘해서 방송에도 계속
출연하게 되는 사람이 있다. 각종 버라이어티, 토크쇼, 리얼리
티, 생활정보 프로그램 등에서 활동하는 사람이다. 이들을 흔
히 '방송인' 이라고 한다. '방송인' 은 출연하긴 하는데 그 사람
의 직종이 무엇인지 뚜렷하지 않을 때 쓰는 말이다.

연예인이 되고 싶은 그대여,

정보스타가 되고 싶은가? 오락스타가 되고 싶은가?

그대는 자유로운 창의성이 뛰어난가? 그렇다면 오락스타성
을 가졌다.

그대는 중립적인 전달력이 뛰어난가? 그렇다면 정보스타성
을 가졌다.

이 둘은 달라도 한참 다르다. 정반대라고 보면 된다.

자신이 어느 길에 적합한지 잘 따져보기 바란다. 어느 길을
가든 그에 맞는 스타성과 덕목을 길러야 한다.

제31계명
배우가 되는
2가지 길

연기자란 연기를 하는 사람이다.

연기자가 되는 길은 뭘까? 두 가지가 있다.

먼저 라이브(Live) 연기자로서의 길이다. 연극이나 뮤지컬과 같은 공연 연기가 대표적이다.

두 번째는 미디어(Media) 연기자로서의 길이다. 영화나 드라마 연기가 대표적이다.

라이브 연기가 무대 연기라면, 미디어 연기는 카메라 연기다. 라이브 연기가 관객의 눈을 향한 연기라면, 미디어 연기는 카메라 샷을 향한 연기다.

관객의 눈을 보고 연기를 한다는 것은 풀 샷(Full Shot)의 연기다. 무대 연기는 온몸으로 보여주는 연기다. 이에 비해 미디어 연기는 클로즈 샷(Close Shot), 미디엄 샷(Medium Shot), 웨스트 샷(Waist Shot), 풀 샷(Full Shot) 등 다양한 카메라 샷의 연기다.

라이브 연기가 관객이 보고 싶은 대로 볼 수 있는 연기라면, 미디어 연기는 시청자가 카메라가 보여주는 대로 보게 되는 연기다.

훌륭한 연기자로 성공하려면 대개 사람들의 입소문을 타야 한다. 입소문을 타는 속도에 있어 라이브와 미디어 연기는 차이가 있다.

라이브 연기자로 성공하려면 관객의 입소문을 타야 한다면, 미디어 연기자는 시청자의 입소문을 타야 한다.

유명해진다는 것은 얼마나 많은 사람들에게 알려지느냐에 달려 있다. 비교해보라. 관객의 숫자가 많은가? 시청자의 숫자가 많은가? 당연히 시청자의 수가 비교할 수 없을 정도로 많다. 연기자에 대한 입소문을 타는 속도가 어디가 빠르겠는가? 누가 더 화제가 되겠는가? 사람은 자신이 보고 확인한 만큼 입소문을 내줄 수 있다. 관객과 시청자 중 누가 더 많이 보는가? 미디어의 힘이란 게 여기에 있다.

과거에는 라이브 연기자의 길이었다. 유명해질 수 있는 수단은 오로지 연기를 보여주는 무대가 전부였다. 무대 연기를 통해 서서히 유명해졌다. 하지만 현대는 유명해질 수 있는 수단이 하나 더 생겼다. 바로 미디어다. 덕분에 유명해질 수 있는 속도가 훨씬 빨라졌다. 일약 미디어스타가 나올 수 있는 이유도 여기에 있다.

한류스타가 탄생하게 된 것도 미디어 덕분이다. 전 세계적으로 미디어를 가진 사람이 늘어나면서 그와 더불어 국경을 초월해 생긴 것이 한류스타다.

라이브 연기자와 미디어 연기자가 성장하는 과정은 다르다.
연극이나 뮤지컬과 같이 라이브 연기자의 길은 계단을 밟아 올라가는 과정과 같다. 차근차근 하나씩 밟아 누적적으로 성장해나가는 과정이다.
연극 같은 경우, 보통 극단의 밑바닥에서부터 시작한다. 처음에는 작은 단역이나 극단의 스태프로 시작해 차근차근 계단을 밟아 올라간다.

계단을 밟아 올라간다는 의미가 그렇다.
연기력이란 맡은 역할을 소화해내는 능력이다. 얼마나 다양한 캐릭터를 소화해내느냐에 달려있다. 계단을 밟아 올라간다는 것은 소화할 수 있는 캐릭터가 하나하나 늘어간다는 의미다.
연기를 시작하는 처음에는 소화할 수 있는 캐릭터가 당연히 많지 않다. 어린 나이라면 어린 나이의 연기를 소화하는 정도라고나 할까, 다양하기가 어렵다. 하지만 연기를 하다 보면 연

라이브 연기자의 길

기력도 쌓이게 되고 그러다보면 소화할 수 있는 캐릭터도 늘어
나게 된다. 어린이, 청소년, 청춘, 중년, 장년, 노년 등 연령대뿐
만 아니라, 다양한 직업, 다양한 성격, 다양한 감정 등 부단히
노력하고 시간이 흐르다 보면 연기의 폭도 넓어진다. 캐릭터의
확장이 이루어진다. 캐릭터가 확장되는 과정이 계단을 올라가
는 것과 같다. 그러다 주연을 맡기도 하는 것이 라이브 연기자
의 길이다.

이에 비해 미디어 연기자의 길은 상대적으로 다르다. 지금까
지 살펴본 연예인의 길과 같다고 할 수 있다. 미디어 연기자의

미디어 연기자의 길

길로 성공하면 미디어스타가 된다. 성장하는 과정이 라이브 연기자의 길과는 다르다. 왜? 과거에는 없던 미디어의 힘이 있기 때문이다.

　연예인의 길은 지망생의 땅과 스타의 땅으로 구분되어 있다고 했다. 그 사이에는 숲이 놓여 있다. 미디어 연기자의 길이 이와 같다. 숲을 사이에 두고 지망생의 땅과 스타의 땅으로 나누어져 있다. 그래서 라이브 연기자가 차근차근 연기력을 밟아 올라가는 길이라면, 미디어 연기자는 상대적으로 어느 날 갑자기 성공할 수도 있는 길이다.

대부분의 배우 지망생들이 연기자가 꿈이라고 말하지만 사실은 미디어 연기자가 꿈인 경우가 많다.

사실 연극판에서 연기자로 커나간다는 것은 언뜻 봐도 매우 고된 길임을 부정하기 어렵다. 게다가 수입도 불안정하다. 하지만 미디어 연기자의 길은 잘 하면, 그래서 운도 따라주면 한순간에 성공하기도 하고, 더불어 수입도 보장된다. 그래서 지망생들이 미디어 연기자를 선호하기도 한다.

대중을 만나는 과정도 차이가 있다.

라이브(Live) 연기는 관객을 현장에서 실시간으로 직접 만난다. 일종의 생방송(Live)과 같다. 생방송이란 게 그렇다. 녹화방송(Recoded)에 비해 방송사고나 실수가 고스란히 드러나는 위험이 있다. 그만큼 어렵다. 연극이나 뮤지컬과 같은 라이브 연기도 마찬가지다. 연기를 하다가 실수를 하면 관객에게 고스란히 드러나는 어려움이 있다.

그러나 미디어 연기는 녹화방송이다. 찍고 또 찍고 가장 좋은 장면 하나를 골라 편집한다. 연기자의 실수를 철저히 걸러낸다. 걸러내는 정도가 아니라 돋보이게 할 것은 더욱 돋보이게 만든다. 감독이 최고로 좋은 연기자의 모습을 완성시켜 내보낸다. 영화나 드라마에 나오는 스타들이 하나같이 잘 생기고 예뻐 보이는 것도 가장 좋은 연기자의 모습과 가장 좋은 연기를 만들어서 내보내기 때문이기도 하다.

이처럼 라이브 연기는 한번 무대에 올라간 이상 쉴 없이 보여주어야 하지만, 미디어 연기는 매 장면마다 끊어서 촬영한다. 연기의 성격이나 어려움이 다를 수밖에 없다.

또한 라이브 연기는 매번 같은 장소에서 관객에게 새로 보여주어야 하지만, 미디어 연기는 한번 연기를 하고 촬영하면 그 이후 때와 장소를 초월해 미디어로 시청자에게 보여준다.

같은 연기를 하더라도 연극의 경우, 연기자의 컨디션이나 극장 분위기, 관객의 반응 등에 따라 달라지기도 한다. 하지만, 미디어 연기는 한번 작품을 완성해놓으면 연기자의 모습이 모든 시청자들에게 언제 어디서나 똑같다.

그래서 라이브 연기자가 성공하려면 오로지 연기력뿐이라고 해도 과언이 아니다. 연기력으로 관객에게 승부 걸어야 한다. 무대에 올라서는 순간, 다른 사람의 도움을 받을 수가 없다.

이에 비해 미디어 연기자는 감독이나 작가, 조명, 카메라, 편집, 의상, 코디, 메이크업아티스트 등 연기하는 매순간 다른 사람들의 도움을 받는다. 매번 끊어서 촬영하기 때문이다. 그만큼 보다 완성된 모습으로 시청자를 만날 수 있다.

예를 들면 카메라 샷의 연기란 게 그렇다. 감독의 시각에 따라 연기의 포인트가 재가공 된다는 의미가 있다. 클로즈 샷(Close Shot), 미디엄 샷(Medium Shot), 웨스트 샷(Waist Shot), 풀 샷(Full Shot) 등 카메라의 운용을 통해 연기자의 모습이나 연기 중에 그때그때 약한 것은 빼고, 살릴 것은 살리고, 강조할 건 강조해서 더욱 돋보이게 한다. 시청자는 감독이 보여주는 대로 본다. 훌륭하게 완성된 장면만.

하지만 라이브 연기는 무대에 올라서는 순간, 그때부터 나머지 모든 것은 연기자의 몫이다. 기댈 것은 오로지 자신의 연기력뿐이다. 관객은 보고 싶은 대로 본다. 지금 실제 연기하고 있는 장면을.

미디어 연기는 라이브 연기에 비해 가공된 연기다. 그래서 미디어 연기는 연기력도 물론 중요하지만 그 외 스타로서의 별도 매력 또한 중요하다. 뭔가 가공해줄 매력. 스타성. 아우라.

배우가 되고자 한다면 이 두 가지 길을 모두 걷고자 해야 한다. 먼저 계단부터 밟아 올라가겠다는 자세가 필요하다. 연기는 연기를 사랑하는 데서부터 나온다. 연기를 사랑하지 않으면서 연기자가 될 순 없다.

미디어 연기자의 길은 기획사가 필요하지만, 라이브 연기자의 길은 기획사와 별 관련 없다. 배우가 되고 싶다면 기획사도 좋지만 극단부터 찾아갈 각오를 해야 한다. 밑바닥부터 시작할 각오를 해야 한다.

대학로 소극장이나 백화점의 예술극장을 가보라. 관객이 많든, 적든 오늘도 무대에서 열심히 연기하는 수많은 배우들이 있다. 그들은 말한다.

"하루라도 좁은 소극장의 매캐한 공기를 마시지 않으면 살아있는 것 같지가 않아요."

"하루라도 눈이 따가운 조명을 보지 않으면 삶의 의미가 없는 것 같아요."

"단지 무대에 서 있다는 것만으로도 저는 행복해요."

그들이라고 내일의 스타를 꿈꾸지 않겠는가. 하지만 그들은 일단 연기한다는 자체로 행복한 사람들이다. 오로지 연기가 좋아서 하는 사람들이다. 누군가에게 연기를 보여주는 자체가 삶의 전부이고, 의미이고, 행복인 사람들이다. 계단을 밟아 연기자로 성숙해나가는 자신의 모습과 노력 속에서 삶의 의미와 행복을 찾는 사람들이다. 열정과 인내란 이런 것이다.

나는 이들이야말로 정말 예술가라고 생각한다. 진정한 예술가는 대가를 바라고 하지 않는다. 그냥 표현하고 싶은 대로 표현하는 그 자체와 기회를 좋아하고 즐길 뿐이다. 성공을 하고, 안 하고는 그 다음 문제다.

성공한 많은 배우들은 말한다.
"하면 할수록 어려운 게 연기다."
"죽을 때까지 배워야 되는 게 연기다."
"연기란 연기하는 것이 아니라 배우는 것이다."
살아보면 살아볼수록 어려운 게 인생이다. 그래서 하면 할수록 어려운 게 연기다. 연기란 또 다른 삶을 보여주는 행위다. 보여주고자 하는 그 삶의 깊이와 무게는 하루아침에 나오지 않는다. 살아가면서, 노력하면서, 좌절하면서 터득해나가는 것이다.

연기, 한번하고 그만둘 게 아니라면 열정을 갖고 노력을 해서 재능을 키워야 한다. 그래야 기나긴 연기 인생을 버텨나갈 수 있다.

배우는 무당과 같다고 했다. 연기는 작두타기라고 했다. 작두를 잘 타려면 신내림을 받아야 한다. 그래서 잘하는 연기를 신들린 연기라고 한다. 신내림도 받지 않았는데 작두를 타면 어떻게 되는가? 작두의 예리한 칼에 베인다. 피가 난다. 신내림을 제대로 받았다면 그 신명남에 구경꾼들로부터 돈과 박수가 쏟아진다.

배우를 꿈꾸는 그대여,

연기자는 연기를 하는 사람이다. 그대는 연기를 하고 싶은가? 스타가
되고 싶은가?

연기자로 성공한 사람들을 보라. 20대나 30대에 성공한 스타
도 있지만, 40대나 50대에 뒤늦게 성공한 스타도 많다. 뒤늦게
성공했다고 그동안 그 배우가 연기를 안 해왔던 게 아니다. 단
지 대중의 눈에 그동안 안 띄었을 뿐이다. 그러다가 어느 날 뒤
늦게 띄었을 뿐이다. 미디어를 통해 말이다. 단지 대중의 눈에
띌 기회를 늦게 만났을 뿐이다. 그동안 우여곡절 연기 인생을
살아오면서.

배우가 되는 길은 두 가지가 있다고 했지만 사실 그 길이 각
각 다른 길이 아니다. 같은 길이다. 뒤늦게 성공한 스타들도 알
고 보면 고되고 외로운 라이브 연기자로서의 길도 걸어왔다.
계단을 밟으며 이제나저제나 실력을 쌓아왔다. 연기 그 자체를
즐기고 사랑하면서 말이다. 단지 미디어를 통해 대중의 눈에
뒤늦게 띄었을 뿐이다. 비록 대중의 눈에는 어느 날 갑자기 일
지 모르겠지만.

이런 말을 하는 스타가 있다.

"이제는 정말 스타가 아닌, 연기자가 되고 싶어요."

연기는 하면 할수록 어렵다. 변신하고 성장해야 한다. 매순간 알을 깨는 고통과 성장을 해야 한다. 연기, 한 번 하고 말 것이 아니라면 말이다.

배우가 되고 싶다면 먼저 연기자가 되어야 한다. 스타는 그 다음이다.

그대는 진정 연기가 좋은가?

가수란 노래를 하는 사람이다.

가수가 되는 길은 뭘까? 두 가지가 있다.

먼저 라이브(Live)형 가수로서의 길이다. 가창력으로 승부 내는 가수가 대표적이다.

두 번째는 기획형 가수로서의 길이다. 노래와 안무의 무대 퍼포먼스로 승부 내는 아이돌 가수가 대표적이다.

과거에는 라이브형 가수가 대부분이었다. 무대 위에서 악단이나 MR반주에 맞춰 마이크를 잡고 실제 노래를 불렀다.

그러나 90년대에 〈서태지와 아이들〉이 아이돌그룹으로 성공하면서 본격적으로 등장한 것이 기획형 가수다. 기획형 가수란 솔로든, 그룹이든 기획사에서 콘셉트를 잡고 그 콘셉트대로 철저히 만들어내는 가수다. 대개는 노래와 안무를 함께 짜서 무대 퍼포먼스까지 하나의 작품으로 만들어 탄생된다.

라이브형 가수는 무대에서 실제로 노래나 연주로 승부 낸다. 립싱크를 하지 않는다.

이에 비해 기획형 가수는 노래뿐만 아니라 춤이나 이미지 같은 외양적인 퍼포먼스로 승부 낸다. 그래서 노래 외에 발산되는 매력도 매우 중요하다. 과거에는 생각지도 못했던 립싱크를 하기도 한다.

기획형 가수는 그야말로 기획사에서 만드는 일종의 상품이다. 그래서 막대한 투자를 해야 한다. 제작 스태프도 많아야 된다. 작곡가, 안무가, 매니저, 코디네이터, 음악프로듀서, 의상, 팬 관리, 연습실, 마케팅까지 하나의 음반을 내고 활동하기까지 막대한 비용과 인력, 시간, 노력이 든다. 이에 비해 라이브형 가수는 상대적으로 적은 투자로 성공할 수 있다.

라이브형 가수는 가요제나 오디션 등을 통해 데뷔한 후 하나하나 계단을 밟아 올라가 대개는 서서히 인정을 받아나간다.

하지만 기획형 가수는 모든 것을 사전에 완벽하게 준비해 음반을 내놓는다. 그렇다보니 음반 출시 후 일주일 정도면 성공인지, 실패인지 금방 판명나기도 한다. 성공과 실패가 비교적 명확하다. 라이브형 가수는 어쨌든 가창력이 주무기이기 때문에 대개 본인 음반의 성공여부와 크게 관계없이 활동은 계속한다.

라이브형 가수가 계단을 밟아 서서히 올라간다면, 기획형 가수는 한순간에 실패할 수도 있는 위험성을 가지고 있다.

어린 가수 지망생들이 꿈꾸는 것은 기획형 가수가 대부분이다.

라이브형 가수가 언더그라운드 음악을 하는 가수들처럼 라이브 무대를 중심으로 활동한다면, 기획형 가수는 텔레비전, 라디오, 인터넷과 같은 미디어를 중심으로 활동을 한다. 철저히 미디어 전략형 가수다. 콘서트를 하더라도 대형 퍼포먼스 콘서트를 펼친다. 미디어 마케팅도 대대적으로 한다. 그래서 홍보마케팅도 중요하다.

한류스타는 미디어의 힘 때문이라고 했다. 그래서 한류가수는 미디어 전략을 구사하는 기획형 가수가 대부분이다. 특히 인터넷 활용전략은 단번에 세계적인 스타로 만들기도 한다.

라이브형 가수라고 해서 노래로만 승부 내는 건 아니다. 춤과 함께 각종 스테이지 퍼포먼스로 활동하는 가수도 많다. 이들 또한 세계적인 한류스타가 되기도 한다. 미디어의 힘을 빌리면.

어느 가수의 길이든 자신과 맞는 길을 선택하면 된다.

그런데 간과할 수 없는 차이가 한 가지 있다. 그것은 가수로서의 수명이다.

라이브형 가수는 가창력을 중심으로 서서히 성장해나가기 때문에 대체로 수명이 길다. 오직 노래 부르는 자체가 좋고, 노래가 행복이고, 삶의 전부라서 그 열정이 식지 않는 한, 가수로서의 수명이 다하진 않는다.

이에 비해 기획형 가수는 기획사에서 만든다. 그렇다보니 최초에 아이돌 가수로 만들었던 콘셉트가 유행이 지나면 가수로서의 수명도 다하게 되는 경우가 허다하다. 라이브형 가수보다 상대적으로 수명이 짧다. 게다가 기획해서 만들다보니 채 성숙되지 않은 어린 가수도 많다.

어린 가수 지망생이나 부모들이 걱정하는 게 한편 이런 짧은 수명이다. 사실 여기에 대한 걱정은 기획사도 마찬가지로 갖고 있다.

이런 지망생의 경우로 여기에 대해 한번 생각해보자.

"제 꿈은 배우예요. 근데 기획사 분들을 만나보면 자꾸 아이돌그룹 가수를 해보자고 제의를 해요. 배우가 되고 싶은데 가수 제의만 자꾸 받아요. 그래서 어떤 기획사는 나중에 배우로

라이브형 가수의 길

기획형 가수의 길

도 키우려고 하니 일단 가수부터 하자고 해요. 어떡하면 좋아 요?'

배우가 되고 싶은데 아이돌 가수 제의를 받는 지망생도 많 다. 그런데 내가 봐도 이 지망생은 정말 아이돌 그룹을 하면 딱 어울릴 외모나 개성을 가지긴 했다. 어떡해야 할까?

기획형 가수는 솔로든, 그룹이든 10대나 20대 수요층을 주 타깃으로 하는 아이돌 가수가 대부분이다. 그래서 가수로서의 수명이 기본적으로 짧을 수밖에 없는 한계가 있다. 게다가 하 나의 아이돌 가수를 기획해 음반을 출시하고 활동하기까지 투 자비는 라이브형 가수보다 훨씬 많이 든다. 음반을 출시하고 나서 성공이냐, 실패냐도 금방 판가름 난다. 투자에 대한 위험 성이 매우 크다. 음반을 출시할 때마다 투자비는 많이 들고, 하 지만 수명은 짧다보니 투자 대비 수익을 올릴 기간이나 기회가 한정적이다.

그래서 기획사에서는 아이돌 가수를 만들면서 단지 가수로 만 한정짓지 않고 배우나 종합 엔터테이너로도 염두에 두는 전 방위 전략을 구사하기도 한다. 예를 들어 1단계에서는 가수를 양성하지만, 2단계로는 배우로도 영역을 넓히는 전략을 구사 하기도 한다.

스타시스템의 다품종 개발시스템이라고나 할까. 가수는 가수지만 궁극적으로는 멀티 탤런트(여기서 탤런트란 배우로서의 좁은 뜻이 아니라 다재다능한 재주를 가진 연예인을 뜻한다)를 양성하는 것을 목표로 하기도 한다는 것이다. 그래야 투자대비 수익을 올릴 수 있는 가능성이 커지기 때문이다.

기획형 가수는 '만드는' 가수다. 사전에 만들 때부터 멀티 탤런트를 염두에 두고 가수를 만든다는 것이다.

이런 양상은 한편 시대의 흐름이다.

시대가 발달하면서 스타시스템도 발달했다. 스타는 미디어가 만든다. 미디어도 발달한다. 그래서 발달하는 미디어에 발맞춰 스타개발시스템도 발달해야 한다. 그렇지 못하면 기획사는 뒤쳐질 수밖에 없다. 새롭고 성숙한 스타개발시스템을 가진 기획사는 살아남지만, 그렇지 못하면 살아남기 어려운 게 연예 엔터테인먼트 산업이다.

예를 들어 미디어의 발달과정을 한번 보자.

1910년대에 라디오가 등장하고, 1920년대에 영화가 등장하고, 1930년대에 TV가 등장하고, 1990년대에 인터넷이 등장했다. 스타시스템도 이에 발맞춰 발달해왔다.

라디오가 시작되면서 라디오에 맞는 스타를, 영화가 도래하면서 영화에 맞는 스타를, TV가 도래하면서 TV에 맞는 스타를, 인터넷 시대가 도래하면서 인터넷에 맞는 스타를 개발해왔다.

TV라 하더라도 흑백 TV, 컬러 TV, 디지털 TV로 발달해왔고 스타시스템도 당연히 거기에 발맞춰 변해왔다.

미디어는 질적으로도 발전하지만 양적으로도 늘어나고 있다. TV만 하더라도 채널이 양적으로 매년 늘어난다. 채널의 수는 가히 헤아릴 수 없을 정도다. 인터넷도 컴퓨터뿐만 아니라 노트북, 핸드폰 등 기기도 하루가 다르게 빠르게 발전하고 있다.

스타개발시스템도 과거와 달리 이들 다양한 미디어, 다양한 채널을 다각적이고 입체적으로 모두 활용하는 전략을 구사하고 있다.

미디어가 지금처럼 발달하기 전, 과거에는 가수도 라디오 전략만 잘 구사하면 훌륭한 스타로 만들어낼 수 있었다. 또한 녹음이나 음반제작 기술도 지금만큼 발달하지 못했기 때문에 이 시대에는 라이브형 가수가 당연히 대세였다.

그러나 지금은 수많은 채널과 다양한 미디어들을 다각적이고 입체적으로 공략하는 스타개발시스템과 마케팅 전략을 구사해야만 제대로 된 가수를 만들어낼 수 있게 되었다. 또한 녹음이나 음반제작, 마케팅 기술도 나날이 발달하고 있다. 그래서 등장하게 된 것이 기획형 가수다. 다양한 미디어와 채널을 활용해야 하는 만큼 그 비용과 인력, 시간, 노력 등도 더 많이 들게 된.

미디어가 양적으로 늘어나고, 질적으로 발달한다는 것은 한편 그만큼 출연자도 더욱 필요하게 된다는 것을 뜻한다. 그래서 생긴 두 가지 변화가 있다. 그것은 미디어 출연 직종의 양적인 팽창과 질적인 다각화다.

첫째, 미디어 출연 직종과 역할의 양적인 팽창이다.
과거에는 뉴스나 오락프로그램에 필요한 출연자는 앵커와 사회자가 거의 전부였다. 그러나 이후 리포터, 비디오쟈키, 기상캐스터, 쇼핑호스트, 스포츠캐스트, 패널, 게스트 등 다양한 직종과 역할들이 생겨났고, 지금도 신종 직종과 역할들은 계속 생기고 있다. 양적으로 늘어나고 있다.

둘째, 미디어 출연 직종의 질적인 다각화다.
과거에는 배우가 연기만 하면 됐고, 가수는 노래만 부르면 됐고, 코미디언은 코미디만 하면 됐고, 모델은 모델만 하면 됐다. 그러나 이후 프로그램도 다양하게 발전하면서 배우라고 해서 연기만 하는 것이 아니라 노래도 부르고, 오락 프로그램의 예능도 하고, 리포터도 하고, 성우도 하게 되었다. 가수라고 해

서 노래만 부르는 것이 아니라 연기도 하고, 예능도 하고, 리포
터도 하고, 성우도 하고, 심지어 스포츠캐스터도 하게 되었다.
개그맨이나 모델도 마찬가지다. 이것저것 다 한다. 모델 중에
는 배우뿐만 아니라 가수, 개그맨, 리포터로 활동하는 사람도
많다.

한 직종에 머무르지 않고, 멀티 탤런트, 즉 종합 엔터테이너로 질적으
로 다각화되고 있다.

이런 두 가지 변화에 부응하지 못하면 기획사도 스타를 만들
어내기가 어렵게 되었다. 스타를 길러내는 비용은 점점 늘어나
고, 늘어난 비용만큼 수익은 올려야 하고, 그래서 다각도로 활
동할 수 있는 다재다능한 연예인으로 길러내지 않으면 안 되게
되었다.

이런 흐름은 일본에서도 엿볼 수 있다.

우리나라는 기본적으로 연예매니지먼트와 프로그램제작 시
스템이 분리되어 있다. 연예인은 기획사에서 만들고, 제작은
방송사가 하는 식이다.

하지만 일본은 연예매니지먼트와 프로그램제작을 함께 하
는 외주시스템이 발달되어 있다. 연예인을 양성하고 관리하는
연예매니지먼트를 하면서 동시에 프로그램도 제작하는 이른바
기획제작사가 많다. 연예사업과 프로그램제작을 같이 하다 보

니 이런 회사는 거대 기업인 경우도 많다. 이런 외주연예제작 시스템이 잘 발달해 있다.

어떤 기획제작사는 가수, 배우, 개그맨, 모델 등 소속 연예인만 수백 명에 달하고, 제작하는 프로그램도 수십 개에 달할 정도로 크다. 제작하는 프로그램은 예능도 있고, 드라마도 있고, 콘서트도 있고, 심지어 영화도 있다. 그래서 이 기획제작사가 제작하는 프로그램의 출연자는 대부분 이 회사 소속 연예인인 경우가 많다. 그렇다보니 소속 연예인을 다각도로 키울 수가 있다. 가수라 해서 노래만 부르는 게 아니다. 드라마나 영화에도 출연해 배우로도 활약하고, 예능에도 출연해 MC나 패널로도 활약한다. 배우라 해서 연기만 하는 게 아니라 음반도 내서 가수로도 활약하고, 모델로도 활약하고, 예능에도 출연하고, 심지어 개그맨으로도 활약한다. 개그맨 중에도 영화배우로 활약하는 연예인도 있다. 도대체 개그맨인지, 가수인지, 배우인지, 모델인지 구분하기 어려운 연예인도 꽤 있다. 그야말로 다품종 연예인시스템이다.

우리나라도 이런 추세다. 가수라 해서 노래만 부르는 게 아니라 배우로도 활동한다. 배우라 해서 연기만 하는 게 아니라 예능에도 출연한다. 개그맨이라 해서 코미디만 하는 게 아니라 연기도 하고, 노래도 부르고, 리포터도 하고, 모델도 한다.

아이돌그룹으로 성공한 가수 중에는 영화나 드라마에 캐스팅 되어 배우로 재도약하는 경우도 많다. 기획형 아이돌 가수를 만들려면 기획사 입장에서는 투자비용이 매우 많이 든다. 그동안 들인 투자비용 외에 또 다른 수입을 창출하기 위해서는 배우로 제2의 도약을 해 새로운 수익을 창출할 수 있도록 해야 한다.

어떤 가수 기획사는 배우로 제대로 다시 뜬 한 명의 가수가 회사 수입의 절반을 안겨다준 경우도 있다. 아이돌 가수에서 배우로 전향해 기획사에 수입을 추가로 다시 올려주는 것이다.

그래서 가수 기획사들은 가수로 가치가 보이는 신인을 찾기도 하지만, 가수 이후에 배우로도 성공할 가능성이 있는 다품종 신인을 찾기도 한다.

한편 이런 시대의 흐름에 부응해 영화감독이나 드라마감독들도 아이돌 가수를 연기자로 많이 선호하고 캐스팅한다.

그 이유는 세 가지로 요약할 수 있다.

첫째, 연기력이 어느 정도 습득되어 있기 때문이다.

아이돌 가수가 비록 스타급이라 해도 연기자로는 사실 신인이다. 하지만 그렇다하더라도 가수 활동을 하면서 연예인으로서의 소양이나 연기력은 어느 정도 쌓여있다. 촬영시스템에 대한 경험이라든가, 제작팀과의 친화력이라든가, 연기자로서의 자세라든가, 대중을 대하는 예의나 방식이라든가 연예인으로서의 자질과 소양은 이미 갖춰져 있고 익숙해져 있다. 그래서 함께 촬영하고 일을 해나가기가 좋기 때문이다. 신인은 신인이더라도 신인 배우와는 출발선이 다르다.

둘째, 젊은 층 타깃을 쉽게 공략할 수 있기 때문이다.

아이돌 가수 스타는 이미 젊은 층에 두터운 팬 층을 확보하고 있다. 드라마나 영화에 출연하면 이런 젊은 층을 저절로 잡을 수도 있기 때문이다.

셋째, 제작비를 어느 정도 절감할 수도 있기 때문이다.

한 편의 드라마를 만드는 제작비는 정해져 있다. 정해진 제작비 안에서 캐스팅도 해야 한다. 감독의 입장에서는 캐스팅에 대한 욕심이 당연히 클 수밖에 없다. 한 명이라도 더 스타급 배우를 캐스팅하고 싶다. 그러나 제작비는 정해져 있다.

이런 해결책 중에 하나가 스타급이지만 상대적으로 적은 출연료로 캐스팅할 수 있는 것이 아이돌 가수다. 비록 가수로서는 급이 높을지 모르지만 배우로서는 아직 신인과 같기 때문에 대개 기존 배우들보다 출연료가 상대적으로 적기 마련이다. 특히 가수에서 이제 막 배우로 변신하고자 할 경우에는 더 그렇다. 비용대비 스타급 연기자를 확보하기가 용이하기도 하기 때문이다.

그렇다고 아이돌 가수라 해서 모두 배우로 성공하는 건 아니다. 가수에서 배우로 전향하려면 역시 중요한 것이 연기력이다. 가수가 아닌 배우로서의 또 다른 매력과 스타성이 있어야 한다. 사실 가수에서 배우로 성공하기란 그리 만만하지가 않다.

예를 들어보겠다.

화려한 쇼를 통해 보는 아이돌 걸그룹의 모습은 더없이 예쁘고 매력적이다. 그런데 그 중에 한 멤버를 어느 날 드라마를 통해 보면 이상하게도 덜 예쁘고, 덜 매력적인 경우가 의외로 많다. 왜 그럴까?

우선 화려한 TV 쇼를 통해 보는 걸그룹의 멤버들이 하나같이 예쁘고 매력적인 이유부터 살펴보자.

일단 무대가 화려하다. 의상도 한 콘셉트로 잘 입었다. 분장도 거기에 잘 맞춰져 있다. 춤도 똑같다. 게다가 노래는 3분 정도로 짧다. 언제 어디서 보든 시청자 입장에서는 3분 정도만 주로 보게 된다. 이 짧은 3분 동안 멤버들의 표정 또한 언제나 밝은 모습이다. 언제나 가장 예쁜 표정 하나만 보게 된다. 게 중에는 덜 예쁜 멤버, 더 예쁜 멤버도 있지만 여러 명을 늘 한꺼번에 보다보니 또 집단효과라는 게 생겨 똑같이 예뻐 보인다. 게다가 TV를 통해 각자의 얼굴을 자세히 길게 보기에는 노래 한 곡을 하는 3분이 너무 짧다. 설령 카메라가 얼굴을 가까이 잡아준다 해도 화면의 컷이 또 몇 초밖에 안 되는 잠깐이다. 잠깐 보기 때문에 더 예쁘다.

그렇게 많이 출연해도 언제나 같은 표정, 언제나 같은 모습으로 잠깐 보기 때문에 그들의 이미지는 이렇게 무대에서만 보는 예쁘고 매력적인 하나의 이미지로만 각인된다.

그렇던 멤버 중의 한 명이 드디어 드라마에 출연했다. 그런데 이상한 일이 생긴다. 그동안 가수로서 하나의 이미지로 굳어졌던 그녀의 매력이 서서히 깨지게 되는 것이다.

드라마에서는 다양한 표정과 연기를 한다. 그동안 가수로서는 볼 수 없던 다양한 면들을 보게 된다. 화난 표정이나 목소리, 우는 연기, 슬픈 연기, 표독한 연기, 심각한 연기 등 다양하다. 화려한 쇼를 통해 잠깐 밖에 볼 수 없었던 얼굴을 드라마에서는 맡은 배역을 통해 클로즈 샷(Close Shot), 미디엄 샷(Medium Shot), 웨스트 샷(Waist Shot) 등으로 보다 자세히, 보다 다양하게 보게 된다. 조명이나 분장도 쇼만큼 화려하지 않다.

이런 모습들이 다행히 가수로 각인된 이미지보다 더 예쁘고 매력적이면 괜찮겠지만 이게 묘하게도 그렇지가 않다. 대개는 가수로서보다 덜 예쁘고 덜 매력적이게 되는 것이다.

가수에서 배우로 전향할 때 염두에 둬야 하는 것이 바로 이런 점이다. 배우로서의 매력이 가수로서의 매력을 따라가지 못하거나 약해 가수에서 배우로 전향하는 데 실패하는 가수들이 많다는 것이다. 가수로서의 이미지보다 배우로서의 이미지 또한 그에 못지않게 매력적이라야 배우로도 성공할 수 있다는 것이다.

그래서 중요한 것이 역시 연기력이다. 맡은 배역을 잘 소화해내면 배우로서의 새로운 이미지로 거듭날 수가 있다. 그렇지 않으면 실망해서 그동안 잘 쌓아왔던 가수로서의 매력도 오히려 타격받을 수 있다. 연기력이 뒤따르지 않으면 아무리 톱스타급 가수라 할지라도 배우로 성공하기 어렵다.

이제 앞서 배우 지망생이 했던 하소연을 다시 들어보자.
"제 꿈은 배우예요. 근데 기획사 분들을 만나보면 자꾸 아이돌그룹 가수를 해보자고 제의를 해요. 배우가 되고 싶은데 가수 제의만 자꾸 받아요. 그래서 어떤 기획사는 나중에 배우로도 키우려고 하니 일단 가수부터 하자고 해요. 어떡하면 좋아요?"
어떡해야 할까?

배우가 되고자 한다면 배우의 길을 찾는 게 맞다. 그러나 배우가 되는 길이 반드시 배우로만 출발해야 되는 건 아닌 시대다.

현대는 멀티 탤런트의 시대다. 기획사가 만약 재능이 보이면 가수 이후에 배우로도 키울 생각도 있다는 것은 빈말이 아닐 가능성이 크다. 오히려 기획사 입장에서는 배우로서의 가능성도 보이는 지망생이라면 쌍수를 들고 환영할 만한 일이다.

배우가 되는 길이 반드시 배우로만 시작해야 하는 건 아닌 시대다. 배우로 가는 길은 다른 길을 통해 갈 수도 있는 시대다.

지망생 중에는 이런 지망생이 있다. 10대나 20대에는 배우보다 가수로서의 성공 가능성이 더 큰 지망생이다. 그런데 배우를 해보겠다고 용쓰다가 결국 세월이 그냥 흘러버리기도 한다. 그러면 이런 안타까움이 들게 된다.

"이 지망생은 가수로 시작했으면 더 크게 성공하고 다른 기회도 또 더 잘 잡을 수 있었을 지도 모르는데, 배우를 억지로 고집하고 배우로 시작하는 바람에 오히려 일이 더 안 풀리고 말았어. 가수로서의 끼도 더 커 보이고 실제 해봤으면 가수가 막상 적성에 더 맞았을지도 모를 일인데. 또 막상 가수를 해보면 자신이 좋아했을지도 모르고 말이야."

본인은 배우가 되고 싶을지 모르겠지만, 혹시 모른다. 자신에게 의외로 가수가 더 적성에 맞을지 말이다. 그러다보면 다재다능하게 커나갈 잠재력도 또 어떤 게 발견될지 모르고 말이다. 앞으로 운이 어떻게 풀려나갈지 모른다.

기획형 가수는 어차피 '만드는' 가수다. 다양한 재주가 있는만큼 얼마든지 다양하게 만들 수 있다. 꼭 가수로서만 아니라.

배우가 되고 싶더라도 혹 자신이 가수로서의 재능도 있는 게 아닌지 한번쯤 되돌아보는 것도 괜찮지 않을까 한다. 물론 그렇게 제안하는 기획사가 스타개발 능력이 있다는 전제하에서 말이다.

가수를 꿈꾸는 그대여,

가창력이 뛰어난가? 그렇다면 라이브형 가수의 길을 생각해보라. 가창력이 있고, 열정이 있고, 노력이 있는 한, 그대의 수명은 길다. 가창력이 있다면, 그래서 부르다보면 길러지는 게 가창력이다. 커나간다.

인간의 신체나 능력 중에 가장 늙지 않는 게 무엇인지 아는가? 목소리다. 목소리만큼 영원한 것도 없다. 그래서 노래도 영원하다.

가수를 꿈꾸는 그대여,

다재다능한가? 젊은 층을 사로잡을 스타성이 있는가? 그렇다면 아이돌 가수의 길을 생각해보라.

인생은 길다. 연예인은 10대에 뜰 수도 있고, 20대, 30대, 40대, 50대에 뜰 수도 있다. 그중에 10대, 20대에는 아이돌 가수로 성공할 자질이 있고, 30대, 40대에는 배우로 성공할 자질이 있는 사람도 있다. 가수로 시작해서 뮤지컬배우가 되거나 드라마배우로 성공한 스타도 많다.

그대에게 언제 어떻게 무슨 운이 따를지 모른다. 기회다 싶으면 일단 잡고 보는 것도 나쁘지 않을 수 있다. 단 자신의 꿈과 재능에 대한 확신이 있다면.

무슨 길을 택하든 자신의 재능에 맞는 가장 알맞은 길을 선택하라. 직선이든, 곡선이든.

개그맨이 되는
유일한 길

연예인이란 자유직이다. 기획사가 발탁해서 방송사에 공급한다.

그러나 과거에는 방송사가 발탁하는 경우가 대부분이었다. 과거에는 탤런트가 되려면 방송사 공채 시험에 합격해야 탤런트가 될 수 있었다. 그러면 그때부터 탤런트가 되는 것이고 출연도 합격한 그 방송사에만 했다.

그런데 1980년대에 탤런트협회의 요구로 탤런트가 자유계약직으로 전환되고 그와 동시에 출연도 다양한 방송사에 할 수 있게 되었다. 그러다보니 어느 순간 방송사 탤런트 공채시험도 사라지게 되고, 지금은 기획사에서 발탁해 방송사에 공급하는 시스템으로 바뀌게 되었다.

가수도 마찬가지다. 과거에는 대개 방송사가 주최하는 대학가요제나 강변가요제 등에 입상하면 가수의 길이 열렸지만, 이제는 기획사의 오디션이 큰 통로가 되었다.

개그맨도 그랬다. 과거에는 방송사에서 공개채용, 줄여서 공채로 뽑았다. 최근까지도 그랬다. 하지만 코미디 프로그램의 인기가 떨어지면서 그래서 코미디 프로그램이 폐지되면서 방송사도 더 이상 공채를 하지 않게 되었다. 그런데 배우나 가수와는 상황이 다르다. 배우나 가수는 모두 기획사 발굴시스템으로 진화되었지만 개그맨은 그렇지 않은 것이다. 사실 개그맨이 되는 길은 과거의 방송사 공채시스템이 거의 유일한 통로였다. 하지만 지금은 없다시피 하다. 사실상 개그맨을 양성하는 기획사는 드물다. 그러면 어떻게?

슬프지만 자생하는 수밖에 없다. 무대 위에서 공연을 하든, 유튜브를 활용하든, SNS에서 활동하든 이제는 더 이상 텔레비전에 기대서는 크기가 어렵다. 극단적으로 말해 일단 성장하기 위해서는 텔레비전 외에 다른 모든 수단을 강구하는 수밖에 없다. 그 다음 텔레비전이 불러주면 불러주는 대로 가고, 그 전까지는 텔레비전 외에서 부단히 헝그리 정신으로 코미디 연기력을 기르는 수밖에 없다.

코미디는 스튜디오에 관객이 있느냐 없느냐에 따라 공개 코미디와 비공개 코미디로 나누어진다. 이 두 코미디는 연기에 있어서

전혀 다르다.

비공개 코미디는 카메라 앞에서 연기한다. 그래서 드라마 연기와 비슷하다. 배우가 드라마 작가가 쓴 대본대로 연기하듯이, 코미디언도 코미디 작가가 쓴 대본대로 주로 연기한다.

하지만 공개 코미디는 관객 앞에서 연기한다. 비공개 코미디가 웃기는 대상이 시청자라면, 공대 코미디는 일단 관객을 웃기는 것이다. 관객의 반응과 함께 살아있는 현장의 연기를 한다. 흡사 연극이나 뮤지컬처럼 공연 연기와 같다.

이렇게 공개 코미디냐, 비공개 코미디냐에 따라 '코미디언'이냐, '개그맨'이냐 라는 용어도 구분이 생기게 되었다.
코미디언이라는 것은 대체로 비공개 코미디의 연기자를 그렇게 부른다. 개그맨이라는 것은 대체로 공개 코미디의 연기자를 그렇게 부른다. 여기에는 사연이 있다.

'개그맨'이라는 호칭을 처음 사용한 것은 개그계의 대부라 불리는 전유성이었다(〈개그콘서트〉를 탄생시키게 한 대학 개그동아리의 소극장 공연도 당시 전유성이 연출한 것이었다. 〈개그콘서트〉도 그가 제안한 것이었다).

1980년대에 비공개 코미디의 연기 트렌드는 주로 몸짓이나 바보짓으로 웃기는 것이었다. 그러다가 새로운 코미디의 연기 트렌드가 생기게 된다. 몸짓이나 바보짓뿐만 아니라 재치 있으면서도 품위 있는 말로도 웃길 수 있다는 것이었다. 이런 트렌드는 곧 젊은 코미디언들에게 유행하게 되었고, 말로써 웃기는 것은 비공개보다 공개적인 무대가 훨씬 효과적이어서 대학로 소극장이나 각종 실내외 공연장으로 그 무대가 넓어지게 된다. 말잔치를 벌이는 레크리에이션 사회자가 각광받기 시작한 것도 이 무렵이었다. 수많은 젊은 코미디언 지망생들이 좁은 방송사 공채 관문대신에 야외나 실내 공연장의 관객을 찾아나서는 방향으로 선회하게 된 것이다. 방송 코미디에서 공연 코미디로 변하는 일대 혁신이 일어나게 된 것이다.

이런 유행을 기존에 주로 몸짓이나 바보짓으로 웃기던 비공개 코미디와 차별화하기 위해 전유성이 '개그'라 부르고, 또 그런 사람을 '개그맨'이라 부르기 시작한 게 지금까지 이어져 오게 된 것이다.

사실 코미디언이나 개그맨이나 같은 말이다. 다만 공개 코미디가 대세로 굳어지면서 개그맨이라는 용어가 코미디언보다 더 널리 쓰이게 된 것이다.

개그맨이 되는 길은 유일하고 분명하다.

"선배 개그맨을 좇아다녀라!"

대학로 소극장이나 기타 공연장에는 많은 개그공연이 열린다. 유튜브나 SNS를 발판으로 한 콘텐츠도 많다. 거기에는 기성 개그맨 선배들과 함께 훈련하고 공연하는 개그맨 지망생들이 많다. 개그맨이 되기 위해서는 이런 과정을 밟는 게 좋다.

공개 코미디는 공연이다. 관객들과 직접 호흡해야 한다. 대본대로 끊어서 촬영하는 드라마나 영화와 달리 생방송처럼 쉼 없이 이어지는 연기를 한다. 그래서 개그맨은 순발력, 융통성, 애드리브 능력, 즉흥 연기력 등이 생명이다. 매번 온몸으로 연기해야 하기 때문에 대사를 소화해내는 능력뿐만 아니라 캐릭터를 발산해내는 힘도 중요하다.

연기에 있어 배우와 개그맨은 차이가 있다. 배우든, 개그맨이든 맡은 배역의 캐릭터를 소화해내는 능력이 중요한 건 공통적이다. 하지만 여기에 상대적인 차이가 있다는 것이다.

배우는 작품의 배역이 먼저 있고, 배우가 그 캐릭터에 주로 맞춰야 한다. 하지만 개그맨은 개그맨의 캐릭터가 먼저 있고, 작품의 배역이 그 캐릭터에 맞춰져야 한다.

무슨 말이야 하면, 드라마나 영화는 배우보다 배역의 캐릭터가 우선이지만, 코미디는 배역보다 개그맨의 캐릭터가 우선이라는 것이다.

배우는 작품의 배역이 곧 자신의 캐릭터이지만, 개그맨은 자신 스스로가 곧 캐릭터다. 예를 들어 찰리 채플린이나 미스터 빈, 바보 영구 심형래를 보라. 이들의 캐릭터는 그 어떤 배역에도 변하지 않는다. 한번 찰리 채플린은 영원히 찰리 채플린이고, 한번 미스터 빈은 영원히 미스터 빈이고, 한번 바보 영구는 영원히 바보 영구다. 개그맨은 어떤 캐릭터로 자신을 각인시킬지가 성공의 관건이다.

배우는 자신의 캐릭터를 다양한 배역으로 다양한 변신을 꾀하는 게 관건이지만, 개그맨은 한번 굳어진 자신만의 캐릭터를 앞으로 어떤 배역으로 계속 유지하고, 확장하느냐가 생명력의 관건이다. 배우는 작품을 놓고 자신을 어떻게 맞출까를 고민한다면, 개그맨은 자신을 놓고 작품을 어떻게 맞출까를 고민한다는 것이다.

배우는 천의 얼굴이 중요하지만, 개그맨은 제대로 된 하나의 얼굴이 중요하다. 제대로 된 하나의 캐릭터가 세상을 뒤흔든다.

그래서 개그맨은 아이디어가 중요하다. 자신의 캐릭터는 누구보다 개그맨 자신이 잘 알기 때문에 어떤 배역, 어떤 내용으로 웃길 수 있는 지도 자신이 더 잘 안다.

그래서 개그맨은 자신이 직접 주로 아이디어를 짠다. 개그

작가가 따로 있는 경우도 있지만 자료 조사나 대본 정리, 아이디어에 대한 재미 여부의 판단이나 조언 역할을 하는 정도다.

아이디어를 짜는 능력이나 연기력은 혼자 향상시킬 수 있는 게 아니다. 선배나 동료 개그맨들과 함께 회의하고 연기하면서 가능해진다. 그래서 개그맨 세계는 선후배간의 공동 질서나 조직 화합력이 매우 중요하다.

일례로 개그맨 세계는 선후배간에 군기가 매우 엄격하다. 신인 개그맨은 "안녕하세요?", "수고하셨습니다."라는 말을 입에 달고 다닌다. 여러 사람이 함께 힘 모아 하는 공연문화이기 때문이다.

개그맨은 매번 새로운 아이디어로 관객을 웃겨야 한다. 그러자면 즉흥적인 순발력이 뛰어나야 한다. 관객을 현장에서 공개적으로 바로 웃기고 울리려면 즉흥적인 애드리브 능력이 중요하다. 그래서 개그맨은 가수나 배우와는 다른 장점이 있다.

배우는 대본, 가수는 노래가 없으면 생명력을 잃게 된다. 하지만 개그맨은 스스로의 즉흥적인 순발력과 아이디어가 생명이고 무기이기 때문에 무한정 뻗어나갈 수 있다. 개그맨은 향후 배우, 가수, DJ, 리포터, MC, 패널, 게스트, 모델 등 멀티 텔런트로 발전할 가능성이 매우 크다.

일본에도 코미디언으로 스타가 되어 이후에 영화배우로도 성공한 스타가 있다. 그밖에 MC나 가수로 성공한 스타도 부지기수다.

개그맨을 꿈꾸는 그대여,

기획형 가수는 노래가 더 이상 없으면 수명이 다하게 된다. 그래서 수명이 대체로 짧다.

이에 비해 배우는 연기력만 갖춰져 있으면 대본은 계속 섭외가 들어온다. 그래서 수명이 길다.

그러나 개그맨은 개그맨 스스로가 곧 노래이자 대본이다. 그래서 수명이 긴 정도가 아니라 다양한 직종과 역할로 무한히 뻗어나갈 수도 있다. 자기 스스로가 곧 무기이기 때문이다. 자기가 곧 캐릭터이고, 아이디어이기 때문이다.

개그맨의 능력은 미래에 확장될 잠재력이 매우 크다.

배우나 가수는 기획사에서 생산해 텔레비전에 배급한다면, 개그맨은 자생으로 커서 기획사를 찾아야 한다. 개그맨이 코미디 프로그램을 통해 스타로 뜨면 이후 대개 기획사와 계약을 한다. 그러면 MC든, 패널이든, 가수든, 배우든, 리포터든, DJ든 다양한 스타로 성장해나가게 된다.

개그맨으로 뜬 스타를 기획사에서 계약하는 이유는 개그맨이 다품종 연예인으로 성장해나갈 가능성이 무한하기 때문이다. 각 방송사의 주요 MC도 아나운서를 제하면 대부분 개그맨 출신이다.

텔런트란 무엇인가? 사전에 의하면 '재능', '재인' 이라는 뜻이다. 연기와 노래 등 연예계통으로 다양한 재능을 가진 사람을 텔런트라고 한다.

개그맨의 자질을 갖추고 있는가? 그렇다면 그대는 텔런트다.

지금은 개그맨일지 모르지만 이후에는 어떤 스타가 될지 모른다. 더 넓은 기회의 문들이 기다리고 있다.

개그맨이 되고 싶은가? 그렇다면 지금 당장 개그맨 선배부터 찾아가라.

스타는 이상과 현실을
조화시켜 대중에게
다가가는 과정이다

스타가 무엇인지 이제 마지막으로 정리해 보겠다.

에드가 모렝(Edgar Morin)은 "스타는 일상의 보상이요, 꿈의 양식이요, 효소."라고 했다.

일반인으로서 우리는 현실에서 산다. 그러나 꿈을 꾼다. 꿈은 상상이다. 우리는 현실세계에서 살지만 한편으로는 상상의 세계를 꿈꾼다. 현실과 상상을 함께 산다.

모렝이 한 말은, 비록 우리가 현실에 살지만 꿈(상상)을 보상해 주는 것이 스타라는 뜻이다.

상상세계의 주인공은 많다. 예를 들면, 백설공주와 같은 동화 속의 주인공이다. 이런 상상세계의 주인공들은 현실세계에는 실제 존재하지 않는다.

스타도 이런 상상세계의 주인공이다. 하지만 스타는 현실세계에 실제 존재한다. 백설공주나 스타가 상상이 실현된 모습이기는 하지만 이런 차이가 있다. 현실세계에 존재하는 스타, 현실세계에 존재하지 않는 백설공주.

연예계는 스타의 땅과 일반인의 땅으로 나누어진다고 했다. 어쩌면 스타의 땅이란 것도 상상세계의 땅일지 모른다. 그러나 스타는 오직 상상으로만 존재하는 백설공주와 달리 현실세계에서 실제 우리와 함께 사는 존재다. 눈으로 직접 볼 수 있다.

스타란 현실에 존재하면서 상상을 실현시켜주는 존재라고 할 수 있다. 현실에 실제 존재하는 상상의 세계가 스타라는 것이다. 이상적인 존재.

이런 말이 있다.

"스타는 이상과 현실을 조화시켜 대중에게 다가가는 과정이다."

스타로 성공하기 위해서는 상품성이 있어야 한다. 그러나 스타로서 생명을 유지하기 위해서는 또한 인간성도 있어야 한다. 스타성이란 상품성과 인간성이라고 했다.

시인 바이런이 "아침에 자고 일어나보니 어느 날 갑자기 유명해져 있더라."고 말한 것처럼, 대중의 눈에 띄는 것은 한순간이기도 하다. 무명 연예인으로 그렇게 오랫동안 활동하다가도 어느 날 한순간에 일약 스타가 되기도 한다.

"혜성처럼 나타난 신예스타."

대중이란 것도 알고 보면 미디어 앞에서는 하나의 개인과 같다. 개인이기 때문에 개인에게 눈에 띄는 것은 한순간이기도 하다.

하지만 연예인으로 살겠다면 이렇게 스타로 뜨는 그 어느 날이라는 자체가 중요한 게 아니라, 대중에게 주목받고 난 그 이후다.

인생은 길다. 연예인으로 평생 걸어야 할 길도 길다. 한평생 연예인으로 살고자 한다면 연예인으로서 기나긴 생명을 유지해나가는 게 참으로 중요하다.

연예인의 길은 어떤 길일까?

그것은 이상과 현실을 조화시켜 대중에게 다가가는 과정이 아닐까 한다.

신인이 드디어 대중에게 주목받게 되면 이런 말을 듣게 된다.

"야, 저런 신예스타가 있었네!"

이 말의 뜻은 대중이 원하던 상상이 또 하나 실현되었다는 것을 의미한다. 원하던 상상이란 이상이라고 할 수 있다. 이상

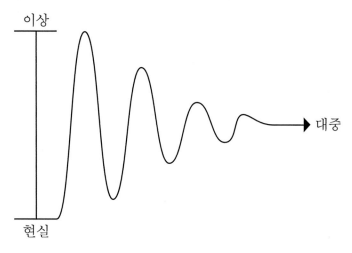

〈연예인의 길 = 이상과 현실을 조화시켜 대중에게 다가가는 과정〉

의 실현. 그러면서 생기는 신비감.

그러고 나면 곧이어 대중은 이렇게 된다.

"도대체 저 스타는 누구지?"

궁금해진다. 신비한 베일에 싸여있는 신예스타를 보는 순간, 대중은 호기심이 생기고 끊임없이 관심을 쏟게 된다. 스타에서 인간에 대한 관심으로 바뀌기 시작한다. 상상세계에 있는 스타에서 현실세계의 인간으로 관심이 바뀌게 된다. 스타도 인간세계에 있다는 것을 아는 이상, 영원히 상상의 세계에 머물도록 그냥 놔두지 않는다. 이후부터 대중이 관심 갖는 것은 현실세계에 있는 인간으로서의 모습이다.

이런 관심이 끊임없이 반복된다. 스타에서 인간으로, 인간에서 다시 스타로, 스타에서 다시 인간으로, 인간에서 다시 스타로⋯⋯.

이상과 현실을 조화시켜 대중에게 다가간다는 의미란, 연예인은 상상(이미지)으로서의 모습과 현실(인간)에서의 모습을 함께 번갈아 보여주는 가운데 그 상상과 현실의 두 간극을 점차 좁혀가며 대중에게 다가간다는 뜻이다. 신비감을 주다가 인간성도 보여주고, 인간성을 보여주다가 다시 신비감도 보여주고, 신비감도 보여주다가 다시 인간성도 보여주고⋯⋯ 그러면서 대중 곁으로 오랫동안 다가간다는 것이다.

배우는 작품을 통해, 가수는 노래를 통해, 개그맨은 개그를 통해 이상과 현실을 끊임없이 넘나들며 대중의 사랑을 먹고 커나간다는 것이다.

대중은 처음에는 연예인을 상상이 실현된 모습으로서의 스타로 만나지만, 시간이 흘러가면서 현실에서 함께 사는 인간으로 만나고 싶어 한다. 연예인이란 이상이면서 동시에 인간이기 때문이다.

스타를 꿈꾸는 그대여,
이런 말이 있다.
"대중은 기대하지 못한 것을 기대하지만, 또 기대한 것을 기대한다."

기대하지 못한 것이란 이상이다. 미처 상상하고 있지 못한 또 다른 이상적 모습이다.

기대한 것이란 인간이다. 나와 같은 시대를 살아가는 또 다른 인간적 모습이다.

연예인은 기대하지 못한 것과 기대하는 것을 끊임없이 번갈아 보여주어야 한다. 그래야 스타에 대한 대중의 기대에 부응할 수 있다. 대중의 기대를 져 버리지 않을 수 있다. 그런 기대를 쉼 없이 져 버리지 않을 때 대중은 쉼 없이 사랑해준다.

인생은 10대, 20대, 30대, 40대, 50대…… 길다.

배우라면 10대, 20대, 30대, 40대, 50대…… 거기에 걸 맞는 다양한 배역들을 보여주어야 한다.

가수라면 10대, 20대, 30대, 40대, 50대…… 거기에 걸 맞는 다양한 노래들을 들려주어야 한다.

개그맨이라면 10대, 20대, 30대, 40대, 50대…… 거기에 걸 맞는 다양한 풍자들을 보여주어야 한다.

그래야 10대, 20대, 30대, 40대, 50대…… 함께 살아가는 대중의 사랑을 꾸준히 받을 수 있다. 그렇게 대중에게 다가갈 수 있다. 이상과 현실을 좁혀가며 대중에게 하나의 인격체로 다가갈 수 있다.

그래서 앞서 책 읽는 습관을 소개했다. 10대, 20대, 30대, 40

대, 50대······ 나이를 먹어도 그 연배에 맞는 연기력이나 노래, 매력
을 보여주려면 거기에 걸 맞는 소양을 쌓아나갈 필요가 있는데 그
방법 중에 하나가 독서다.

　연예인만큼 책을 끼고 살기에 좋은 직업도 없다. 왜? 기다리
는 직업이기 때문이다.

　연예인은 이상과 현실을 동시에 사는 참 멋진 직업이다.

세상을 포용하라

세상을 포용하라

연예인이 되겠다고 하면 어린 지망생들이 주변에서 흔히 듣게 되는 말이 있다.

"배우가 되겠다고? 그게 얼마나 어려운 길인지 아니? 아무나 되는 줄 아니? 무작정 한다고 된다는 보장도 없어. 괜히 불안한 길로 가지 말고, 안정된 직장을 구하도록 해."

"아이돌 가수가 되겠다고? 지금은 어리니까 뭘 몰라서 가수가 좋아보일지 모르겠지만 그거 몇 년 하니? 젊은 시절 한때야. 가수 수명이 얼마나 짧은 줄이나 아니? 가수 후엔 뭘 할래? 인생 길다. 괜히 그러지 말고 충실히 학교나 다녀."

인생이 길다는 것을 뼈저리게 경험한 어른들의 마음은 대개 이렇다. 특히 부모들의 걱정은 이만저만이 아니다.

　이런 걱정을 나는 충분히 이해한다. 그래서 이 책을 쓰기도 했고 말이다.

　하지만 수긍하지는 않는다. 나는 오히려 연예인이 되겠다는 꿈만큼 똑 부러지고 당돌한 꿈도 없다고 생각한다. 정말 똑똑하다. 일단 꿈을 가졌다는 게 어딘가?

　인생? 당연히 길다. 그러나 인생의 끝까지를 다 내다보고 살 수는 없다. 그 누구도 인생의 끝을 내다보고, 계산하면서 현재를 살아갈 수는 없다.

　지망생? 어린 게 사실이다. 인생을 알면 얼마나 알겠는가? 인생을 살만큼 살아본 어른의 입장에서는 답답할 수도 있다. 그러나 꿈은 해보지 않았기 때문에 꾸는 것이다.

　어리니까 할 수 있는 게 꿈꾸는 것이다. 어차피 도전이다. 도전은 한번으로 끝나지 않는다. 도전하고 또 도전하는 게 인생이다. 왜? 인생은 기니까. 어떤 꿈을 꾸는 게 있다면 그것을 도전해봐야 그 다음 도전을 하더라도 할 수 있다. 그래서 인생은 새로운 꿈의 연속이고, 새로운 도전의 연속이다.

　아이돌 가수의 수명이 대개 짧다는 것? 사실 어린 지망생도 안다.

배우나 개그맨의 길이 불확실하다는 것? 사실 어린 지망생도 안다.

그런데도 하겠단다. 얼마나 가상하고 기특한가. 어른들은 두려워서 감히 꿈도 못 꾸는데 말이다.

중요한 것은 미래가 아니라 현재다.

꿈을 꾸고 있는 지금이다. 내가 꿈을 꾸고 있다는 자체가 중요하다. 그래야 미래로 나아갈 수 있다.

그 많은 꿈 중에 연예인이 되겠다는 꿈만큼 강한 것도 없다. 지망생 자신조차도 쉽게 말릴 수 없는 게 연예인 꿈이다. 꿈을 가졌다면 이루고 볼 일이다.

연예인, 수명이 짧다?

젊을 때 한철이다?

마지막으로 여기에 대해 말해보겠다.

연예인으로 사는 길이란 무엇일까?

나는 선택의 과정이 아닐까 한다. 살아가면서 매순간 선택의 기로에 서게 되는 길이 아닐까 한다.

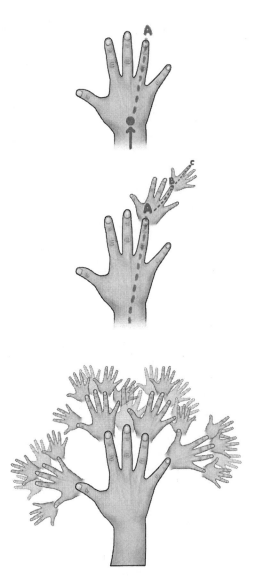

〈인생은 선택의 길이다〉

예를 들어, 배우라면 매순간 늘 새로운 작품을 선택해야 한다. 기회가 오는 수많은 작품 중에 무엇을 선택하느냐가 배우로서의 인생을 좌우한다.

가수라면 늘 새로운 노래를 선택해야 한다.

개그맨이라면 늘 새로운 아이디어, 새로운 작품을 두고 고민하고 선택해야 한다.

늘 새로운 일, 새로운 사람의 연속이고, 그래서 늘 새로운 선택의 갈림길에 서게 된다. 그런 선택의 매듭을 잘 엮어나가야 좋은 운도 이어지고 연예인으로서 생명력도 유지된다. 연예인만큼 매순간이 선택의 순간인 직업도 없다.

이처럼 선택의 과정인 것은 비단 연예인뿐만 아니라 인생이란 게 원래 그렇다. 끊임없는 선택의 과정이다. 신기하게도 인생이란 하나를 선택해서 걷다보면 또 다른 새로운 여러 갈래의 길들이 나타난다. 그래서 다시 그 중에 하나를 선택해서 또 걷다보면 다시 또 다른 새로운 여러 갈래의 길들이 나타난다. 신기하게도 매 순간, 새로운 길들이 열리고 또 열린다.

대중문화산업계는 거대하다. 여기에는 수많은 다양한 직종들이 있다. 배우나 가수, 개그맨, 모델 등 연예엔터테인먼트 매니저뿐만 아니라 드라마, 영화, 음반, 공연 등의 기획자나 제작자, 방송작가, 시나리오작가, 엔터테인먼트 투자자, 대중가요

작곡가나 작사가, 안무가, 코디네이터, 이벤트 기획자, 엔터테인먼트 마케팅 전문가, 대중문화 평론가, 각종 프로모터, 연예 디자이너, 유통업자, 교수, 심지어 연기나 가요 아카데미 원장까지 매우 다양하다. 나는 대중문화산업계에 있으면서 이 방면에서 성공한 수많은 사람들을 보았다.

그런데 재미있는 사실이 하나 있다. 알고 보면 이들이 모두 어릴 때나 젊을 때 처음부터 이런 꿈을 가지고 있었던 것은 아니라는 사실이다. 대부분은 다른 꿈을 꾸었다는 것이다.

"하다 보니 이렇게 되었어요."

이런 사람들이 의외로 많다.

놀라지 마라. 알고 보면 이들도 대개 어릴 적에는 연예인을 꿈꾸었고, 실제 연예인으로 시작했던 사람들이 많다. 알고 보면 대개 처음에는 배우나 가수, 개그맨 등 연예인이 꿈이었다.

사람은 보이는 만큼 꿈꾸게 되는 법이다. 어린 나이에 공연 기획자가 되겠다는 사람을 나는 아직 본 적이 없다. 음반 제작자도 그렇다. 아직 모르는데 뭘 어떻게 꿈꾸겠는가?

어릴 적에 쉽게 보이는 것은 연예인이다. 당연히 연예인부터 누구나 꿈꾸기 마련이다. 나도 PD가 되기 전에는 한때 개그맨이 꿈이었다. PD라는 존재를 잘 몰라서.

어려서, 혹은 아직 뭘 몰라서 연예인을 꿈꾼다는 소리를 듣더라도 절대 기죽을 필요가 없다. 연예인은 원래 어릴 때 꿈꾸는 것이다. 어리고 젊기 때문에 될 수 있는 게 연예인이다. 세상을 다 알 때까지 기다려야 이룰 수 있는 꿈이 아니다.

대중문화산업계는 거대하다. 수많은 다양한 직종들이 있다. 연예인이란 것도 알고 보면 이런 거대한 대중문화산업계의 일부에 불과하다. 어릴 적에 연예인의 길로 들어선다는 것은 이제 이런 거대한 대중문화산업계에 첫발을 내딛는 것에 불과하다. 게 중에는 첫발을 내딛은 대로 결국 끝까지 성공한 개그맨이나 가수나 배우도 있다.

하지만 인생은 선택의 과정이다. 하나의 길로 들어섰더라도 걷다보면 또 다른 여러 갈래의 길들이 나온다. 정확하게 말하면 그제서야 그동안 몰랐던 새로운 길들이 비로소 보이게 된다. 그래서 그 중에 다시 하나의 길을 선택해 걷다보면 그때까지 몰랐던 새로운 길들이 또 다시 보이게 된다. 다시 그 중에 하나를 선택해서 걷고 그러다가 다시 새로운 길들이 또 보이고……, 선택해서 걸어가다 보면 더 넓은 세계가 나타나고 보이게 된다.

어릴 적부터 거대한 대중문화산업계를 다 이해할 수는 없다.

어릴 때부터 여기에 있는 수많은 다양한 직종들이 다 보일 리 없다.

어릴 적에는 주로 연예인만 보인다. 당연히 연예인을 꿈꾸게 된다. 그렇다면 연예인이 되면 된다. 그렇다고 연예인이 되었다 해서 연예인이 또 끝은 아니다. 사실은 이제 겨우 대중문화산업계에 첫발을 내딛었을 뿐이다. 그때부터 연예인은 무엇인가를 깨달아 가기 시작하기도 하지만, 더불어 대중문화산업계가 어떤 것인가도 또 깨달아가기 시작한다. 대중문화산업계의 수많은 다양한 직종들이 서서히 보이기 시작한다. 그렇게 연예인으로 대중문화산업계에 발을 들여놓고 열심히 노력하다 보면 그와 관련된 더 넓은 다양한 직종과 세계가 또 보이게 된다.

"아, 이런 직종도 있구나. 이게 오히려 내게 더 적성에 맞네."

중요한 것은 꿈꾸는 길로 들어서야만 그 다음 길이 또 넓게 보인다는 것이다.

일단 발을 들여놓고 봐야 한다. 그래서 중요한 것이 미래가 아니라 현재라는 것이다. 꿈을 꾸고 있는 지금이라는 것이다.

지금 내가 꿈을 꾸고 있다는 자체가 중요하다. 그래야 미래로 성큼성큼 나아갈 수 있다.

예를 들어보자.

가수 기획사 사장으로 성공한 사람이 있다. 그러나 그는 원래 대중가요 작곡가였다. 그런데 그 전에는 실제 가수였다. 가수로 시작해서 가수로 성공할 수도 있지만 가수로 시작해서 작곡가가 되고, 다시 가수 기획사 사장으로 성공하기도 하는 게 대중문화산업계이고 또 인생이다.

가수로 시작해서 뮤지컬배우로 성공한 연예인도 있다. 여기서 멈추지 않고 영화배우로도 성공하고, 나중에는 공연기획자로 성공한 연예인도 있다.

개그맨을 하다가 뮤지컬배우, 공연기획자로 성공한 사람도 있고, 배우를 하다가 교수가 된 사람도 있다.

출발은 연예인이었지만 결국에는 적성과 재능을 찾아 그와 관련된, 그전까지는 몰랐던 또 다른 대중문화 직종으로 성공한 사람들이 부지기수다.

연예인, 수명이 짧다?
젊을 때 한철이다?

그렇지 않다. 죽을 때까지 꾸는 게 꿈이다. 인생은 꿈이 바뀌는 맛에 산다. 바뀌는 꿈을 도전하는 맛에 산다. 꿈이 바뀌는 이유는 그때까지 몰랐기 때문이다. 알게 된 이상, 새로운 꿈이 생겨야 사는 게 사는 것이다.

가수를 하다보면 매니저라는 직업이 어떤 것인지를 깨닫게
된다. 가수를 하다보면 뮤지컬배우도 어떤 것인지를 깨닫게 된
다. 마침 뮤지컬배우도 적성에 맞아 하다보면 뮤지컬산업이란
게 또 어떤 것인지도 깨닫게 된다. 그러다 뮤지컬공연을 직접
기획하고 제작하기도 한다. 그러다 결국 대중문화산업과 구조
라는 게 어떤 것인지도 깨닫게 된다.

물론 한번 가수가 되어 평생 가수로 살아갈 수도 있고 말이
다.

세상을 보는 눈은 그렇게 커나가는 것이다.

좋아할 수 있는 길은 한 가지가 아니다. 노력하다 보면 좋아
할 수 있는 길이 자신의 능력에 맞게 얼마든지 다양하게 있을
수 있다는 것을 깨닫게 된다.

결코 한철로 끝나는 게 아니다. 좋아하고 노력하는 한.

연예인이 되겠다는 어린 꿈은 알고 보면 연예인이 전부가 아
니다. 대중문화산업을 이끌 주역으로 첫 발돋움을 하고자 하는
것이다.

대중문화산업계가 어떤 업종인지 알고 싶은가? 그러면 연예인이 그
첫 단추다.

연예인을 꿈꾸는 그대여,

어릴 적에 연예인이 되는 것을 두려워 할 필요가 없다. 원래 어릴 때부터 시작하는 게 연예인이다. 첫발을 내딛는 순간, 무엇으로 또 뻗어나갈지 모른다. 시작을 해야 그 다음이 있다. 뭐라도 해야 다른 게 보인다. 알게 된다.

연예인으로 출발했다면 이제 거대한 대중문화산업계의 무궁무진한 기회들이 열리게 된다. 더 넓은 세상이 보이고, 그와 더불어 더욱더 성장해나가는 자신을 발견하게 된다. 무한한 만큼 무한한 가능성과 무한한 희망도 함께 있다.

일단 시작을 해야 새로운 길도 나타난다. 도전이란 게 이런 것이다. 시작하지 않으면 제자리에서 맴돌 뿐이다. 더 이상 나아가지 못한다.

인생은 매 순간 선택하고, 헤쳐 나가는 길이다. 인생이란 앞에 보이는 것부터 정복해나가는 과정이다. 그렇게 정복해 나가다보면 어느 순간 성공한 자신을 발견하게 될 것이다. 인생에는 정답이란 없다. 내가 선택한 모든 길이 정답이다.

세상은 어른들이 걱정하는 것보다 더 크고 무한하다.

연예인은 이제 그 첫 단추다. 지금이다.

꿈을 포기하지 말라. 희망을 가져라. 두려워 말라. 어리다고 기죽지 말라.

꿈을 이루지 못한 것이 실패한 인생이 아니라, 꿈을 꾸지 않는 것, 꿈을 포기하는 것이 실패한 인생이다. 비록 고난과 역경이 있더라도 꿈을 향해 달려가는 인생이 아름답다.

자기 자신을 믿어라. 꿈을 믿어라. 그러자면 시야가 좁아서는 안 된다. 시야를 넓혀라.

그대여, 세상을 포용하라.